Kompendium der Magie und des Okkultismus

Von der Magie der Chaldäer über die alten Grimoires und das Astrallicht Eliphas Lévis bis zur Psychologie des 20. Jahrhunderts

von
Monika Hauf

Weitere Bücher von Monika Hauf:

Die Geheimen Manuskripte, Schätze und Botschaften der Templer aus RENNES -LE–CHATEAU - Jahrhundertschwindel oder Knotenpunkt des Schicksals? ISBN 978-3-89094-313-8

Nessie - Das Ungeheuer von Loch Ness - Monster, Mythen, Mutationen, ISBN 978-3-89094-385-5

Der Mythos der Freimaurer, ISBN 978-3-89094-397-8

Die Marke "Harry Potter" - Eine Auslegung im Sinne von C. G. Jung - Ein Erfolg der Archetypen, ISBN 978-3-89094-486-9

ISBN 978-3-89094-555-2

Inhaltsverzeichnis

Einleitung

Die Grundlagen der Magie haben sich seit Jahrtausenden nicht geändert. Warum ich dennoch ein Buch darüber geschrieben habe.

Wissen Sie, unter welchem Sternzeichen Sie geboren sind? Lesen Sie beim Durchblättern einer Zeitschrift die Seite mit Ihrem eigenen Horoskop, und sei es auch nur spaßeshalber? Fällt es Ihnen auf, wenn der Dreizehnte des Monats auf einen Freitag fällt?

Haben Sie die Namen Merlin und Nicolas Flamel bereits gehört oder gelesen, zumindest im Zusammenhang mit der Artussage oder »Harry Potter«? Erkennen Sie eine Tarotkarte? Haben Sie eine wenn auch vage Vorstellung von der Kabbala?

Wissen Sie, was ein Grimoire ist? Sagen Ihnen die Namen Agrippa von Nettesheim, Eliphas Lévi, Papus und Aleister Crowley etwas? Können Sie mit dem Begriff Spiritismus etwas anfangen? Wissen Sie, was ein Ouija-Brett ist beziehungsweise haben Sie selbst schon mit einem solchen experimentiert?

Es würde mich erstaunen, wenn Sie dieses Buch in die Hand genommen hätten, ohne mindestens fünf Fragen mit einem eindeutigen Ja beantworten zu können.

Wenn Sie sich allerdings mit diesem Thema bislang wenig beschäftigt haben, dann irritiert es Sie vielleicht im ersten Moment sogar, dass dieses Buch laut dem Inhaltsverzeichnis nicht nur auf die Magie im engeren Sinne eingeht. Das gilt speziell dann, wenn Sie die Magie in erster Linie aus »Harry Potter« kennen. Dort werden zwar auch die Sterne beobachtet, Zaubertränke gebraut und verschiedene Disziplinen der Wahrsagung gelehrt, aber die Magie im eigentlichen Sinne ist eine angeborene Fähigkeit, die sich in erster Linie darin manifestiert, dass der Betreffende einen Zauberstab auf eine ganz bestimmte Weise schwingt, einen Zauberspruch intoniert und durch die richtige Kombination von beiden etwas bewirkt.

Jedoch hat das mit der klassischen Magie wenig zu tun. Wer sich die Mühe macht, die traditionellen Werke der Magie zu studieren, der stellt bald fest, dass Magie im Prinzip nichts anderes ist als angewandte Astrologie, dass sie ausschließlich mit den Kräften des Himmels arbeitet. Der Magier weiß lediglich, wie er diese herabruft und auf der Erde wirken lässt: weil er die Bedingungen und speziell den richtigen Zeitpunkt kennt.

Auf der anderen Seite mag sich der unbedarfte Leser wundern, in diesem Buch ein Kapitel über Hypnose zu finden. Hypnose ist heute schließlich ein höchst respektables und allgemein angewandtes Verfahren zur Erforschung der menschlichen Psyche und hat somit nichts mit Magie zu tun. Nur war dem nicht immer so. Als die Technik, aus der sich später die moderne Hypnose entwickeln sollte, im 18. Jahrhundert entdeckt – beziehungsweise wiederentdeckt – wurde, tat die damalige Schulmedizin sie als Hokuspokus ab. Ähnliches gilt für Akupunktur und Homöopathie.

Dafür wurde die Astrologie im Mittelalter als Mathematik verstanden und an den Universitäten gelehrt. Im 13. Jahrhundert befahl König Alfons von Kastilien die Übersetzung eines arabischen Buches über Magie in die spanische Sprache. Er wollte kein bibliophiles Kuriosum künstlich am Leben erhalten, sondern ein für die damalige Zeit wissenschaftliches Werk verbreiten helfen. Dieses Buch, unter dem Titel

»Picatrix« berühmt geworden, gilt heute als Standardwerk der Magie, das alle späteren Autoren, darunter Autoritäten wie Agrippa von Nettesheim (1486-1535), inspirierte. Obwohl Agrippa sich etwas abfällig darüber äußerte: Seine, Agrippas, Anweisungen seien besser als die aller seiner Vorgänger.
Im Kielwasser von »Harry Potter« hat das Interesse an der Magie und Hexen sprunghaft zugenommen – aber nicht begonnen. Der Ursprung dieses Interesses ist nicht einmal in der New-Age-Bewegung zu suchen. Es ist vielmehr umgekehrt: Die New-Age-Bewegung ist nichts anderes als eine der Auswirkungen des zunehmenden Interesses an der Magie.
Warum dieses Interesse an der Magie im eigentlichen Sinne sich gerade heute manifestiert ist eines der Themen, die ich in diesem Buch aufgreifen will.
Dieses Buch will Ihnen nichts spektakulär Neues über Magie sagen. Das tat auch keines der anderen Bücher, die in den letzten viertausend Jahren zu diesem Thema erschienen sind. Picatrix gibt unumwunden zu, dass es sich um eine Zusammenfassung von etwa zweihundert vorangegangenen Büchern handelt. Das älteste bekannte Kompendium dieser Art entstand ca. 700 v. Chr. Aber es ist immer wieder notwendig, das magische Procedere der jeweils herrschenden Geisteshaltung anzupassen. Genau das taten Agrippa von Nettesheim im 16. Jahrhundert, Eliphas Lévi und Papus im 19. und Pierre Vincent Piobb, Israel Regardie sowie diverse andere im 20. Jahrhundert.
Wobei nicht all diejenigen, die mit magischen Konzepten arbeiten, ihre Anleitungen als Magie bezeichnen. Sowohl der katholische Priester als auch der Anhänger der Christian Science würden sich dagegen verwahren, als Magier bezeichnet zu werden. Jedoch werden wir im Laufe dieser Abhandlung feststellen, dass sowohl die Sakramente als auch die Methoden der Christian Science nichts anderes als eine praktische Umsetzung magischen Gedankenguts sind.
Sie beruhen auf dem alten hermetischen Grundsatz, dass alles im Universum auf Analogie gegründet ist: »Wie oben, so unten«.

Magie und Religion im Altertum

Der Ursprung der Magie

Sind Magie und Religion zwei verschiedene Disziplinen oder nur zwei Manifestationen des religiösen Gefühls?

Das Verhältnis zwischen Magie und Religion ist ein äußerst diffiziles und grundlegendes Problem, speziell für die christlichen Kirchen. Diese versuchen nämlich zu differenzieren. Das gängige Argument lautet, zwischen Gebet und magischer Beschwörung bestehe ein geradezu himmelweiter Unterschied, weil der Beter die Gottheit anflehe und der Magier irgendwelche geistigen Wesenheiten zu etwas zwingen wolle. Aber um darauf einzugehen, müssen wir zuerst untersuchen, wen oder was der Magier sich unterwerfen will oder zunutze macht.

Versuchen wir vorläufig, uns dem Thema so vorbehaltlos wie möglich zu nähern. Ignorieren wir die Barriere zwischen Religion und Magie. Betrachten wir alles unter dem Aspekt des Rituals. Beschränken wir uns auf die Untersuchung, was die Menschen in ritueller Hinsicht tun beziehungsweise getan haben – und warum.

Religionswissenschaftler wie Mircea Eliade vertreten die Ansicht, dass der Mensch an sich ein religiöses Wesen sei, dass die Religion eine Komponente seiner Seele ausmache, und zwar eine wesentliche. Allerdings manifestiert sich die Religion nicht in dem, was man glaubt, sondern in dem, was man tut. Kein Wunder, dass viele Archäologen davon ausgehen, dass sich die frühesten Zeugnisse menschlicher Kultur, die Höhlenmalereien der Altsteinzeit, als Jagdritual interpretieren lassen.

In den meisten Fällen handelt es sich um die Darstellung von Tieren, bisweilen von Speeren durchbohrt. Die vereinzelt auftauchenden menschlichen Gestalten scheinen gerne ein Geweih auf dem Kopf zu tragen, also Hybridwesen zwischen Mensch und Tier darzustellen. Eine recht plausible These behauptet, dass durch eine Identifikation mit dem Tier das Aufspüren der Jagdbeute erleichtert werden sollte. Es handelt sich um Sympathiezauber: Die Imitation dessen, was man erreichen will, soll das Gewünschte bewirken.

Die These, dass es sich um die Darstellung nicht nur eines magischen, sondern eines religiösen Vorgangs handelt, ersieht man daraus, dass sich solche Rituale verselbständigt haben. Sie haben sich bis ins Mittelalter erhalten, wurden also noch zu einem Zeitpunkt durchgeführt, als sie ihren ursprünglichen Sinn verloren hatten. Jahrhundertelang wetterte die Kirche immer wieder gegen die Sitte, mit Geweihen auf dem Kopf Mummenschanz zu treiben. Allerdings wurden solche Gebräuche im Mittelalter nicht mehr mit der Jagd assoziiert, sondern begleiteten vielmehr den Jahreswechsel.[1]

Magische Praktiken lassen sich also bis in die Frühzeit der Menschheit zurückverfolgen. Aber als eigentlicher Geburtsort der Magie gilt Mesopotamien, auf

---

[1] In der englischen Ortschaft Abbot's Bromley wird bis heute ein entsprechendes Ritual gepflegt. Wir kommen darauf noch zurück. Inzwischen findet es jeweils am ersten Montag nach dem 4. September statt.

Deutsch Zweistromland, das Land zwischen Euphrat und Tigris, der heutige Irak. Warum gerade Mesopotamien?
In der Schule lernt man, dass dieses Land generell wenn nicht die, so doch eine Wiege der Kultur war. Dort entstand vor etwa fünftausend Jahren die erste Piktogrammschrift. Als sich daraus ca. 2000 v. Chr. eine alphabetische Schrift entwickelt hatte, konnte man mit einer begrenzten Anzahl von Zeichen alle möglichen Konzepte artikulieren.
Es ist dank der Erfindung der Schrift, dass sich jahrtausendealte Gebete und magische Beschwörungen aus dieser Gegend erhalten haben. Im Gegenzug gingen die magischen Gebräuche anderer Völker, zum Beispiel der Kelten, verloren. Unter ihren Priestern, den Druiden, war es nicht nur verpönt, sondern verboten, irgendetwas schriftlich festzuhalten. Was dazu führte, dass wir uns auf die Berichte ihrer Feinde, zum Beispiel Julius Cäsars, und archäologische Rekonstruktionen verlassen müssen.
Die mesopotamischen Keilschrifttafeln hingegen lassen genau nachvollziehen, welche Anliegen die Magier hatten. Es ging hauptsächlich um Krankheiten und ihre Heilung. Das bedeutet, dass sich der Schwerpunkt seit den Zeiten der Jäger und Sammler verlagert hatte. Seit der Erfindung der Viehzucht und des Ackerbaus war im Prinzip die regelmäßige Ernährung der Bevölkerung gesichert – auch einer stets wachsenden Bevölkerung. Umso mehr musste es auffallen, wenn, scheinbar aus heiterem Himmel, ein junger Mensch plötzlich dahinzusiechen begann und starb. Er war nicht verhungert, er war nicht verdurstet, und er wies keine Wunden auf. Was hatte seinen Tod verursacht?
Noch akuter wurde das Problem, wenn es sich um eine Epidemie handelte. Es musste sich ganz einfach der Gedanke aufdrängen, dass hier böse oder missgünstige Wesen zugange waren. Das Problem war, dass sie unsichtbar waren. Um ihrer Herr zu werden, konnte man sich also nur auf gleichfalls unsichtbare Wesenheiten verlassen. Wenn es unter den Menschen Freund und Feind gab, musste dies auch auf die Dämonen zutreffen. Vielleicht konnte man sich der Hilfe der einen versichern, um gegen die anderen vorzugehen.
So wurde die Religion geboren. Oder die Magie, je nachdem, wie man es sieht.
Nur ist es natürlich nicht dem Zufall zu verdanken, dass gerade Mesopotamien diese Hochblüte erlebte. Wenn die Kultur rascher voranschreiten konnte als in anderen Ländern, dann aufgrund der Fruchtbarkeit dieser Gegend. Erst wenn die elementarsten Bedürfnisse aller einigermaßen befriedigt werden können, findet eine Arbeitsteilung statt, und es bildet sich eine Priesterklasse heraus.
Jedoch könnte man einwenden, dass Mesopotamien nicht das einzige Land mit diesen Bedingungen war. Es gehört zum sogenannten fruchtbaren Halbmond, und dieser endet in Ägypten. Ägypten war genauso fruchtbar und hatte gleichermaßen schon recht früh eine Schrift entwickelt. Und auch aus Ägypten haben sich magische Formeln und Zaubersprüche erhalten. Warum sucht man trotzdem den Ursprung der Magie in Mesopotamien?
Der Grund ist in der anders gearteten politischen Lage zu suchen. Mesopotamien war, wie verschiedene Wellen von Eroberungen beweisen, politisch recht instabil. Die Menschen sehnten sich nach Sicherheit und suchten diese schließlich am Himmel.

Dort zumindest ging alles seinen geregelten Gang. Der Mond nahm ab, aber auch wieder zu, und zwar in regelmäßigen Abständen. Irgendwann müssen die Menschen auch festgestellt haben, dass sich immer wieder die gleichen Sternkonstellationen an der gleichen Stelle am Horizont zeigten, und zwar immer dann, wenn der Mond zwölf oder dreizehn Mal ab- und wieder zugenommen hatte. Logisch, dass eine Unregelmäßigkeit wie ein Komet oder eine Sonnen- beziehungsweise Mondfinsternis als Anzeichen aufgefasst wurde, dass sich auch auf der Erde etwas Außergewöhnliches ereignen würde. So wurde die Astrologie geboren. Und diese ist, wie wir bald noch im Detail untersuchen werden, die Voraussetzung für die Magie. Ägypten hingegen wurde durch die Wüste vor feindlichen Einfällen geschützt. Man war deshalb dort lange nicht so von Vorzeichen besessen wie in Mesopotamien.
Vermutlich ist die ägyptische Astrologie sogar ein recht später Import, gerade aus Mesopotamien. Der von dort stammende Priester Berossos (ca. 340-270 v. Chr.) soll auf der Insel Kos eine Schule gegründet haben, welche die chaldäische Astrologie im Mittelmeerraum verbreitete.

Der Mann aus Chaldäa: Abraham

Die Bibel gibt Hinweise auf magische Praktiken, verbietet sie jedoch gleichzeitig.

Ich habe im letzten Absatz bewusst den Ausdruck »chaldäisch« verwendet. Wenn moderne magische Abhandlungen vom Mesopotamien sprechen, benützen sie nämlich gerne den Ausdruck Chaldäa. Die chaldäische Magie ist schon beinahe sprichwörtlich geworden. Und das, obwohl die Chaldäer eigentlich eine relativ späte Einwanderungswelle repräsentieren. Sie drangen erst um das Jahr 1000 v. Chr. in Mesopotamien ein.

Warum wird die Magie gerade mit den Chaldäern assoziiert? Warum nicht mit den Sumerern, den Akkadern, den Babyloniern, den Assyrern, die doch gleichermaßen im Zweistromland zugange waren und der Magie gehuldigt hatten?

Als Erklärung wird angeboten, die Sterngläubigkeit der Chaldäer habe die der anderen Bewohner Mesopotamiens übertroffen. Sie hätten sich intensiver als die anderen Völker der Astrologie gewidmet, also sich für die Zukunftsdeutung interessiert. Es stimmt, dass die Zukunftsdeutung über das, was sich am Himmel abspielte – neben der Abwehr von Krankheiten –, eines der grundlegenden Anliegen der damaligen Magie war. Im Prinzip gehören die beiden Bereiche zusammen. Man möchte wissen, was die Zukunft bringt, und sich gegen drohendes Ungemach wehren. Von den zwölf wichtigsten Götter im Zweitstromland waren sieben die Götter, welche mit den alten Planeten assoziiert wurden.[2] Nur hatten die Chaldäer dieses System übernommen. Warum wurde es also nach ihnen benannt?

---

[2] Die Entsprechungen sind wie folgt: Marduk galt als Herrscher und entsprach dem Jupiter, Schamasch der Sonne, Nergal dem Mars, der schriftkundige Nebur dem Merkur, Adar dem Saturn. Der Mond wurde mit Sin assoziiert und als männlich interpretiert. Er war gefürchtet wegen seines raschen Gestaltwandels. Jedem dieser Götter wurde eine weibliche Gottheit als Gemahlin beigesellt. Die einzige eigentliche Göttin unter den Planeten war Ischtar, die Venus.

Ein weiterer seltsamer Punkt ist, dass die Bibel behauptet, Abraham, der Stammvater des Volkes Israel, habe den Ruf Gottes in Ur in Chaldäa vernommen (Gen 11:31). Es handelt sich nämlich um einen Anachronismus. Wenn Abraham eine historische Gestalt war, dann lebte er ca. 1850 v. Chr., und somit lange vor dem Eindringen der Chaldäer. Bei dieser Bibelpassage handelt sich also um eine Ergänzung aus späterer Zeit.

Wollte der Autor dieser biblischen Passage sich auf die Weisheit der Chaldäer berufen? Oder war es umgekehrt? Nahmen die Astrologen aus dem Zweistromland das Alte Testament in Anspruch, um sich durch den Bezug auf die Heimat Abrahams ihrerseits einen Rückhalt zu verschaffen? In Kontakt standen die beiden Völker auf jeden Fall. Die Assyrer deportierten im 8. Jahrhundert v. Chr. zahlreiche Juden aus Israel, im 6. Jahrhundert wurde dann die Elite von Juda von den Babyloniern verschleppt.[3] Erstere vermischten sich mit der Bevölkerung des Zweistromlandes, Letztere hingegen kehrten in ihre Heimat zurück, als die Perser Babylon erobert hatten.

Erstaunen könnte weiterhin, dass die jüdische Religion, die sich auf einen Mann aus Chaldäa beruft, sich schon in frühester Zeit gegen die Magie aussprach. Das Alte Testament schreibt nämlich unerbittlich vor, Magier nicht am Leben zu lassen (Ex 22:18).

Aber wie kann dann andererseits das Alte Testament immer wieder Praktiken schildern, die eindeutig magischen Charakters sind? Beginnend mit dem Buch Genesis?

Rachel, die Frau des Patriarchen Jakob, ließ bei der Flucht vor ihrem eigenen Vater Laban vorsichtigerweise etwas mitgehen, das als »Teraphim« bezeichnet wird (Gen 31:19). Erläuterungen versichern, dass diese Teraphim eine Art Rechtsanspruch für die ehemaligen Besitztümer Labans repräsentierten, welche Jakob und seine beiden Frauen Lea und Rachel gleichfalls entführten. Aber wörtlich bedeutet Teraphim nichts anderes als »Götzenfiguren«.

Diese Flucht war überhaupt nur deshalb nötig gewesen, weil Jakob auf magische Weise seine eigenen Herden auf Kosten seines Schwiegervaters vermehrt hatte. Er brachte es zuwege, dass die Zicklein und Lämmer, welche die Ziegen und Schafe seines Schwiegervaters warfen, eine bestimmte Färbung aufwiesen, so dass sie laut der getroffenen Vereinbarung ihm gehörten (Gen 30:31ff). Er sorgte dafür, dass sie bei der Paarung Gegenstände in der gewünschten Farbe vor Augen hatten, was sich dann auf die in diesem Moment gezeugten Jungtiere übertrug. In der Magie nennt sich dieses Verfahren Sympathiezauber.

Auch der Auszug aus Ägypten war von magischen Phänomenen begleitet. Moses und Aaron benützten offensichtlich sogar eine Art Zauberstab. Zuerst hat man den Eindruck, dass es sich um eine von Gott verliehene Fähigkeit handelt (Ex 4), also um Wunder. Aber warum können in diesem Fall die Zauberer Pharaos diese reproduzieren (Ex 7:10-12)? Moderne Wünschelrutengänger meinen sogar, dass die

---

[3] Nach dem Tod Salomons 926 v. Chr. war sein Reich auseinandergebrochen und hatte sich geteilt: in das Nordreich Israel und das Südreich Juda.

Szene, wie aus einem Felsen Wasser heraustritt, nachdem er mit einem Stab geschlagen wurde (Ex 17:5-6), die biblische Rechtfertigung der Radioästhesie sei, wie die Arbeit mit Wünschelruten offiziell bezeichnet wird.
Die eherne Schlange, die Moses in der Wüste aufstellen ließ und deren Anblick diejenigen heilte, welche von echten Schlangen gebissen wurden (Num 21:8), ist wiederum ein Beispiel für sympathische Magie.
Sogar die Kulthandlungen des Alten Testaments haben magische Anklänge. Die Beschreibung lässt erahnen, dass der mit zwölf Edelsteinen besetzte Brustschild des Hohepriesters auch Orakelfunktion besaß (Num 27:21).[4]
Zumindest zwei Passagen des Alten Testaments sprechen sogar konkret von Aktionen, welche man eigentlich nur als Schadzauber bezeichnen kann. Begangen wurden sie jedoch von Propheten, und offensichtlich mit der Duldung Gottes, wenn nicht sogar auf seinen Befehl hin (Jer 51:60-64, Ez 4:1-3).
Apologeten der Magie verweisen auf solche Passagen, um zu demonstrieren, dass die Magie im Alten Testament nicht ganz und gar verworfen wird. Als weiteres Argument bringen sie vor, dass mit der Verurteilung der Magie eine ganz bestimmte Art gemeint sei, nämlich die Totenbeschwörung zur Weissagung. Diese Interpretation sehen sie durch 1 Sam 28:7-22 gestützt. König Saul konsultierte die berüchtigte Hexe von Endor, um den Geist des verstorbenen Propheten Samuel zu befragen. Die Hexe reagiert mit Angst. Sie fürchtet, dass der König sich in seiner Not ihrer Künste bedienen will, um sie anschließend der üblichen Strafe zuzuführen.
Diese alte Identifizierung der Magie mit der Totenbeschwörung zeige sich auch darin, dass der Ausdruck hierfür, »Nekromantie«, etymologisch zurückzuführen auf das griechische Wort »nekros« (tot), irgendwann fälschlicherweise mit dem lateinischen Wort »niger« (schwarz) assoziiert und zur »Nigromantie« wurde, ein Ausdruck, der später nicht nur für die schwarze Magie, sondern sogar die Magie allgemein verwendet wurde.
Handelt es sich also bei der auf das biblische Vorbild gestützten Verurteilung der Magie um einen Irrtum, basierend auf einer fälschlichen Gleichsetzung von Totenbeschwörung und natürlicher Magie?

Das Buch Henoch

Ironie des Schicksals: die einzige explizite Beschreibung der Rebellion der Engel und der Verbindung zwischen dem Teufel und der Magie ist nicht biblisch.

Dieser These widerspricht allerdings das Buch Henoch. Es entstand zwischen dem Alten Testament und dem Neuen und gibt sich als Teil des Alten aus. Nur zählt es weder bei den Juden noch bei den Christen zu den sogenannten kanonischen Schriften. Dennoch spielt der – durchaus kanonische – neutestamentliche Judasbrief offensichtlich auf dieses Buch Henoch an: über die Erwähnung der Engel, welche die ihnen zugewiesenen Sphären verlassen hatten (Vers 6). Es soll sich um eine Anspielung auf Gen 6:1-2 handeln, wo sogenannte »Göttersöhne« sich mit

---

[4] das sogenannte Ephodorakel über die Urim und Thummim

Menschenfrauen einlassen und Nachkommen zeugen. Und genau dieses Thema wird im Buch Henoch ausführlich behandelt. Es macht diese Göttersöhne zu Engeln.

Nur interpretierten die Kirchenväter diese Göttersöhne des Buches Genesis nicht als Engel, sondern als Nachfahren von Seth, dem dritten Sohn Adams. Die Menschentöchter hingegen seien die Nachfahren von Seths Bruder Kain, dem Brudermörder, mit denen sich die Söhne Seths nicht vermischen durften.[5]

Es ist daher aufgrund der zeitlichen Gegebenheiten wahrscheinlicher, dass der Autor des Judasbriefes tatsächlich auf das Buch Henoch anspielte. Und in diesem Buch Henoch lehren die offensichtlich männlichen Engel ihre menschlichen Gefährtinnen die Magie. Genau das wird im Buch Henoch als eine Art weiterer Sündenfall verurteilt: als Rebellion der Engel, über den sich die Bibel ansonsten ausschweigt.[6]

Allerdings stellt sich die Frage, warum das Buch Henoch in diesem Fall nicht als kanonisch anerkannt wurde.

Es liefert eine eindeutige Verurteilung der Magie, beschreibt den Sündenfall der Engel und macht als Dreingabe sogar noch die Sexualität hierfür verantwortlich. Die abtrünnigen Engel werden auf so grausame Weise bestraft – unter anderem müssen sie den Tod ihrer eigenen Kinder miterleben –, dass es sogar den treu gebliebenen Engeln graut. Was will man mehr?

Das Problem ist, dass dieses Buch Henoch den Fall der Engel und somit die Entstehung der höllischen Geister eindeutig nach dem Sündenfall der Menschen ansiedelt. Wenn sich auch die Kirchenväter, vielleicht aufgrund des Buches Henoch, nicht über die Reihenfolge einig waren, so lässt das Buch Genesis doch erahnen, dass der Fall der Engel vor dem der Menschen stattgefunden hatte. Wie sonst hätte der Teufel in Gestalt einer Schlange bereits im Paradies auf die ersten Menschen warten können? Dass diese Schlange vom Buch Genesis selbst nie als Teufel bezeichnet wird, steht auf einem anderen Blatt.

Im Prinzip konnte das Alte Testament sie gar nicht mit diesem identifizieren. Das hätte nämlich der alttestamentlichen Teufelsvorstellung widersprochen. Vermutlich hat das Volk Israel seine Teufelsvorstellung sowieso erst während des Exils in Babylon im 6. Jahrhundert v. Chr. ausgearbeitet, als die Juden mit den zoroastrischen Vorstellungen in Kontakt kamen. Zoroaster lebte vermutlich im 7. Jahrhundert v. Chr.

---

5 Die Kirchenväter schafften es jedoch, durch die Hintertür doch eine Verurteilung der Magie einzuschleusen. So waren laut Cassian (ca. 365-435) die Töchter Kains in der Magie bewandert und unterwiesen die Söhne Seths in dieser Kunst, gegen den Willen Gottes natürlich. Schon allein die Berufung auf Kain bringt auf gewisse Weise die Magie ins Spiel. »Kain« bedeutet nichts anderes als »Schmied«, und dem Schmiedehandwerk haftete im Altertum generell ein magischer Geruch an. Auch der griechische Götterschmied Hephaistos wurde mit der Magie assoziiert.

6 Abgesehen von einer winzigen Passage im Buch der Weisheit, 2:24, die mit etwas gutem Willen entsprechend ausgelegt werden könnte. Die gerne zitierte Passage bei Isaias (Is 14:12-14) vom Fall Luzifers bezieht sich auf den König von Babylon. Luzifer, wörtlich Lichtträger, ist lediglich eine Bezeichnung für den Planeten Venus als Morgenstern. Eine gleichfalls oft herangezogene Passage bei Ezechiel (Ez 28:12-29) besagt lediglich, dass der König von Tyrus aus dem Paradies vertrieben wurde.

und war der Gründer der ersten wirklich dualistischen Religion, in der sich zwei konträre Prinzipien gegenüberstanden, ein gutes und ein böses.
Der strenge jüdische Monotheismus konnte sich allerdings nicht vorstellen, dass etwas nicht aus Gott hervorgegangen war. Kein Wunder, dass der Teufel in der jüdischen Vorstellungswelt eine höchst untergeordnete Wesenheit ist. Er kann nur dann eingreifen, wenn Gott es erlaubt (1 Chr 21:1). Mehr noch, bisweilen agiert er ausdrücklich im Auftrag Gottes (1 Sam 16:14, 18:10, 19:9). Er gehört sogar zum Hofgesinde Gottes (Sach 3:1) beziehungsweise wird zu den Söhnen Gottes gezählt (Hiob 1:6). Das Wort »Satan« an sich wird im Alten Testament nicht einmal immer für einen bösen Geist verwendet, bisweilen ist schlicht ein menschlicher Widersacher gemeint (Est 7:4, 8:1, 1 Makk 1:36, Ps 109:6).

Die Magie im Neuen Testament

Eine wichtige Neuerung im Vergleich zum Alten Testament ist die Einführung des Teufels als selbständig handelnde Wesenheit.

Das Neue Testament legt sich in Bezug auf die Magie genauso wenig eindeutig fest wie das Alte. Es benützt, wie das Alte Testament, Lose, um den Willen Gottes in Erfahrung zu bringen (Apg 1:26). Auch machte die volkstümliche Überlieferung aus den weisen Männern aus dem Osten, die dem neugeborenen Jesus huldigten (Mt 2:1-12), Magier und Könige. Vielleicht deshalb, weil sie sich auf prophetische Träume verließen (Mt 2:12), wie auch Joseph, der Ziehvater Jesu (Mt 2:13).
Vermutlich profitierte das Christentum generell von einer damals umlaufenden Prophezeiung, dass aus Judäa der Retter der Welt hervorgehen werde.
Christliche Anhänger der Astrologie verweisen auf den Besuch der Magier, um ihre Kunst zu rechtfertigen. Wenn die Weisen aus dem Osten einem Stern folgen dürften und auf den neugeborenen Jesus stoßen, dann sei die Astrologie legitim. Christliche Magier haben es schwerer. Sie können sich nur auf Legenden stützen, um die Heiligen Drei Könige nicht nur zu Weisen, sondern konkret zu Magiern zu machen und als ihre Schutzpatrone in Anspruch nehmen zu können. Und diesen Legenden steht eine massive Ablehnung der Magie in der Apostelgeschichte gegenüber (Apg 8:9-13, 13:6-12, 19:13-19).
Neben der Ablehnung der Magie war es eine weitere Besonderheit des Judentums, dass es Krankheiten als eine Art Strafe Gottes betrachtete, aber andererseits dämonische Besessenheit als schicksalsgegeben hinnahm. Diese Einstellung schlug sich sogar noch im Neuen Testament nieder. Jesus verzeiht einem Gelähmten seine Sünden und heilt ihn dann (Mk 2:5). Gerechterweise sollte man jedoch darauf hinweisen, dass er an anderen Stellen diesen Glauben, dass zum Beispiel Blindheit eine Strafe Gottes darstellt, anzugreifen scheint (Joh 9:3).
Dennoch haben sich solche Vorstellungen sowohl in Bezug auf Krankheit als auch auf teuflische Besessenheit bis heute im christlichen Lager erhalten. Fundamentalisten halten AIDS für eine Strafe Gottes für zügellos ausgelebte Sexualität und speziell homosexuelle Aktivitäten. Wenn das stimmt, dann nimmt der gleiche Gott es gnadenlos in Kauf, dass die höchste Ansteckungsquote derzeit unter jungen Frauen in

Afrika herrscht, die jungfräulich in die Ehe gehen, sich ihren Partner nicht selbst aussuchen und denen oft genug auch durch die Genitalbeschneidung jegliche Lust an sexueller Betätigung schon lange vorher genommen wurde. Was die teuflische Besessenheit angeht, so gehen die nach wie vor gültigen Manuale des Exorzismus davon aus, dass sich der Teufel keinesfalls in den verbohrtesten Sündern einnistet, sondern seine Opfer nach Belieben auswählen darf. Wir kommen darauf noch zurück.
Geradezu ironisch ist, dass der Teufel erst mit dem Christentum eine im Alten Testament unvorstellbare Machtfülle erlangte, und das, ohne dass je ein Dogma seine Position definiert hätte. Er ist aus dem christlichen Glauben genauso wenig wegzudenken wie die Dreifaltigkeit. Eigentlich könnte man sogar sagen, dass er noch wichtiger als die Dreifaltigkeit ist. Die Dreifaltigkeit wird nämlich weder im Alten noch im Neuen Testament explizit erwähnt, wohl hingegen der Teufel.
Es ist hier nicht nur die Rede von den Dämonen, welche Jesus austrieb (Mt 8:28, 12:24, Mk 3:22.-3, Lk 11:15). Schließlich berichtet die Bibel sogar, dass Jesus vom Teufel versucht wurde (Mt 4:1ff, Mk 1:12-12, Lk 4:1-13). Der heilige Paulus spricht gleichermaßen von den Umtrieben des Teufels (Eph 2:2, 6:12).

Religion und Magie im römischen Reich

Von den Staatsorakeln zur Demokratisierung der Astrologie im römischen Reich.

Untersuchen wir nunmehr, in welcher geistigen Umgebung das Judentum existierte beziehungsweise das Christentum sich entwickelte. Beide unterschieden sich radikal von allen anderen Religionen, weil sie behaupteten, die allein seligmachenden zu sein. Und damit mussten sie Anstoß erregen.
Dass die Christen einen gewissen Jesus aus Nazareth als Sohn Gottes verehrten, wäre den Machthabern im römischen Weltreich im Prinzip gleichgültig gewesen. Es duldete die seltsamsten Kulte und Mysterien. Die Christen wurden nicht als Anhänger Christi verfolgt, auch wenn dieser als Verbrecher hingerichtet worden war. Sie wurden nicht einmal verfolgt, weil ihre Riten geheim waren – das Messopfer wurde unter strengem Ausschluss der Öffentlichkeit gefeiert. Auch damit konnte das römische Reich leben, schließlich gab es auch andere geheime Mysterien. Was es nicht zulassen konnte, war die Zurückweisung der Staatsreligion. Die Christen wurden verfolgt, weil sie sich weigerten, den anderen Göttern und speziell den zu Göttern erhobenen toten Kaisern Opfer darzubringen und diese dann rituell zu verzehren.
Und das duldete der Staat nicht. Wenn die Christen meinten, in der Eucharistie ihrem Gott ein Opfer eigener Art darbringen zu wollen, dann gerne – aber nicht unter Ausschluss der staatlichen Opfer. Eine Etymologie leitet das Wort Religion von »religo« ab: festbinden. Allerdings ist damit nicht die Bindung an Gott gemeint, sondern die an den Staat. Die Religion hielt das Reich zusammen. Das war nicht nur bei den Römern so. Sokrates (469-399 v. Chr.) wurde hingerichtet, weil man ihn beschuldigte, ein Atheist zu sein und als solcher die Jugend von Staatsidealen abzulenken.

Noch heute sehen verschiedene Historiker den Unterschied zwischen Religion und Magie darin, dass die Religion eine gemeinschaftliche Angelegenheit sei, während der Magier sich absondere. Davon ging die Antike in der Tat aus. Jede allgemein sanktionierte Praxis war religiös, auch wenn sie uns heute noch so verdammenswert erscheint. Ein Beispiel hierfür ist die Opferung von Neugeborenen. In Tyrus und speziell in Karthago wurde die Erstgeburt dem Gott Baal beziehungsweise Moloch dargebracht. Wer sich davon ausschloss, handelte asozial. Man glaubte, dass die Götter die gesamte Gemeinschaft strafen würden, wenn ihnen nicht von allen die verlangten Ehrungen erwiesen wurden.

Der Grund für diese Haltung ist unschwer einzusehen. Noch zur Zeit des heiligen Augustinus (354-430), als das Christentum im Begriff war, Staatsreligion zu werden, verwiesen die letzten Heiden warnend auf die Einfälle der Barbaren, welche dem römischen Reich bald den Garaus machen sollten. Daran seien nur die Christen schuldig: weil sie die Opfer für die alten Götter unterbunden hatten. Auch war das Christentum keinesfalls deshalb Staatsreligion geworden, weil die Kaiser es als die beste aller Religionen erkannt hatten, sondern weil es infolge seiner Verbreitung seinerseits den Staat zusammenhalten sollte.

Der Kult in den heidnischen Tempeln war eng mit Praktiken verbunden, welche uns heute magisch anmuten, so der Zukunftsdeutung. Die Priester untersuchten die Eingeweide der geopferten Tiere und leiteten daraus Prognosen für die Zukunft ab. Die Kunst, diese Eingeweide richtig zu interpretieren, wurde in den Tempeln gelehrt. Genauso wie die Deutung des Vogelflugs und anderer Vorzeichen. Das, was die Bibel im Zusammenhang mit dem Brustschild der Hohepriester nur verschämt andeutet, war somit im Altertum allgemein üblich: Die Priester in ihren Tempeln beschäftigten sich mit der Zukunftsdeutung.

Nur ging es bei diesen Praktiken ursprünglich um das Schicksal des Landes. Das Gleiche gilt für die Anfangszeiten der Astrologie. Es erhielt auch nicht jeder Auskunft. Im Gegenteil. Es war streng verboten, den Zeitpunkt des Ablebens eines Kaisers auf magische Weise in Erfahrung bringen zu wollen. Wer das tat, setzte sich dem Verdacht aus, auf die Nachfolge zu spekulieren. Darauf stand die Todesstrafe. Zumindest von Tiberius, Kaiser zwischen 14 und 37 n. Chr., heißt es, dass er seinerseits Sterndeuter beschäftigte, um all diejenigen, welche seiner Herrschaft aufgrund eines entsprechenden Horoskops gefährlich werden konnten, prophylaktisch hinrichten zu lassen.

Dennoch konnte es nicht ausbleiben, dass sich die Deutung von Vorzeichen und die Astrologie irgendwann auch im Volk verbreiteten, von oben nach unten. Es begann mit den Patriziern, und das vermutlich schon recht früh. Davon zeugt ein Edikt aus dem Jahre 139 v. Chr., welches die Sterndeuter aus Rom vertrieb. Da es periodisch wiederholt wurde, kehrten sie offensichtlich immer bald zurück. Ab der zweiten Hälfte des 1. Jahrhunderts n. Chr. müssen immer mehr Horoskope erstellt worden sein: sonst hätten sich nicht so viele erhalten.

Aber warum nahm das Interesse an der Astrologie so rapide zu? Auf der einen Seite ist es nur menschlich, wissen zu wollen, was einem die Zukunft bringt. Auf der anderen gelangten über die Eroberungen Roms immer mehr astrologiekundige

Sklaven aus den unterworfenen Provinzen nach Rom. Das Konzept der sogenannten stoischen Schule, einer philosophischen Richtung, welche eine universelle Sympathie predigte und Resignation gegenüber dem Schicksal zur Pflicht machte, hatte die theoretische Grundlage geschaffen. Und auf dieser Grundlage verbreitete sich die Astrologie immer mehr. Wenn auch nicht alle die Mittel hatten, sich ein Geburtshoroskop erstellen zu lassen, so beschäftigten sie sich doch mit den generellen Eigenschaften dieses und jenes Sternzeichens.

Die Hexen des klassischen Altertums

Das Bild der Hexen im antiken Mittelmeerraum.

In heidnischer Zeit hatte es neben der staatlichen Religion auch eine private gegeben. Das Familienoberhaupt opferte den Laren und Manen, den Geistern des Haushalts und der verstorbenen Familienangehörigen. Und im Umfeld der privaten Zukunftsdeutung entwickelte sich auch das Hexentum.

Dass es ein solches gab, wissen wir nicht nur aus der römischen Gesetzgebung, sondern auch aus der Literatur. Der Dichter Horaz, alias Quintus Horatius Flacus (66-8 v. Chr.), schildert das Wirken einer Hexe namens Canidia und ihrer Gefährtinnen Sagana Veia und Folia. Es geht dabei um Liebeszauber mit äußerst unersprießlichen Bestandteilen, so diversen menschlichen Körperteilen, teils von Toten, teils von einem Lebenden, der hierfür natürlich geopfert werden muss. Der Dichter Ovid (43 v. – 17 n. Chr.) schildert das Schalten und Walten einer Hexe namens Dipsas. Diese Dipsas ist gleichzeitig eine Kupplerin, auch hier wird also das Hexenwesen mit Sexualität verbunden. Die schrecklichste der literarischen Hexen ist wohl Erichtho. Durch sie wurde der Epiker Lucan (39-65 n. Chr.) berühmt. Sie scheint ausschließlich mit Leichenteilen und den Geistern der Verstorbenen zu operieren.

Die Literatur der Antike kannte noch weitere Hexen. Die Experten gehen davon aus, dass sich die Autoren an tatsächlichen Vorbildern orientierten. Das Vorbild für Canidia sei eine Parfumherstellerin namens Grattidia gewesen. Von der Tatsache, dass es solche Vorbilder gab, zeugen auch entsprechende Edikte, welche das Hexenwesen beziehungsweise -unwesen unter Strafe stellten, genauso wie die Funde von unzähligen Tafeln mit Verwünschungen im gesamten ehemaligen römischen Reich. Diese Tafeln, genannt »defixiones«, wurden gerne in Gräbern oder zusammen mit Leichenteilen deponiert. Allerdings waren die Verfasser und Auftraggeber dieser »defixiones« in erster Linie Männer, anders als die literarischen Hexen.

Offensichtlich orientierten sich die römischen Autoren an den literarischen Vorbildern Griechenlands. Das ersieht man aus den »Metamorphosen« des Apuleius (125-170 n. Chr.). Diese beginnen mit einer Beschreibung der Macht der thessalischen Hexen. Thessalien liegt in Griechenland.

In Griechenland lebte auch die erste der klassischen literarischen Hexen: Circe. Sie taucht bereits in Homers »Odyssee« auf. Homer, von dessen Leben man recht wenig weiß, soll im 9. Jahrhundert v. Chr. gelebt haben.

Diese Circe verwandelt die Gefährten des Odysseus mittels eines Zaubertrankes und ihres Zauberstabes in Schweine. Der Leser von »Harry Potter« kennt sie als eine der

Figuren, die auf den Karten abgebildet sind, welche den Schokoladefröschen beiliegen. Diese Circe entspricht insofern dem von J. K. Rowling erfundenen Hexentyp, als ihre Kräfte weder auf den Teufel noch einen Pakt mit ihm zurückzuführen sind. Das wäre schon deshalb unmöglich gewesen, weil das klassische Altertum, wie bereits angedeutet, keine Teufelsgestalt im christlichen Sinne kannte. Im Gegenteil, es war der christliche Teufel, der mit verschiedenen Attributen der alten Götter versehen wurde.

Dafür tut Circe genau das, was ihr bereits im Alten Testament die Todesstrafe eingebracht hätte: Sie empfiehlt Totenbeschwörungen. Sie weist Odysseus darauf hin, dass er vor seiner Rückkehr in seine Heimat Ithaka ins Totenreich hinabsteigen müsse, um dort den blinden Seher Theiresias zu konsultieren. Obwohl sie selbst nicht daran teilnimmt, stammen doch die detaillierten Anweisungen für diese erste bekannte Totenbeschwörung in der westlichen Welt von ihr.

Eine weitere Hexe des klassischen Altertums war Medea, laut einer Überlieferung eine Nichte der Circe. Noch der bereits erwähnte Ovid beschäftigte sich mit ihrem Wirken. Er schildert in seinen »Metamorphosen«, wie sie einem Greis die Jugend zurückgibt und Drachen zähmt. Wie alle literarischen Hexen ist sie eine sehr ambivalente Gestalt. Zu ihrer Unterstützung ruft sie gerne die Göttin Hekate an: die Göttin der Hexen, vielleicht sogar ihre eigene Mutter.

Das bedeutet nicht, dass diese Hekate damals als unbedingt negativ galt. Die besagten »Metamorphosen« von Apuleius schildern die Erlebnisse eines Mannes, der unverhofft durch eine Zaubersalbe in einen Esel verwandelt wird und schließlich dank der Mysterien der Isis seine menschliche Gestalt zurückerlangt. Nur gibt Isis an, dass sie auch unter verschiedenen anderen Namen verehrt werde. Sie sei identisch mit Minerva, Diana, Juno – und Hekate.

Verschiedene Attribute, wie sie nach wie vor den Hexen zugeschrieben werden, existierten bereits damals. Circe schwingt einen Zauberstab und stellt, gleich wie ihre Kolleginnen, Zaubertränke her. Deren Bestandteile sind bisweilen äußerst unersprießlich. Canidia entnahm ihre Beschwörungen entsprechenden Büchern, die es somit zu dieser Zeit bereits gab.

Zwei Punkte fallen bei der Untersuchung dieser klassischen Hexen auf. Erstens, keine wird positiv geschildert. Kaum eine scheint ihre Kräfte für wohlwollende Zwecke einzusetzen. Und wenn ja, sind ihre Motive nicht uneigennützig. Medea liebt Jason und verjüngt dessen Vater, um sich die Dankbarkeit von Jason selbst zu sichern. Als sie Jasons Liebe verliert, bringt sie prompt die gemeinsamen Kinder um.

Den zweiten Punkt haben wir bereits angedeutet: Es handelt sich bei den literarischen Hexen samt und sonders um Frauen. Beide Postulate, also dass Hexen erstens Frauen und zweitens schlecht sind, sollten sich bis ins 19., wenn nicht sogar 20. Jahrhundert erhalten.

Dem steht jedoch die Tatsache gegenüber, dass die großen Theoretiker der Magie immer Männer waren. Das trifft bereits auf die Autoren der magischen Bücher aus der

römischen Kaiserzeit zu.[7] Auch die großen Magier der Renaissance waren ausschließlich Männer.
Für sie war die Magie eine wissenschaftliche Disziplin. Sie beschrieben zwar das wilde Rasen und die verblüffenden Erfolge der klassischen Hexen, griffen aber ansonsten eher die priesterlich-wissenschaftlichen Aspekte der Magie auf. Sie machten die Magie zu einer im wahrsten Sinne des Wortes berechenbaren Angelegenheit. Auf diesen Bereich der Magie wollen wir im nächsten Kapitel eingehen.

[7] Als Ausnahme könnte man die Philosophin Sosipatra nennen, die im 4. Jahrhundert lebte. Sie soll sich allerdings in erster Linie durch mediale Fähigkeiten hervorgetan haben.

Die Rolle der Zahlen in der Magie

Die Nummerologie

Das Spiel der Zahlen: im Prinzip recht einfach, einleuchtend und logisch.

Die Arithmantie, auch Nummerologie genannt, ist eine der unzähligen Methoden zum Wahrsagen, hat aber wesentlich festere Regeln als das Wahrsagen über Phänomene, die sich individuell auslegen lassen, wie zum Beispiel Bleigießen oder das Lesen des Kaffeesatzes. Nicht umsonst ist die Nummerologie in »Harry Potter« eines der Lieblingsfächer der sehr logisch denkenden Hermione Granger.

Es gibt eine ganze Reihe leicht verständlicher Anleitungen für die Nummerologie. Sie gehen von verschiedenen Zahlen aus, die aus dem Namen des Ratsuchenden beziehungsweise seinem Geburtsdatum gebildet werden. Jeder Buchstabe hat dabei einen bestimmten Zahlenwert. Das heute gebräuchlichste System schreibt in die erste Reihe die Zahlen Eins bis Neun und darunter die Buchstaben in der Reihenfolge des Alphabets. Der Buchstabe A entspricht somit der Eins, B der Zwei, C der Drei, etc. Wenn man bei Neun angekommen ist, beginnt man in der nächsten Reihe wieder von vorne. Die Buchstaben J und S stehen somit gleichfalls unter der Zahl Eins. Insgesamt ergibt sich folgende Schema:

1	2	3	4	5	6	7	8	9
A	B	C	D	E	F	G	H	I
J	K	L	M	N	O	P	Q	R
S	T	U	V	W	X	Y	Z	

Man erkennt dieses Schema auf den ersten Blick daran, dass die senkrechte Spalte unter der Zahl Sechs das Wort FOX ergibt, der englische Ausdruck für Fuchs. Da »sechs« auf Englisch »Six« heißt, braucht man sich nur »Six« und »Fox« zu merken, um die Tabelle korrekt zu rekonstruieren.

Um das persönliche Schicksal zu erforschen, zählt man die Zahlenwerte des Vor- und Nachnamens zusammen, also, um meinen Namen als Beispiel zu nehmen, (M=4) + (O=6) + (N=5) + (I=9) + (K=2) + (A=1) + (H=8) + (A=1) + (U=3) + (F=6) = 45. Die Ziffern dieser Zahl werden wiederum zusammengezählt, bis sie eine Zahl unter Zehn ergeben. In diesem Fall ist das Ergebnis 4+5 = 9. Würde das Ergebnis 10 lauten, müssten wir nochmals reduzieren, also 1+0 = 1. Man kann das System etwas komplizieren, indem man die Zahlen 11, 22, 33 und 44 gesondert betrachtet. Aber dieses Buch ist nicht der Rahmen, um im Detail darauf einzugehen.

Beschränken wir uns also für die Untersuchung des persönlichen Schicksals auf die Zahlen Eins bis Neun. Ich möchte dem geneigten Leser an dieser Stelle empfehlen, seine persönliche Zahl anhand dieses Systems zu berechnen und mit der nachstehenden Kurzdefinition zu vergleichen.

Die Zahl Eins gilt als maskulin, positiv, sogar aggressiv. Bei Agrippa von Nettesheim steht sie für den einen Gott. Menschen mit dieser Schicksalszahl seien Individualisten, zwar im Prinzip Einzelgänger, aber Führernaturen. Sie hätten einen starken Hang zur

Selbstverwirklichung. Negativ wird ausgelegt, dass dies bisweilen auf Kosten anderer gehen könne.
Die Zahl Zwei stellt den Gegenpol zur Eins dar. Sie steht für Spaltung, Dualismus. Zweiertypen seien zurückhaltend, könnten sich nicht entscheiden beziehungsweise seien sich nie sicher, ob ihre Entscheidung die richtige war. Anhänger der Nummerologie sehen dies sogar durch die Bibel bestätigt. Denn am zweiten Tag der Schöpfung konstatierte Gott aus unerfindlichen Gründen nicht, dass sein Werk gut war (Gen 1:6-8). Da die Zwei weiblich sein musste, weil die Eins männlich war, erstaunte dies niemanden.
Allerdings ist keine Zahl rein negativ – genauso wenig gibt es Zahlen, die nur positive Aspekte aufweisen. Gerade weil Zweiertypen eine innere Spannung oder Unsicherheit verspüren, suchen sie verstärkt nach Harmonie. Und da es zwei Geschlechter gibt, gilt die Zwei auch als Symbol der Heirat. Heirat ist eine Überwindung des Dualismus durch Zurückführung in die Einheit. Das gilt nicht nur auf der konkreten Ebene, sondern auch auf der symbolischen.
Die Drei ist die Summe aus Eins und Zwei und verbindet deren Eigenschaften. Bei den Pythagoräern galt sie als die erste vollkommene Zahl. Sie steht für die drei Raumdimensionen, Länge, Breite, Tiefe, und die drei Zeiten, Vergangenheit, Gegenwart und Zukunft. Dreiertypen seien kreativ und extravertiert, aber mit dem Risiko, dass sich ihre Kommunikationsfreudigkeit als Sensationsgier und Klatschsucht manifestieren könne. Genauso könnten sie einen Hang zur Oberflächlichkeit aufweisen, weil sie sich in zu vielen Aktivitäten verzetteln.
Vier ist die Zahl der Ordnung, Sicherheit, Stabilität. Die Zahl Vier ergibt sich sowohl aus 2x2 als auch aus 2+2. Schon in der Bibel hat die Vier mit Rechenoperationen zu tun. Laut Genesis wurde nämlich am vierten Tag mit Sonne und Mond auch der Kalender erschaffen (Gen 1:14-19).
Die Vier hat einen sehr materiellen Einschlag. Im Westen ging man von vier Elementen aus.[8] Aber bei genauerer Untersuchung zeigt die Vier auch spirituelle Elemente. Es gibt vier Himmelsrichtungen und vier Evangelien, und der jüdische Name Gottes besteht aus vier Buchstaben, dem Tetragrammaton.[9] Auch ist die Vier gleich weit entfernt von der Eins wie von der Sieben, welche beide als »göttliche« Zahlen gelten. Wenn man die ersten vier Zahlen zusammenzählt (1+2+3+4) ergibt sich die Zehn, gleichfalls eine göttliche Zahl: weil der zehnte Buchstabe des hebräischen Alphabets das Jod ist, der erste Buchstabe des Tetragrammaton.
Und trotz der generellen Stabilität führt die Verdoppelung der Dualität bisweilen zu Ausbrüchen. Nur finden die Vierertypen immer wieder den Ausgleich. Vierertypen

---

[8] Diese Einschränkung ist nötig, weil die chinesische Philosophie auf fünf Elementen basiert, die nicht einmal mit den westlichen übereinstimmen (Erde, Holz, Wasser, Metall, Feuer). Sie beeinflusste unter anderem Disziplinen wie Tai Chi.

[9] Es stellt sich sogar die Frage, ob die Buchstaben INRI, als Abkürzung für »Iesus Nazarenus, Rex Iudaeorum«, über Kruzifixen angebracht, nicht gleichfalls einen Hinweis auf die Vier beziehungsweise das Tetragrammaton darstellen.

seien diszipliniert, auch sich selbst gegenüber. Der Nachteil sei, dass sich daraus eine Tendenz zur Kleinlichkeit entwickeln könne.
Die Zahl Fünf hingegen steht für Wechsel und Instabilität. Jedoch kann sich dies sowohl positiv als auch negativ auswirken. Die Quintessenz, das fünfte Element, ist der Geist, welcher die vier materiellen Elemente belebt. Die Fünf steht genau zwischen der Eins und der Neun, ist also eine Art Angelpunkt, das Zünglein an der Waage. Genauso liegen zwischen der Sieben, der Zahl der alten Planeten, und der Zahl Zwölf, der Anzahl der Sternzeichen des Tierkreises, genau fünf Schritte. Die Fünf ist somit eine sehr dynamische Zahl.
Der Nachteil für die Menschen mit der Schicksalszahl Fünf sei jedoch, dass sie unter Umständen Schwierigkeiten hätten, das Gleichgewicht zu finden, auch das eigene. Ihre Sinnlichkeit könne zu wechselnden Partnerschaften führen, der Freiheitsdrang sich als Hang, über die Stränge zu schlagen, manifestieren. Die Grenzen, auch die eigenen, würden nicht erkannt. Das könne sich zum Beispiel in Drogensucht äußern. Fünfertypen seien oft ungeduldig und ließen im Prinzip erfolgversprechende Projekte halbfertig liegen, weil sie die Lust verlören, sobald die Sache zur Routine werde. Sie wirkten nicht immer vertrauensweckend, trotz ihres Potentials.
Anders die Sechsertypen. Die Zahl Sechs strahlt Harmonie und Zuverlässigkeit aus. Die Sechs ist sowohl durch die Zwei als auch die Drei teilbar. sie eignet sich für Addition und Multiplikation: 1+2+3 ergibt genauso Sechs wie 1x2x3. Die Sechs gilt als Zahl der Vollendung: Gott erschuf die Welt in genau sechs Tagen (Gen 1:13). Demzufolge findet sich die Sechs auch in der kosmischen Ordnung wieder: Es gibt genau zwölf Zodiakzeichen,[10] also 2x6. Der Zodiak an sich ist wiederum in 360 Grade eingeteilt, also 6x6x10. Sechsertypen hätten ein stark ausgeprägtes Verantwortungsbewusstsein, gepaart mit sozialem Empfinden, sie seien die idealen Seelentröster.
Auf den ersten Blick könnte der Eindruck entstehen, dass die Sechs nur positive Seiten hat. Dem ist natürlich nicht so. Sechsertypen können lästig fallen, wenn sie ihren Hang nach Ausgleich auch anderen aufpfropfen wollen. Ihr Harmoniestreben kann sogar fatale Folgen haben, wenn sie eine Situation retten wollen, wo wirklich ein glatter Bruch für alle Beteiligten besser wäre.
Die Zahl Sieben gilt seit alters her als heilig. Bis zur Entdeckung des Uranus im Jahre 1781 ging man von sieben Lichtern am Himmel aus. Es ist kein Zufall, dass Gott am siebten Tag ruhte und verlangte, dieser Tag müsse ihm geweiht sein (Gen 2:3, Ex 20:8-9). Multipliziert mit der stabilen Zahl Vier, führt die Sieben zum Mondzyklus von achtundzwanzig Tagen. Diese Zahl 28 ergibt sich auch, wenn man die ersten sieben Zahlen addiert: 1+2+3+4+5+6+7 = 28.
Wobei wiederum jeder Teil des Mondzyklus sieben Tage umfasst. Schon immer waren die Mondzyklen beziehungsweise der Stand des Mondes in der Astrologie wichtiger als die Aspekte anderer Planeten. Einerseits, weil der Mond der schnellste Läufer am Himmel ist und deshalb für ein wirklich persönliches Horoskop sorgt, andererseits, weil er das hellste Licht am Nachthimmel ist. Der Mond und die Zahl

[10] »Zodiak« ist das griechische Wort für »Tierkreis«.

Sieben sind von einer Aura des Geheimnisvollen umgeben. Siebenertypen sollen deshalb häufiger als andere Menschen einen Hang zur Mystik und eventuell sogar paranormale Fähigkeiten entwickeln.
Die Zahl Acht ist eine Verdoppelung der Zahl Vier, und somit auch der Stabilität. Das gilt bereits rechnerisch. 2+2+2+2 ergibt genauso Acht wie 2x2x2. Die Acht steht in der Nummerologie für Macht und Verantwortungsgefühl, was sich sehr positiv in einem ausgeprägten Sinn für Gerechtigkeit manifestieren könne. Wenn jedoch der Materialismus überhandnehme, welcher dieser Zahl Acht innewohne, könne er einen übertriebenen Ehrgeiz zur Folge haben. Der Zwang zum Erfolg könne somit zur Unterdrückung der eigenen Gefühle führen. Auch hätten diejenigen, die sich den Absichten der Achtertypen in den Weg stellten, nichts zu lachen.
Die Neun ist eine Potenzierung der Drei: Sie ist das Ergebnis sowohl von 3+3+3 als auch von 3x3. Sie stehe für die Bereitschaft, das, was man selbst gewonnen hat, an andere abzugeben. Es stellt sich die Frage, ob diese Eigenschaft damit zu tun hat, dass eine Schwangerschaft genau neun Monate dauert. Nach neun Monaten ist die Zeit reif, und die Mutter muss automatisch das, an dem sie neun Monate lang gearbeitet hat, herausgeben. Natürlich hat die Neun auch eine spirituelle Ebene. Neunertypen hätten durchaus Ideale, meist seien sie auch großzügig und tolerant. Wenn dieser Charakterzug fehle, könnten sie allerdings zu unleidlichen Weltverbesserern werden.

Die Komplikation

Leider ist die Nummerologie nicht ganz so einfach, wie es auf den ersten Blick aussieht.

Bis zu diesem Moment erscheint die Nummerologie sehr einleuchtend. Kaum jemand kann sich der Logik der Zahlen entziehen. Ich habe den Leser weiter oben eingeladen, seine eigene persönliche Schicksalszahl zu berechnen und mit den Erläuterungen zu vergleichen. Ich bin sicher, dass jeder gewisse Übereinstimmungen gefunden hat.
Nur belassen die Vertreter der Nummerologie es normalerweise nicht damit. Sie empfehlen, auch das Geburtsdatum in Betracht zu ziehen, also Tag, Monat und Jahr zusammenzuziehen. So lasse sich die Aufgabe, die einem das Leben stelle, ermitteln. Ich bin am 6. Januar 1959 geboren, meine Zahl wäre somit (6+1) + (1+9+5+9) = 31, was wiederum zu 3+1 = 4 zusammengezogen wird.
Daneben müsse man auch die Seelenzahl in Betracht ziehen, die sich aus der Summe der Vokale eines Namens ergeben. Aus ihr ließen sich wertvolle Rückschlüsse auf das Karma ziehen: das, was einen im Leben aufgrund vorangegangener Inkarnationen erwarte. In meinem Fall wäre dies (O=6) + (I=9) + (A=1) + (A=1) + (U=3) = 20 = 2+0 = 2. Und wenn man darüber hinaus noch wissen möchte, welchen Eindruck man auf andere macht, empfehle es sich, die Summe der Konsonanten zu bilden, in meinem Fall also (M=4) + (N=5) + (K=2) + (H=8) + (F=6) = 25 = 2+5 = 7. Noch weiter gehende Spitzfindigkeiten, mit denen man das bisherige Leben rekonstruieren und das künftige vorwegnehmen könne, wollen wir ignorieren.
Mein Beispiel ist insofern recht interessant, weil sich zufällig vier verschiedene Zahlen ergeben: 9, 4, 2, 7. Und wenn ich diese Zahlen mit der Definition vergleiche,

dann stelle ich fest, dass sie tatsächlich irgendwie zutreffen. Meine Schicksalszahl Neun besagt, dass ich meine eigenen Erkenntnisse weitergebe, als Aufgabe im Leben sogar in materieller Form (Vier), nämlich in Gestalt von Büchern, ich versuche dabei, alle Blickwinkel zu berücksichtigen (Zwei). Eventuell gewinnen manche deshalb den Eindruck, dass ich mich zum Guru aufwerfen möchte (Sieben).

Ich bin sicher, dass der Leser, der mein Spiel nachvollzogen hat, ähnliche Parallelen findet.

Nur ist dies keinesfalls ein Beweis für die universelle Einsatzmöglichkeit der Nummerologie. Letztendlich könnte ich mich persönlich mit jeder einzelnen der neun Zahlen auf irgendeine Weise verbunden fühlen, sei es nun mit ihren positiven oder negativen Aspekten, weil ich tatsächlich so bin oder weil mich die Zahlen vor bestimmten Tendenzen meines Charakters warnen möchten.

Jedoch ist die Sachlage in Wirklichkeit noch komplizierter. Mein voller Name auf offiziellen Papieren lautet nämlich Monika Maria Hauf. »Maria« gefällt mir so wenig, dass ich es üblicherweise weglasse. Aber müsste ich es für die nummerologische Deutung beibehalten, weil es zu meinem eigentlichen Namen gehört, oder kann ich es mir schenken, weil ich mich damit in keiner Weise identifiziere? Wenn ich es berücksichtige, muss ich zu den oben berechneten 45 noch 24 hinzuzählen. Das Ergebnis 69 (6+9) reduziert sich auf 15, was als neue Schicksalszahl (1+5) die Sechs ergibt.

Von welchem Namen muss eine verheiratete Frau ausgehen, die bei der Eheschließung den Namen ihres Mannes angenommen oder ihn mit ihrem eigenen zu einem Doppelnamen verbunden hat? Es gibt Bücher über Nummerologie, welche in diesem Fall auf den Geburtsnamen pochen. Aber kann sich eine Frau, welche dreißig Jahre lang mit dem Namen ihres Mannes unterschrieben hat, mit ihrem Mädchennamen überhaupt noch identifizieren? Bezeichnend ist bereits, dass die gleichen Bücher, welche bei Verheirateten nur den Geburtsnamen rechnen wollen, bei Adoptierten von dieser Regel abweichen. Das ist ein Widerspruch.

Die abweichende Gesetzgebung in verschiedenen Ländern macht die Nummerologie ganz und gar zu einem Vabanquespiel.

In Deutschland übernimmt das Kind einer ledigen Mutter deren Familiennamen, ein spanisches Kind führt jeweils einen Nachnamen des Vaters und der Mutter als Doppelnamen, egal, ob die beiden verheiratet sind oder nicht.[11]

Gerade in Spanien haben Nummerologen das System noch weiter komplizieren müssen, weil sich die Frage aufwarf, ob denn der Buchstabe U, wenn er nicht gesprochen wird, tatsächlich als Vokal gilt, also in Worten wie »qué« (was), gesprochen »ke«, oder »guerra« (Krieg), gesprochen »gerra«. Das Y betrachten sie am Wortende (rey = König) und nach einem Konsonanten (Mary) als Vokal und zwischen zwei Vokalen (Pelayo) als Konsonanten.

---

[11] Ein Spanier hat immer einen Doppelnamen, bestehend aus je einem Nachnamen seines Vaters und seiner Mutter. Seine Kinder übernehmen wiederum jeweils einen Nachnamen von beiden Elternteilen. Das bedeutet, dass in jeder Generation zwei Nachnamen fallengelassen werden.

Verschiedene Interpreten sind nicht einmal mit der bislang allein besprochenen FOX-Ordnung zufrieden. Agrippa von Nettesheim zum Beispiel rechnet das J nicht als eigentlichen Buchstaben. Bei ihm beginnt die zweite Reihe mit K, auch multipliziert er die Zahlen dieser Reihe mit zehn und die der dritten mit hundert. Da die lateinische Sprache U und V gleich schreibt, ließ er das V in dieser Zeile weg, genauso wie das W. Das bedeutet, dass seine dritte Zeile mit dem Z für die Zahl 500 endet. Um sie bis 900 zu ergänzen, fügt er nunmehr das J und das V als 600 beziehungsweise 700 wieder hinzu und ergänzt gleichermaßen Hi = 800 und Hu/W/G = 900.
Sein Schema lautet somit wie folgt:

1	2	3	4	5	6	7	8	9
A	B	C	D	E	F	G	H	I
10	20	30	40	50	60	70	80	90
K	L	M	N	O	P	Q	R	S
100	200	300	400	500	600	700	800	900
T	U	X	Y	Z	J	V	Hi	Hu/W/G[12]

Genauso gibt Agrippa zu, dass man im Prinzip auch das griechische Alphabet verwenden könnte. Leider kommt er selbst hier zu einer völlig anderen Deutung.
Puristen könnten sich sowieso fragen, ob es angesichts der Bedeutung der Kabbala für die Esoterik nicht empfehlenswert wäre, generell das hebräische Alphabet zu benützen. Nur kennt dieses leider keine Vokale.
Die Sachlage wird immer komplizierter. Agrippa stellt noch weitere Systeme vor, welche die Namen der Eltern sowie die Planeten und Sternzeichen des Geburtshoroskops in Betracht ziehen. Vermutlich trug Agrippa tatsächlich das ihm geläufige Wissen zur Nummerologie zusammen. Ob er selbst bereits die Absicht hatte, es durch seine Erörterungen ad absurdum zu führen, lasse ich dahingestellt.
Aber effektiv ist es absurd. Das Spiel mit den Zahlen gleicht dem tatsächlich gemachten Experiment, einer Gruppe von Menschen unterschiedlichen Alters und Geschlechts die Ergebnisse eines dem Vernehmen nach auf ihre ganz persönliche Geburtsstunde und ihren ureigenen Geburtsort zugeschnittenen Horoskops zu übergeben und sie zu befragen, ob sie sich damit identifizieren könnten. Erstaunlich viele bestätigten, dass die gemachten Aussagen in der Tat auf sie zuträfen. Nur hatten alle den gleichen Text erhalten, unabhängig von ihrem Alter und ihrem Geburtsort. Damit soll nicht die Astrologie an sich lächerlich gemacht werden. Wir werden noch sehen, dass diese verblüffende Einsichten vermitteln kann. Dieses Beispiel basierte jedoch nicht auf der Astrologie, sondern benützte schwammige Formulierungen ohne jede Aussagekraft.
Aber wenn es so zweifelhaft ist, dass wir mittels der Nummerologie unserem Schicksal auf die Spur kommen, warum bin ich dann überhaupt so intensiv darauf

12 Die Gleichsetzung von W und G ist insofern berechtigt, als das französische G, wenn es als »ge« und nicht als weiches »sche« ausgesprochen wird, dem deutschen W entspricht: Wilhelm zum Beispiel heißt auf Französisch Guillaume.

eingegangen? Auf der einen Seite zur Demonstration, dass solche fixen Systeme nicht funktionieren. Auf der anderen deshalb, weil die Symbolik der Zahlen an sich durchaus von Bedeutung ist, zum Beispiel in der Kabbala, auf die wir zu einem späteren Zeitpunkt eingehen.

Geometrische Figuren

Geometrische Figuren wiederholen die Eigenarten der Zahlen, welche bei ihrer Konstruktion ins Spiel kommen.

Aber der erste Bereich, in dem die Symbolik der Zahlen ihre praktische Anwendung findet, ist bei den geometrischen Figuren. Diese haben insofern direkt mit unserem Thema zu tun, als sie allenthalben in der Magie auftauchen, sowohl als Symbole auf magischen Talismanen und Amuletten als auch beim Kartenlegen. Auf beide Themen werden wir noch gesondert eingehen, auf Letzteres bereits im nächsten Kapitel.

Wobei es natürlich schwierig ist zu konkretisieren, inwiefern die Geometrie ihrerseits die Nummerologie beeinflusst hat. So haben wir gesehen, dass die Zwei als Zahl des Dualismus gilt, aber auch als Symbol für Heirat. Das passt zur Deutung der ersten geometrischen Figur, dem Strich. Er stellt einerseits eine Verbindung zwischen zwei Punkten dar und kann andererseits als Trennlinie gewertet werden. Das Dreieck hingegen ist die erste Figur, welche eine Fläche umrahmt. Insofern ist die weiter oben besprochene These der Pythagoräer, dass es sich bei der Drei um die erste vollkommene Zahl handelt, durchaus berechtigt.

Das Quadrat hingegen, die Verbindung von vier Punkten mit gleichen Abständen, erweck tatsächlich schon auf den ersten Blick den Eindruck des Soliden, Festen, Unerschütterlichen. Das Quadrat hat somit genau den Charakter, welcher der Vier zugeschrieben wird.

Einen Sonderfall stellt die Kreuzung von zwei gleich langen Linien dar. Auf den ersten Blick ist man geneigt, dieses Symbol gleichfalls für ein recht stabiles zu halten. Jedoch hat es bereits eine gewisse Dynamik. Dieses Kreuz besteht nämlich nicht nur aus einer Verbindung von vier Endpunkten, der Schnittpunkt bildet vielmehr bereits einen fünften Punkt. Das Kreuz ist deshalb eine Art Übergang vom Quadrat zum Fünfeck.

Und das Fünfeck ist recht instabil. Natürlich kann man ein Fünfeck mit fünf gleich langen Seiten zeichnen, nur wirkt es damit nicht stabiler. Es ist insofern recht interessant, dass das amerikanische Verteidigungsministerium gerade ein Fünfeck bildet und aus diesem Grund Pentagon heißt – »penta« ist das griechische Wort für fünf. Ein Kriegs- oder Verteidigungsministerium wird in Krisen aktiv, also wenn die politische Lage instabil ist. Auf gewisse Weise ist es also sehr sinnig, dass genau diese Form für das Gebäude gewählt wurde. Krisen kann man am besten begegnen, wenn man sich ihnen anpasst, nicht, indem man unerschütterlich auf seinem Standpunkt beharrt. Das beweisen auch Bauwerke, welche speziell auf erdbebengefährdete Zonen zugeschnitten wurden. Sie machen die einzelnen Erdstöße mit. Die Bauwerke, welche dies nicht tun, also im Prinzip unerschütterlicher erscheinen, brechen auseinander.

Die Dynamik der Fünf schlägt sich auch im Fünfstern nieder, einem der wichtigsten Zeichen gerade in der Magie. Das Pentagramm gilt sogar als das magische Symbol per se. Nur kommt es hier auf die Stellung an. Mit der Spitze nach unten wird der Fünfstern nämlich als Teufelshaupt mit Spitzbart und Hörnern interpretiert, mit der Spitze nach oben gilt er als Symbol des Menschen, des Mikrokosmos, wörtlich »kleiner Kosmos«, und als Schutzsymbol gegen die Hexen. Entsprechende Darstellungen zeigen einen Mann mit gespreizten Beinen und leicht nach oben ausgestreckten Armen in einem Fünfstern. Dieses Symbol demonstriert, wie leicht etwas in sein Gegenteil verkehrt werden kann und ist somit ein weiteres Beispiel für die Dynamik der Zahl Fünf. Den sogenannten Goldenen Schnitt, ein in der Architektur als besonders harmonisch geltendes Verhältnis, haben die Baumeister von der Natur übernommen. Seine Konstruktion ist mit einem Fünfeck verbunden.
Es ist auffallend, dass viele Pflanzen, also Lebewesen, gerade fünf Blütenblätter haben. Eis- oder Schneekristalle hingegen weisen oft sechs Zacken auf, sind also im Prinzip symmetrischer – aber tot. Vielleicht leitet sich somit das Harmoniestreben, das den Sechsertypen laut unserem obigen Schema nachgesagt wird, aus der Natur ab. Und es ist bereits die Natur, die warnt, dass es ins Extreme ausarten kann.
Kristallen scheint sogar eine Sehnsucht nach dem Leben innezuwohnen: Wie sonst lässt sich erklären, dass sich auf Fensterscheiben die sogenannten Eisblumen bilden und bestimmte Substanzen in einer Nährflüssigkeit sich zu Gebilden zusammenfügen, welche verblüffend Blüten und Pflanzen ähneln?
Der Sechsstern, das Hexagramm, kommt in der Magie gleichfalls zum Tragen. Er gilt als das Zeichen des Makrokosmos, wörtlich »großer Kosmos«, also des Universums. Natürlich könnte man die Frage stellen, wie dieses extrem statische Zeichen das Sinnbild für etwas sein kann, das im Prinzip lebt. Nur handelt es sich eben um kein persönliches Leben. Das Universum ist vielmehr darauf angewiesen, echte Lebewesen hervorzubringen, um eine Höherentwicklung zu bewirken. Davon zeugt die Erdgeschichte. Das Seltsame ist nur, dass diese magischen Symbole zu einer Zeit entstanden, als man noch von einem einmaligen Schöpfungsvorgang ausging.
Das Hexagramm wird auch als Siegel Salomons bezeichnet und findet sich in der Tat im Wappen des Staates Israel wieder. Es wäre verführerisch, in dem Fünfstern, der im Wappen vieler moslemischen Länder auftaucht, einen Gegensatz zu diesem Sechsstern Israels zu sehen. Jedoch hatte auch die Sowjetunion einen Fünfstern in ihrem Wappen. Und diesen Stern teilte sie sich mit den Vereinigten Staaten von Amerika, welche sogar fünfzig Sterne in ihrem Wappen aufweisen – und in der Regel die Politik Israels unterstützen. Fünfstern und Sechsstern stellen somit nur bedingt Gegensätze dar.
Auf den Siebenstern kommen wir später noch zu sprechen, im Zusammenhang mit der sogenannten chaldäischen Reihe.
Relativ uninteressant sind die geometrischen Figuren von Acht und Neun. Der Achtstern ist im Prinzip die Verbindung von zwei Quadraten, der Neunstern von drei Dreiecken, so wie es der Sechsstern von zwei Dreiecken war.
Interessant wird es erst wieder, wenn wir dreidimensionale geometrische Figuren betrachten. Um einen Raum zu bilden, muss ein Gebilde zumindest vier Flächen

haben. Schon im Altertum stellte man fest, dass es insgesamt nur fünf verschiedene regelmäßige Körper gibt: 1. eine Pyramide mit dreieckiger Grundfläche, genannt Tetraeder, 2. den Würfel, 3. das sogenannte Oktaeder, bestehend aus acht gleichseitigen Dreiecken, 4. das Ikosaeder, aus zwanzig gleichseitigen Dreiecken, 5. das Dodekaeder, bestehend aus zwölf Fünfecken. Die ersten vier wurden mit den Elementen identifiziert: das Tetraeder mit dem Feuer, der Würfel mit der Erde, das Oktaeder mit der Luft, das Ikosaeder mit dem Wasser. Das Dodekaeder, am schwersten zu konstruieren, stand außerhalb und mag zum Ruf des Geheimnisvollen, welcher die Zahl Fünf umschwebt, beigetragen haben.

Der aufmerksame Leser könnte anmerken, dass ich mit der Zahl Zwei beziehungsweise der Linie als Verbindung zweier Punkte begonnen habe. Warum habe ich den Punkt ignoriert? Ist nicht er der eigentliche Ausgangspunkt, bereits für die Linie? Er ist es. Jedoch ist ein aufgeblähter Punkt, nämlich der Kreis, gleichzeitig wieder das Endprodukt eines Vielecks. Je mehr Ecken beziehungsweise Kanten eine geometrische Figur hat, desto mehr ähnelt sie einem Kreis, desto mehr wird sie wieder auf die Einheit zurückgeführt. Der Punkt ist somit nicht nur der Ausgangspunkt, sondern auch der Endpunkt, das Ergebnis der Quadratur des Kreises. Oder, um es religiös auszudrücken, Alpha und Omega sind eines (Offb 22:13).

Wahrsagen mittels Spielkarten und Tarot

Angewandte Mathematik und Geometrie.

Eine weitere Methode des Wahrsagens über Zahlen benützt Spielkarten. Ein normales Kartenspiel besteht aus vier verschiedenen Gruppen, und jede einzelne Karte hat einen bestimmten Wert.

Die Voraussetzung für den Einsatz zum Wahrsagen ist, dass jede Karte gleichzeitig eine bestimmte Bedeutung hat, genauso wie die Figuren, die damit gelegt werden. Die Interpretation basiert einerseits auf der Bedeutung jeder Karte an sich und andererseits auf der Anordnung der einzelnen Karten nach dem Legen. Diese Konstellation wiederum hängt von der Figur ab, die für das Legen verwendet wurde. Diese drei Punkte können sich ergänzen oder überschneiden.

Illustrieren wir dies. Eine Kartenlegerin könnte zum Beispiel davon ausgehen, dass die Herz-Dame generell für die Person steht, die sie konsultiert. Zumindest wenn es sich um eine Frau handelt, was vermutlich sehr oft der Fall sein wird. Falls ihr Kunde ein Mann ist, würde die Herz-Dame für die Dame seines Herzens stehen. Das Verhältnis dieser Herz-Dame zu den anderen Karten ergibt sich durch den Vergleich ihrer Lage. Diese anderen Karten haben gleichfalls ihre feste Bedeutung.

Natürlich sind die Figuren, die gelegt werden, nicht immer die gleichen. Der Mittelpunkt kann der Mittelpunkt eines Kreises oder eines Kreuzes sein, eines Vierecks oder eines Dreiecks. Ein erfahrener Kartenleger wird sogar die Figuren anhand der Problemstellung variieren, also zum Beispiel einen Kreis für eine allgemeine Befragung und ein Kreuz für ein gerade akutes Problem nehmen. Hier kommt wiederum die Symbolik geometrischer Figuren zum Tragen.

Oft werden die Karten generell mehrmals gelegt, gerade weil die Konsultation vom Allgemeinen zum Besonderen fortschreitet. Was natürlich geschickten Kartenlegerinnen – in diesem Gebiet betätigen sich meiner Erfahrung zufolge meist Frauen – die Gelegenheit gibt, im allgemeinen Teil den Ratsuchenden über gerade anstehende Probleme auszuhorchen und diese Informationen dann im Laufe des weiteren Gesprächs so wiederzugeben, als handle es sich um eine Antwort, welche aus den Karten hervorgehe.

Das Kartenlegen mit normalen Spielkarten ist die eher volkstümliche Form, weil sich solche nun einmal beinahe in jedem Haushalt finden – oder zumindest früher fanden, als es noch kein Fernsehen gab.

Aber als die eigentlichen Karten zum Wahrsagen gelten die sogenannten Großen Arkana des Tarots: zweiundzwanzig Karten mit genauso vielen unterschiedlichen Bildern. Diese Karten haben also keine bestimmten Farben wie die normalen Spielkarten, jede ist einmalig.

Wobei manche Systeme ein gemischtes System vorschlagen, also ein Kartenspiel, das neben den gängigen Spielkarten auch die Großen Arkana umschließt. Es gibt unzählige Bücher hierzu. Mir kommt es hier in erster Linie auf die Zahlensymbolik an.

Der erste auffallende Aspekt ist bereits, dass der Tarot aus zweiundzwanzig Karten besteht, die Nummerierung hingegen bei der Nummer 21 endet: weil eine Karte die Zahl Null trägt: der sogenannte »Narr«. Es sieht so aus, als wolle der Tarot auf die Bedeutung der Drei und der Sieben hinweisen: 3x7 = 21.

Für Esoteriker lag es nahe, die zweiundzwanzig Karten des Tarots mit den zweiundzwanzig Buchstaben des hebräischen Alphabets zu assoziieren. Aber genau hier wirkte sich die seltsame Nummerierung aus. Während nämlich das System der »Golden Dawn«[13] den ersten Buchstaben des hebräischen Alphabets, Aleph, א, mit der Karte Nummer Null verbindet, sehen die französischen Esoteriker Papus und Eliphas Lévi[14] dieses Aleph in der Karte Nummer Eins verkörpert, genannt »Der Magier«. Papus und seine Anhänger können darauf verweisen, dass die Gestalt auf vielen Tarotkarten effektiv die Form des Buchstabens Aleph annimmt: eine Hand nach oben, eine nach unten gestreckt.

Wir haben besprochen, dass die Zahl Eins als männlich gewertet wird. Der Tarot entspricht diesem Schema: Der Magier ist immer ein Mann. Auch die nächste Karte, Nummer Zwei, bleibt dem Schema männlich-weiblich

---

13 Eine der zahlreichen esoterischen Gesellschaften, die sich Ende des 19. beziehungsweise Anfang des 20. Jahrhunderts gründeten. Wir kommen auf sie noch zurück.

14 Zwei berühmte Okkultisten des 19. Jahrhunderts, auf die wir im Hauptteil dieses Buches noch genauer eingehen.

treu: es handelt sich um eine Frau, genannt »Die Päpstin« beziehungsweise »Die Hohepriesterin«. Die dritte Karte, »Die Herrscherin«, soll den meisten Interpretationen zufolge eine schwangere Frau darstellen, in Übereinstimmung mit der Symbolik der Zahl Drei: 1. Mann, 2. Frau, 3. Kind. Die nächste Karte, »Der Herrscher«, trägt nicht nur die Nummer Vier, sondern hat auch ein Bein leicht angewinkelt, so dass die beiden Beine zusammen effektiv die Zahl Vier bilden. Auf manchen Darstellungen wird diese Vier noch betont, weil sein Thron einem Würfel entspricht.

Seltsam mag erscheinen, dass die Karte Nummer Fünf die Bezeichnung »Der Hohepriester« beziehungsweise »Der Papst« trägt. Wie lässt sich eine zweitausend Jahre alte Institution mit der Instabilität assoziieren, welche der Zahl Fünf innewohnt? Müsste man dem Papsttum nicht eher das Gegenteil vorwerfen, nämlich ein übertriebenes Festhalten an der Tradition? Die Erklärung könnte darin liegen, dass bei näherer Betrachtung die Geschichte des Papsttums weit weniger linear und wesentlich unruhiger verlief, als der Uneingeweihte annimmt. Der Prunk des Petersdoms und die medienwirksamen Auftritte der modernen Päpste schaffen die Antipäpste und die Kirchenspaltungen nicht aus der Welt, genauso wenig wie die Streitigkeiten zwischen dem Papsttum und verschiedenen Herrschern. Das Bild, dass im Mittelalter Kirche und Staat loyal zusammenarbeiteten und jeder in seinem Bereich zum Wohle der Gesellschaft beitrug, ist Schönfärberei.

Erstaunen mag auf den ersten Blick, dass die Päpstin vor dem Papst kommt. Es wäre verführerisch, darin eine Aufforderung zu sehen, dem weiblichen Element in der Religion mehr Raum einzuräumen. Bezeichnend ist auch, dass erst die beiden Karten für Papst und Päpstin gemeinsam die heilige Zahl Sieben ergeben.

Die Karte Nummer Sieben scheint ihrerseits gleichermaßen betonen zu wollen, dass es ohne dieses weibliche Element nicht geht. Sie trägt nämlich die Bezeichnung »Der Triumphwagen«. Der Lenker dieses Triumphwagens ist ein Mann. Nur ist der Wagen am Himmel, der Große Wagen, weiblich. Er heißt auch der Große Bär. Jedoch handelt es sich in Wirklichkeit um eine Bärin: Die Legende assoziiert den Großen Bären mit der Nymphe Callisto, die von Zeus an den Himmel versetzt wurde, um sie vor den Nachstellungen seiner eifersüchtigen Gemahlin Hera zu schützen.

Beim Triumphwagen wird das weibliche Element lediglich eingespannt, im wahrsten Sinne des Wortes: in Gestalt der Zugtiere. Es handelt sich entweder um griechische Sphinxen – diese sind im Gegensatz zu den ägyptischen weiblich – oder um Pferde, die infolge ihrer »tragenden« Funktion von der Symbolik als weiblich betrachtet werden. Nur setzt sich auf diese Weise der Wagen nie in Bewegung. Denn bei fast allen Darstellungen sind die Räder in einem Winkel von neunzig Grad zur Laufrichtung angebracht. Da der Lenker des Wagens sich dem Betrachter zuwendet, müsste dieser eigentlich auch die Lauffläche der Räder im Visier haben. Und dem ist nicht so. Der Betrachter sieht vielmehr die Nabe und die Speichen der Räder. Sprich: Der Triumphwagen ist unbeweglich.

Auch die Karte Nummer Sechs, »Die Liebenden«, hat einen seltsamen Aspekt. Die Szene stellt dem Vernehmen nach einen jungen Mann dar, der sich zwischen zwei Frauen entscheiden muss. Wie lässt sich dies mit dem harmonischen Charakter der

Sechs vereinbaren? Oder sollte das Problem gerade darin liegen, dass der Jüngling keiner weh tun will und deshalb die Entscheidung hinauszögert?
Bei der Karte Nummer Acht gibt es zwei verschiedene Darstellungsweisen. Die von der Golden Dawn propagierten Systeme führen an dieser Stelle eine Karte mit der Bezeichnung »Die Kraft« und als elfte Karte »Die Gerechtigkeit«. Die Schule von Papus hat diese beiden Karten umgekehrt: »Die Gerechtigkeit« hat die Nummer Acht, »Die Kraft« die Nummer Elf. Angesichts des Gerechtigkeitssinnes, der den Achtertypen nachgesagt wird, neige ich dazu, auch hier Papus Recht zu geben.
Da in unserer Nummerologie nur die Zahlen Eins bis Neun zum Tragen kommen, möchte ich auf die Besprechung der weiteren Karten verzichten.
Damit soll nicht gesagt werden, dass sich das Thema Zahlen nunmehr erledigt hat. Ganz im Gegenteil. Das nächste Kapitel, die Astrologie, hat sogar sehr viel mit Zahlen zu tun, wie wir gleich sehen werden.

Die Astrologie

Astrologie und Magie

Die klassische zeremonielle Magie basiert ausschließlich auf der Astrologie.

Ich habe bereits in der Einleitung angedeutet, warum in diesem Buch der Astrologie recht viel Raum eingeräumt wird. Nunmehr ist der Zeitpunkt gekommen, darauf genauer einzugehen. Wir haben besprochen, dass Magie und Zukunftsdeutung zusammengehören. Die Sterne und andere Omen sollten vor bestimmten Gefahren warnen, die Magie hatte unter anderem die Aufgabe, vor eben diesen Gefahren zu schützen.

Wobei die Astrologie sich auch auf andere Arten der Zukunftsdeutung auswirkt. Die Geomantie ist gleichfalls auf die Astrologie angewiesen. Geomantie[15] bedeutet zwar »Weissagung mittels der Erde«, nur werden die geomantischen Figuren nach astrologischen Erkenntnissen ausgewertet, wie Agrippa von Nettesheim demonstriert. Sogar die Handlesekunst will aus den Linien der Hand lediglich den Einfluss der Sterne herauslesen. Die Handfläche weist sieben Hügel auf, welche die Kabbalisten mit den sieben Planeten verbinden. Es gibt sogar ein System der Zukunftsdeutung aufgrund von Leberflecken, das gleichermaßen astrologisch aufgebaut ist.

Jedoch hat die Astrologie nicht nur mit der Zukunfts- und Charakterdeutung zu tun. Sie wirkt sich auch direkt und massiv auf die klassische zeremonielle Magie aus. Diese arbeitet nämlich mit Talismanen: Tafeln, meist aus Metall, in die bestimmte Symbole eingeritzt wurden und welche etwas bewirken sollen. Und diese Talismane müssen zu bestimmten Zeiten hergestellt werden. Diese Zeiten werden durch die Astrologie vorgeschrieben. Die Astrologie bestimmt jedoch gleichermaßen das Material, aus dem sie gefertigt werden, die Farben, welche dabei verwendet werden, sogar die Farbe der Hülle, in welcher sie aufbewahrt werden müssen.

Die klassischen Anweisungen für die Magie versäumen nicht, laufend zu wiederholen, dass die Kräfte, welche sich die Magie nutzbar macht, von den Himmelskörpern beziehungsweise den hinter ihnen stehenden Intelligenzen kommen. Allerdings sind diese Kräfte individuell. Jeder einzelne Planet entfaltet seine ganz

---

15 Bei der Geomantie werden sechzehn waagerechte Reihen von Strichen untereinandergeschrieben, jeweils von rechts nach links. Man darf dabei die Striche in den einzelnen Reihen nicht zählen. Der nächste Schritt besteht darin, diese Striche waagerecht paarweise zusammenzufassen, wobei die Reihe bisweilen aufgeht, bisweilen ein Strich übrig bleibt. Nunmehr werden die sechzehn Zeilen von oben nach unten in vier Figuren aufgeteilt. (Insgesamt ergeben sich sechzehn verschiedene Möglichkeiten, welche verschiedene Namen tragen. Eine senkrechte Reihe von vier einzelnen Strichen zum Beispiel heißt »Weg«, eine senkrechte Reihe von vier doppelten Strichen wird als »Volk« bezeichnet.) Die vier Figuren werden nebeneinander angeordnet. Nunmehr werden aus den waagerechten Zeilen, die sich dadurch ergeben, vier weitere Figuren konstruiert, indem man diese waagerechten Zeilen hochkant stellt. Aus diesen werden auf eine reichlich komplizierte Weise noch acht zusätzliche Figuren gebildet, so dass es insgesamt sechzehn sind. Und diese werden dann astrologisch ausgewertet.

spezielle Kraft in seinem ureigenen Bereich. Diese muss der Magier kennen, genauso wie den Zeitpunkt, wann sie am stärksten ist. Diese Kraft lässt sich auch nicht beliebig leiten, sondern fließt nur an eine Stelle, von der sie sich angezogen fühlt.
Im Prinzip sind diese Erkenntnisse recht modern. Auf ganz ähnliche Weise würde ein Elektriker einem Laien gegenüber erklären, warum der Strom nur durch bestimmte Materialien fließen kann, warum es generell isolierende und leitende Stoffe gibt. Und dass ohne Batterie oder eine andere Stromquelle überhaupt nichts fließt.
Auf der anderen Seite sollte man sich hüten, diese Kräfte allzu mechanistisch darzustellen. Man wird der Astrologie und auch der Magie nicht gerecht, wenn man die dort wirkenden Kräfte nur mit dem Einfluss des Mondes auf Ebbe und Flut beziehungsweise mit kosmischer Strahlung vergleicht. Es handelt sich um mehr. Das magische Weltbild beruht auf der Vorstellung, dass das Universum eine Einheit darstellt, in der alles in Wechselwirkung steht.
Wir werden zu einem späteren Zeitpunkt noch auf die Frage zurückkommen, warum die Magie gerade in unserer Zeit wieder so viele Anhänger gewonnen hat. Vorwegnehmend möchte ich nur darauf hinweisen, dass die Magie ironischerweise mit jeder technologischen Neuerung plausibler wird. Noch vor hundert Jahren konnte der wissenschaftlich orientierte Gegner der Magie darauf hinweisen, dass Kräfte – mit Ausnahme der Gravitation und des Magnetismus – ohne körperlichen Kontakt nicht wirken können. Der Telegraph benötigte eine Leitung. Das Radio funktionierte bereits ohne. Die ersten Telefone benötigten gleichfalls eine Leitung. Heute geht es auch ohne. Und noch vor wenigen Jahren musste man aufstehen und einen Knopf drücken, um den Sender des Fernsehers zu wechseln. Heute erledigt dies die Fernbedienung.
Im Prinzip war die Magie mit ihrer Behauptung, dass Kräfte auch ohne direkten Kontakt wirken können, der Wissenschaft um Jahrtausende voraus.
Eigentlich könnten wir nunmehr auf die magischen Aspekte der Astrologie eingehen. Ich könnte mich darauf verlassen, dass der Leser dieses Buches an die Astrologie glaubt und mir in meiner Argumentation über Stock und Stein folgt. Nur darf ich davon nicht ausgehen. Ich darf nicht einmal davon ausgehen, dass er die Gesetze der Astrologie, welche in der Magie zum Tragen kommen, genau kennt.
Nur möchte ich noch eine Stufe tiefer beginnen. Ich möchte erläutern, welche Logik hinter der Astrologie steht. Diese Logik wird am schlüssigsten, wenn ich die Argumente gegen die Astrologie erläutere – und, so hoffe ich zumindest, widerlege.

»Die Sterne lügen nicht«

Für und wider die Astrologie.

»Die Sterne lügen nicht« – so oder ähnlich lautet die Überschrift für die Rubrik Astrologie, wie man sie wohl in den meisten Zeitungen und Zeitschriften zumindest allwöchentlich findet. In manchen Fällen ist diese Bemerkung leicht ironisch eingefärbt. Seriöse Blätter deuten bisweilen an, dass sie die Rubrik Astrologie nur der Unterhaltung halber führen. Gegner der Astrologie fragen sich sowieso amüsiert, ob denn die Planeten und Sterne am Himmel die kompliziertesten Aspekte und Konstellationen bilden, nur um auf das Liebesleben von Frau Müller und den

Geldbeutel von Herrn Maier Einfluss nehmen zu können. Mit diesem Argument wollte schon der französische Philosoph Montesquieu (1689-1755) die Astrologie lächerlich machen.
Auf den ersten Blick erscheint die Astrologie als ein Anachronismus. Ihre Gegner werfen ihr vor, dass sie von einer geozentrischen Vorstellung des Universums ausgehe, also einem Weltbild, das die Erde in den Mittelpunkt stelle. Aber inzwischen wisse man nicht nur, dass die Erde sich gemeinsam mit den andern Planeten um die Sonne drehe, sondern auch, dass nicht einmal unsere Sonne den eigentlichen Mittelpunkt darstelle. Sie wirble vielmehr als winziger Punkte am Rande der sogenannten Milchstraße durch das All. Wir wüssten gleichermaßen, dass es noch unzählige andere Milchstraßen gibt.
Nur sind diese Erkenntnisse alles andere als neu. Aristarch von Samos vertrat bereits im 3. Jahrhundert v. Chr. die Lehre von einem heliozentrischen Weltbild: dass die Erde sich um die Sonne dreht.
Die Astrologie stellt auch nicht die Erde in den Mittelpunkt, sondern den Menschen. Es ist ihr somit egal, dass zum Beispiel das Ereignis, das sie als Konjunktion bezeichnet, nämlich die Begegnung von zwei oder noch mehr Planeten am gleichen Ort am Himmel, in Wirklichkeit gar nicht stattfindet. Es sieht lediglich von unserem Standpunkt auf der Erde aus so aus, als würden sie sich aufeinander zu- beziehungsweise voneinander wegbewegen. In Wirklichkeit haben ihre Bahnen nichts miteinander zu tun. Auch die seltsamen unregelmäßigen Bewegungen, einmal vorwärts, einmal rückwärts, welche manche Planeten am Himmel scheinbar vollführen, finden in Wirklichkeit gar nicht statt. Alle Planeten drehen sich in Wirklichkeit um die Sonne. Nur von unserer Perspektive aus, also von einer sich um die Sonne drehenden Erde, sieht es so aus, als seien die Bewegungen der anderen Planeten unregelmäßig.
Auch die astrologische Angabe, dass eine Konjunktion von zwei oder mehr Planeten in diesem oder jenem Sternbild stattfinde, entspricht eigentlich nicht den Tatsachen. Der Sternenhimmel ist schließlich kein Gewölbe, auf dem die Sterne befestigt sind, wie man früher annahm. Er geht vielmehr in die Tiefe. Zwei von der Erde aus etwa gleich helle und scheinbar benachbarte Sterne können in Wirklichkeit unendlich weit voneinander entfernt sein. Nur hat der eine eben mehr Leuchtkraft als der andere. Vielleicht sind sie auch beide schon längst erloschen, und wir haben es noch nicht mitbekommen: weil ihr Licht Jahrmillionen benötigt, um unser Auge zu erreichen. Auf jeden Fall haben die Sterne, welche von der Warte der Erde aus bestimmte Konstellationen bilden, in Wirklichkeit nichts miteinander zu tun.
Im Prinzip weiß das jedes Kind. Allfällige Schulausflüge zu Planetarien vermitteln auch dem faulsten Schüler auf beeindruckende Weise zumindest eine gewisse Kenntnis des Sternenhimmels. Die Astrologen ignorieren diese Gegebenheiten keinesfalls. Sie haben für sie lediglich keine Bedeutung.
Die Gegner der Astrologie sehen sich veranlasst, dennoch unermüdlich auf drei Punkte hinzuweisen. Erstens, dass aus den in der Antike und im Mittelalter bekannten sieben Lichtern am Himmel – Sonne, Mond, Merkur, Venus, Mars, Jupiter, Saturn – inzwischen zehn geworden sind, weil man seit der Entwicklung der klassischen

Astrologie noch drei weitere Planeten entdeckt hat: Uranus (1781), Neptun (1846) und Pluto (1930). Damit wollen die Gegner der Astrologie das Argument ihrer Befürworter entkräften, welche gerne auf die erstaunliche Genauigkeit früherer Horoskope hinweisen, zum Beispiel das des Feldherrn Wallenstein, erstellt von Johannes Kepler (1571-1630). Es setzt in der Tat in dem Jahr aus, in dem Wallenstein ermordet wurde, 1634. Die Gegner der Astrologie schieben dies auf Zufall. Wie konnten solche Horoskope berechnet worden sein, wenn sie die Planeten jenseits des Saturn nicht berücksichtigten?
Der zweite Einwand der Gegner der Astrologie ist noch gewichtiger. Sie machen nämlich darauf aufmerksam, dass sich durch die sogenannte Präzession der Zodiak inzwischen verschoben hat und noch weiter verschieben wird. Die Präzession wird als kreiselförmige Bewegung definiert, welche die Erde sich rückläufig durch den Tierkreis drehen lässt. Diese Bewegung dauert insgesamt ca. 25.790 Jahre. Zu dem Zeitpunkt, als die klassische Astrologie entstand, erhob sich im Frühling die Sonne im Zeichen des Widders. Der Widder galt somit als Frühlingspunkt. Das war vor etwa 4.000 Jahren.[16] Seitdem verschob sich der Frühlingspunkt infolge der Präzession alle 72 Jahre um einen Grad. Da jedes der zwölf Zodiakzeichen rechnerisch 30 Grad umfasst, erhob sich bereits um die Zeitenwende die Sonne im März effektiv im Zeichen der Fische. Inzwischen sind nochmals 2.000 Jahre vergangen. Wir befinden uns somit heute am Ende des Sternzeichens Fische beziehungsweise kurz vor dem Eintritt in das Zeichen Wassermann. Genau ist es sowieso nicht festzustellen. Dass die verschiedenen Zodiakzeichen unterschiedliche Dimensionen haben und deshalb die rechnerische Einteilung von je 30 Grad pro Zeichen überhaupt nicht stimmt, scheint dem gegenüber schon beinahe bedeutungslos.[17]
Ein heute lebender Mensch, der den Gesetzen der klassischen Astrologie zufolge unter dem Sternzeichen des Widders geboren ist, weil sein Geburtstag zwischen dem 20. März und dem 20. April liegt, kam also effektiv als Fisch oder Wassermann zur Welt. Erst in über 20.000 Jahren entspricht der sogenannte Frühlingspunkt wieder Null Grad Widder. Warum betrachtet die klassische Astrologie einen solchen Menschen also nach wie vor als Widder?
Der dritte Einwand der Gegner der Astrologie weist darauf hin, dass deren scheinbar ewigen Gesetze nicht einmal auf jedem Ort der Erde zum Tragen kommen, dass sie lediglich für die nördliche Halbkugel gelten.

Die Argumente der Astrologen

Alle Argumente der Gegner der Astrologie wurden schon längst beantwortet.

Jedoch machen diese Argumente nur diejenigen stutzig, welche sich mit den Gesetzen der klassischen Astrologie noch nicht beschäftigt haben. Verwunderlich ist höchstens, dass sie von den Gegnern der Astrologie immer wieder so präsentiert werden, als

---

[16] Die älteste erhaltene Tafel aus der Hand eines Astrologen wurde auf ca. 2300 v. Chr. datiert.

[17] Die Waage zum Beispiel benötigt nur 1.300 Jahre, die Jungfrau hingegen 3.300 Jahre, um am Frühlingspunkt vorbeizuziehen.

handle es sich um völlig neue Erkenntnisse. Dabei stehen sie seit geraumer Zeit im Raum und werden auch von den Astrologen keinesfalls ignoriert. Diese haben vielmehr eine Entgegnung auf alle Einwände.
Beginnen wir mit dem ersten. Wie können die früheren Horoskope auf Berechnung beruhen, wenn sie die Existenz der Planeten jenseits des Saturn ignorierten? Astrologen antworten darauf, indem sie auf die lange Umlaufzeit bereits des Saturn hinweisen. Schon dieser benötigt um die 29 Jahre, um einmal die Sonne zu umkreisen. Die Umlaufzeiten der weiteren Planeten sind noch länger. Pluto hat eine Umlaufzeit von 248 Jahren. Das bedeutet, dass dieser Planet um die 20 Jahre in jedem Tierkreiszeichen verharrt. Damit gilt die astrologische Aussage, dass Pluto in diesem oder jenem Sternzeichen stehe, für eine ganze Generation. Logisch, dass sich dieser Planet auf das persönliche Schicksal kaum auswirken wird.
Auch für die Deutung der transsaturnischen Planeten kommen in erster Linie überpersönliche Aspekte zum Tragen. So gilt gerade der Pluto als der Planet der Masse.[18] Astrologen weisen darauf hin, dass er 1930 entdeckt wurde, also zu einem Zeitpunkt, als die Politiker zum Beispiel die politische Bedeutung von Massenbewegungen erkannt hatten und ausnützten. Als Beispiele gerade aus dieser Zeit könnte man Goebbels berühmte Rede im Berliner Sportpalast oder die Parteitage der Nationalsozialistischen Partei nennen.
Kommen wir nunmehr zum zweiten Einwand: dass ein sogenannter Widder-Geborener im Prinzip gar kein solcher sei, weil er in Wirklichkeit den ersten Schrei tat, als sich die Fische beziehungsweise der Wassermann am Horizont erhoben – oder erhoben hätten, weil der Sternenhimmel bei Tag ja nicht einmal sichtbar ist. Wenn man die Gegner der Astrologie hört, erhält man leicht den Eindruck, dass die Astrologen dies nicht mitbekommen hätten. Das ist natürlich Unsinn. Die Himmelsbeobachtungen wurden vielmehr von Generation zu Generation weitergegeben. Davon zeugt die Tatsache, dass einige der heute gebräuchlichen Zodiakbezeichnungen tatsächlich schon bei den Chaldäern üblich waren: Stier, Zwillinge, Löwe, Waage, Skorpion, Fische.
Es ging an den Astrologen keinesfalls vorbei, dass die Sonne bei Frühlingsbeginn immer mehr aus dem Widder heraustrat und sich immer mehr den Fischen näherte. Spätestens um die Zeitenwende mussten sie notgedrungen akzeptieren, dass sie sich im Zeitalter der Fische befanden. Genau das war auch der Fall. Als Entdecker der Präzession gilt der griechische Astronom Hipparchos, der zwischen 190 und 125 v. Chr. lebte. Berechnet wurde die Präzession dann von Plutarch (46-120 n. Chr.). Die wahren Ignoranten sind nicht die Astrologen, sondern Leute wie der Philosoph Voltaire (1694-1778), welche offensichtlich nicht wussten, dass die Präzession schon seit langem bekannt ist.

[18] Was im ersten Moment erstaunen könnte, angesichts der Tatsache, dass Pluto im Prinzip nicht viel Masse hat: Er ist ein Drittel kleiner als der Mond. Nur wurde 1978 ein Begleiter entdeckt, der mit ihm um einen gemeinsamen Schwerpunkt kreist. Pluto demonstriert damit, dass die tatsächliche Masse bisweilen größer sein kann, als erwartet.

Manche assoziieren sogar die symbolische Bedeutung, welche der Fisch für die frühen Christen hatte, ganz konkret mit dieser Tatsache, dass der Frühlingspunkt am Himmel sich verschoben hatte. Die Christen hätten die Vorgänge am Himmel als Anzeichen betrachtet, dass die Welt in ein neues Zeitalter getreten war, somit als Bestätigung ihres Glaubens, und das Sternzeichen der Fische prompt als Symbol für das Christentum übernommen.
Die Astrologen weisen darauf hin, dass es in erster Linie nicht auf das Zeichen an sich ankomme, sondern dass die Deutung eher mit der Symbolik zu tun habe. Sie erinnern – nicht zu Unrecht – daran, dass ein Säugling, der in seinen ersten Lebenswochen wenn auch vielleicht unbewusst am Erwachen der Natur teilhat und unter einem leichten Sommertuch fröhlich strampelt, sich anders entwickle als ein anderer, der im Januar geboren wurde und sich unter der Last der Decken, die ihn beim Spaziergang umhüllen, kaum regen könne.
Die Deutung der Zodiakzeichen und die typischen Eigenschaften der unter ihnen geborenen Menschen beziehen sich für den Astrologen auf die Jahreszeit. Es sei deshalb gerechtfertigt, so die Astrologie, einen impulsiven Frühlingsmenschen nach wie vor als Widdertypen zu bezeichnen. Der Mensch habe zu dem Zeitpunkt, als die Astrologie aufkam, bestimmte Gegebenheiten an den Himmel projiziert. Die Sternzeichen seien somit lediglich Symbole für das, was die Menschen empfanden, als sie diese Sterne zu Konstellationen zusammenfassten.
Diese Deutung ist erstaunlich modern. Sie entspricht nämlich genau den Gesetzen der Psychologie C. G. Jungs[19]: dass der Mensch gerne das, was sich in ihm abspiele, nach außen projiziere. Aber auf diesen Punkt gehen wir noch gesondert ein.
Diese Auslegung trifft auch insofern faktisch zu, weil das sogenannte Sternbild des Widders, wenn man es nüchtern und unvoreingenommen betrachtet, im Prinzip nichts mit der Form des entsprechenden Tieres zu tun hat. Das gilt auch für alle anderen Sternbilder. Sie tragen zwar die Namen von Tieren oder mythologischen Helden und Ungeheuern, nur scheinen diese vollkommen willkürlich gewählt. Ein extremes Beispiel ist die Konstellation des Dreiecks. Warum wurden unter allen Sternen ausgerechnet diese drei zu einem Sternbild verbunden?
Die Antwort auf den dritten Einwand gegen die Astrologie ergibt sich aus diesem zweiten. Diejenigen, welche die Gesetze der klassischen Astrologie entwickelten, gingen in der Tat vom nördlichen Sternenhimmel aus. Vergessen wir nicht, dass die Astrologie, wie die Magie, auf das Zweistromland zurückgeführt wird. Für die südliche Hemisphäre müsste man in der Tat eine eigene Astrologie entwickeln. Wenn sie nicht entwickelt wurde, dann eben deshalb, weil kein Bedarf bestand oder sich keine entsprechende Hochkultur entwickelt hatte oder diese untergegangen ist, ohne schriftliche Unterlagen über astrologische Erkenntnisse zu hinterlassen.

19 Schweizer Psychologe, 1875-1961. Wir werden auf ihn noch mehrmals zurückkommen.

Sonne und Mond

Die astrologische Interpretation der beiden großen Lichter.

Illustrieren wir nunmehr das bislang Gesagte, indem wir auf die Bedeutung zuerst der Planeten und dann der Zodiakzeichen eingehen. Wir haben gesehen, dass Astrologen die erstaunliche Genauigkeit früherer Horoskope vor der Entdeckung der transsaturnischen Planeten damit erklären, dass die äußeren drei Planeten für das persönliche Horoskop kaum Bedeutung haben.

Eigentlich kann man noch mehr einschränken. Die wichtigsten Planeten für das persönliche Horoskop sind diejenigen, welche ihre Bahn direkt um die Sonne ziehen: Merkur und Venus, die beiden inneren Planeten. Genauso bedeutungsvoll sind Mond und Sonne. Der Mond dreht sich effektiv um die Erde, die Sonne scheinbar.

Alle anderen Planeten, auch bereits Mars, Jupiter und Saturn, drehen sich um die Sonne und deshalb indirekt auch um die Erde, weil diese schließlich gleichfalls ihre Bahn um die Sonne zieht. Da die Zeit, die sie für die Umrundung der Sonne benötigen, jedoch wesentlich länger als das Erdenjahr ist, gilt bereits ihr Stand für alle Menschen, die innerhalb eines bestimmten Monats geboren sind. Schon hier kommen somit überpersönliche Aspekte zum Tragen. Wirklich individuell wird ein Horoskop durch den schnellen Mond.

Gehen wir nunmehr auf die einzelnen Planeten beziehungsweise Lichter ein, beginnend mit der Sonne. Die Sonne repräsentiert im Horoskop das Bewusstsein, die Persönlichkeit, das Ich. Insofern hat sie am meisten Bedeutung von allen. Als Symbol wird ein Kreis mit einem Punkt im Mittelpunkt verwendet. Im Prinzip handelt es sich um nichts anderes als eine stilisierte Vorwegnahme des heliozentrischen Weltbilds, mit dem Punkt als Sonne und dem Kreis als vereinfachte Darstellung einer Planetenbahn.

Der Mond hingegen repräsentiert das Unbewusste, Gefühle und Empfindungen. Aus diesem Grund gilt der Mond in vielen Sprachen und Kulturen, anders als im Deutschen, als weiblich, während die Sonne männlichen Charakter hat.

Die übliche Begründung hierfür lautet, dass der Mond das Sonnenlicht aufnimmt und lediglich reflektiert. Die damit assoziierte Passivität galt als typisch weiblich.

Aber warum wurden dann im Deutschen die Rollen vertauscht?

Vermutlich ist dies schlicht durch die klimatischen Bedingungen zu erklären. Der Mittelmeerraum, bestimmend für die romanischen Sprachen, in denen die Sonne männlich ist, zeichnet sich durch verzehrend heiße Sommer aus. Es lag nahe, die Sonne mit Aggressivität zu assoziieren und männlich zu machen. Am besten ließ sich ihr Licht noch ertragen, wenn es bei Nacht vom Mond gespiegelt wurde und dieser die Erde in sein sanftes Licht tauchte.

In Nordeuropa hingegen kann die Argumentation umgekehrt werden. Es liegt nahe, kalte Winternächte, welche durch das sich auf dem Schnee spiegelnde Mondlicht erleuchtet werden, mit männlicher Härte zu verbinden. Verglichen mit dem Mondlicht wirkt die von der Sonne erzeugte Wärme mütterlich.

Auf jeden Fall geht die Astrologie von einer Polarität zwischen Sonne und Mond aus. Vollmond bedeutet nichts anderes, als dass sich Sonne und Mond direkt

konfrontieren. Die Astrologie nennt diesen Aspekt sogar Opposition. Bewusstsein und Unbewusstes sind gleichwertig. Bei Neumond hingegen tritt das Unbewusste in den Hintergrund. Das könnte auf eine Einseitigkeit des Bewusstseins hinweisen.
Der Mond scheint die Menschheit schon immer wesentlich mehr fasziniert zu haben als die Sonne. In der Astrologie hat jedes Zeichen mindestens zwei Aspekte, einen positiven und einen negativen. So ist die Sonne sowohl verzehrend heiß als auch angenehm wärmend, sie kann Dinge an den Tag bringen und sich selbstgefällig in ihrem eigenen Licht sonnen. Der Mond hingegen hat mehr als zwei Aspekte. Das wird bereits anhand der Göttinnen ersichtlich, die mit ihm assoziiert werden, abgesehen von der Mondgöttin Selene selbst. Der Mond wird auf der einen Seite mit Artemis verbunden, der Zwillingsschwester des Sonnengottes Apoll. Jedoch hat bereits diese Artemis zwei Facetten. Sie wird einerseits als die keusche Jägerin von Delos und andererseits als die vielbrüstige Liebesgöttin von Ephesus verehrt. Der abnehmende Mond wird mit der Göttin Persephone assoziiert, der Tochter der Demeter, von Hades in die Unterwelt entführt. Bei Neumond hingegen herrscht die Göttin Hekate, die Schutzherrin der Hexen. All das bedeutet, dass es bei der Interpretation des Mondes in einem Horoskop nicht nur auf die Aspekte an sich ankommt, also die Stellung des Mondes, sondern auch auf die Mondphasen. Als Symbol des Mondes wird jedoch immer das gleiche Symbol verwendet: eine stilisierte Mondsichel.

Die alten Planeten

Die Deutung der alten Planeten – Merkur, Venus, Mars, Jupiter, Saturn – beruht auf der klassischen Mythologie, zeugt jedoch von recht modernen psychologischen Erkenntnissen.

Damit kommen wir zu den eigentlichen Planeten. Beginnen wir mit dem innersten, welcher der Sonne am nächsten ist: Merkur. Es handelt sich um einen relativ kleinen Planeten. Der gleichnamige Gott, von den Griechen Hermes genannt, galt als Götterbote, als Mittler zwischen dem Olymp und den Menschen, und wurde mit Flügeln an den Fersen dargestellt. Daneben hatte er die Aufgabe, die Seelen der Verstorbenen in die Unterwelt zu geleiten. Auch insofern hat er eine Mittlerfunktion: zwischen der Welt der Lebenden und den Göttern der Unterwelt.
Dem Merkur wird also wenig eigener Charakter zugestanden. Die Astrologie geht davon aus, dass sein Einfluss lediglich als Verstärkung beziehungsweise Schwächung der anderen Planeten wirkt, mit denen er in Verbindung steht. Er hat nicht einmal ein eigenes Geschlecht, sondern nimmt das des Planeten an, dem er am nächsten steht. Er wird somit mit den »weiblichen« Planeten Mond und Venus weiblich und nimmt in Gesellschaft der restlichen Planeten männlichen Charakter an. Aber seine Bewertung erfolgt hauptsächlich in Bezug auf die Sonne. Schließlich hält er sich meist in ihrer Nähe auf. Er ist ihr sogar häufig so nahe, dass er selbst unsichtbar wird.
Angesichts seiner Funktion als Götterbote mag es seltsam erscheinen, dass Merkur auch als der Gott der Diebe gilt. Astrologisch ergibt dies insofern einen Sinn, als der schnelle Lauf des Merkur – ein Merkurjahr hat nur um die neunzig Tage – als Planet

die Bedeutung des Augenblicks symbolisiert. Und ein Dieb ist darauf angewiesen, den günstigen Moment abzupassen. Merkur war auch der Gott der Kaufleute. Auch diese müssen die Gunst des Augenblicks nutzen und sich zudem auf ihre Kunden einstellen.

Die vermittelnde Funktion des Merkur wird sogar anhand des Symbols illustriert, das ihn darstellt. Es verbindet nämlich alle anderen Symbole, welche für die Planeten verwendet werden: den Kreis, den Halbkreis und das Kreuz. Das Symbol für den Merkur ist ein Kreis, der auf einem Kreuz steht und von einem nach oben geöffneten Halbkreis gekrönt ist.

Der nächste Planet, die Venus, steht zwischen dem Merkur und der Erde. Wie der Merkur steht die Venus immer in der Nähe der Sonne, einmal als Morgen-, einmal als Abendstern. Die Göttin Venus, von den Griechen Aphrodite genannt, gilt als Göttin der Liebe. Jedoch hat auch sie in der Mythologie mehrere Facetten. Sie steht einerseits für die Sinneslust und das Ausleben dieser Lust. Venus wechselt ihre Liebhaber unter Göttern und Menschen und bringt mit mehreren von ihnen Kinder hervor, ein Verhalten, wie es ansonsten nur den männlichen Göttern und speziell dem Göttervater Jupiter, von den Griechen Zeus genannt, zugestanden wird.

Merkwürdig ist nur, dass die Göttin der Liebe selbst keinesfalls ein Produkt der Liebe ist, sondern aus dem Samen entstand, der den abgeschnittenen Genitalien ihres Vaters Uranus[20] entquoll, als diese nach seiner Kastration ins Meer geworfen wurden. Kastriert worden war er von seinem eigenen Sohn, Kronos, dem Vater des Zeus und verschiedener anderer olympischen Götter. Aphrodite war somit eine Art Schwester des Kronos und Tante des Göttervaters Zeus. Dennoch galt ein Sohn des Zeus, der finstere Schmied Hephaistos, als ihr Gemahl. Das bedeutet, dass sie die Gattin ihres eigenen Großneffen war. Und gerade sie wurde zur Göttin der Liebe.

Das Symbol der Venus ist ein Kreis, der auf einem Kreuz steht, entspricht also dem Symbol, das in der Biologie für »weiblich« verwendet wird. Astrologen interpretieren das Kreuz als Erdverbundenheit. Die Venus ist auf gewisse Weise verwurzelt, strebt jedoch nach oben.

Die Umkehrung dieses Symbols, also ein Kreuz, das sich über einer Kugel erhebt, wird für die Erde verwendet. Als sogenannter Reichsapfel gehört es zu den Insignien weltlicher Herrscher und steht tatsächlich für die Herrschaft über die Erde.

Der Gott, dessen Namen der nächste Planet trägt, gehörte zu den Liebhabern der Venus: Mars. Sein Symbol, ein Pfeil, der rechts seitlich aus einem Kreis herausragt, wurde gleichfalls von der Biologie übernommen: als Symbol für »männlich«.

Eine Diskussion, ob es sich dabei um einen stilisierten Phallus oder wirklich einen Pfeil handelt – Mars war auch der Gott des Krieges –, erübrigt sich: der Pfeil wäre schließlich gleichfalls ein phallisches Symbol. Ursprünglich war Mars jedoch eine Gottheit des Frühlings gewesen; nach unten gewandt, könnte dieser Pfeil somit eine Pflugschar darstellen. Nur ist er eben nicht nach unten gewandt. Genau deshalb, weil er keine »Wurzeln« hat, gilt Mars in der Astrologie als problematisch. Mars sei ein

[20] Für den Gott kann auch die griechische Schreibweise Uranos verwendet werden; der Planet heißt immer Uranus.

kraftvoller Planet, nur genüge Kraft allein nicht. Diese Gefahr der Übertreibung besteht immer dann, wenn nicht entsprechende Aspekte mit anderen Planeten – also die Art und Weise, wie sie zu ihm stehen – die Kraft es Mars in positive Bahnen lenken.

Der nächste Planet ist Jupiter. Sein Wesen lässt sich sehr gut anhand seines Symbols darstellen: Es erinnert an die Zahl Vier. Diese ist, wie die Gestalt des Kaisers im Tarot illustriert, die Zahl der Materie und der Herrschaft über die Materie. Jupiter gilt schließlich als der höchste Gott. Allerdings ist bei dem Planetensymbol der linke vertikale Strich nach links leicht konvex, wie eine Parabolantenne. Jupiter ist somit einerseits fest in der Erde verwurzelt und zeigt andererseits seine Empfangsbereitschaft. Dass es zu dem Zeitpunkt, als dieses Symbol entstand, noch gar keine Antennen gleich welcher Art gab, steht auf einem anderen Blatt. Solche seltsamen Zufälle kommen im Umfeld der Astrologie öfters vor. Auf manche kommen wir noch zu sprechen.

Symbol	**Name**
☉	Sonne
☿	Merkur
♀	Venus
♁, ⊕	Erde
☽	Mond
♂	Mars
♃	Jupiter
♄	Saturn
⛢ ♅	Uranus (Herschel)
Ψ	Neptun
♈	Vulkan
♇	Pluto
♓	Chaos (Sakur)

Die Empfangsbereitschaft des Jupiter geht mit einem Sendebewusstsein einher: auch das in Übereinstimmung mit dem Charakter des gleichnamigen Gottes.

Jedoch hat auch Jupiter beziehungsweise Zeus seine schwachen Seiten. In der griechischen Mythologie machte Zeus vor allem durch seine zahlreichen Liebschaften Furore. Eine ganze Reihe von Göttern und Halbgöttern sollten von ihm abstammen, der berühmteste unter Letzteren ist wohl Herakles.

Auch ist Jupiter auf gewisse Weise ein Bluffer. Wenn man nämlich eine Genealogie der römischen beziehungsweise griechischen Götter vor sich hat, so stellt man fest, dass Jupiter (Zeus) keinesfalls der Göttervater war, als der er gerne bezeichnet wird. Er war zwar der Vater von Mars (Ares), Minerva (Athene), Merkur (Hermes), Apollon, Diana (Artemis) und Dionysos, aber lediglich der Bruder von Juno (Hera), Neptun (Poseidon), Pluto (Hades), Ceres (Demeter) und Vesta (Hestia) – und zwar der jüngste Bruder. Vielleicht gab ihm die Tatsache, dass er seine Geschwister aus dem Schlund des Saturn befreit hatte, eine gewisse Vorrangstellung.[21]

Moderne astronomische Erkenntnisse haben gezeigt, dass der gleichnamige Planet auf gewisse Weise ebenfalls ein Bluffer ist. Der Jupiter ist zwar sehr voluminös, besteht jedoch, abgesehen von einem Metallkern, vermutlich zu 90 % aus Wasserstoff und 10 % aus Helium, also den beiden leichtesten Elementen überhaupt. Beides sind Gase. Wenn diese sich auch durch den Druck der Atmosphäre so verdichtet haben, dass sie

[21] Saturn (Kronos) hatte seine Kinder verschluckt, damit sie ihn nicht eines Tages entthronten, wie er selbst seinen Vater Uranus entmachtet und kastriert hatte.

wie Metalle reagieren: Im Prinzip ist es mit der Masse des Jupiter nicht weit her. Mythologie und Astrologie haben auf unerklärliche Weise den damals unbekannten Charakter des Planeten vorweggenommen.

Saturn: der Hüter der Schwelle

Saturn – ein Symbol für Einsamkeit und Mummenschanz, schicksalsmäßige Begrenzung und Ausgelassenheit, den Tod und paradiesisches Glück.

Dem nächsten Planeten hat die Mythologie den Namen von Saturn gegeben, also dem Vater des Jupiter und seiner Geschwister. Sein Symbol ähnelt dem des Jupiter, weil es aus einem Kreuz besteht. Nur ist der Halbkreis anstatt an den nach links weisenden Querbalken an den nach unten strebenden Längsbalken gehängt, aber gleichfalls mit der konkaven Seite nach links. Saturn schickt sich somit an, in erster Linie die unteren Strömungen aufzufangen.

Das Symbol des Saturn entspricht jedoch andererseits der Sense, mit der Saturn beziehungsweise sein griechisches Pendant Kronos gerne dargestellt wird. Kronos gilt als Gott der Zeit, speziell der abgelaufenen Zeit, und ist als Sensenmann das Symbol des Todes. Diese Assoziation wird durch eine Verwechslung mit dem griechischen Wort »chronos«, die Zeit, erklärt – wenn es sich beim Namen Kronos nicht um einen bewussten Hinweis auf dieses Wort handelte. Saturn ist der Gott der Beschränkung, der Hüter der Schwelle. Sein Name eignet sich daher sehr gut für denjenigen unter den Planeten, welcher in der Tat jahrtausendelang als der letzte galt, als die äußerste Grenze. Einsam und allein zog er fernab seine Kreise, noch weiterhin isoliert durch die Ringe, die ihn umgeben.

Ursprünglich war diese Sense des Saturn allerdings lediglich ein Symbol der Landwirtschaft gewesen, welche seiner Schutzherrschaft unterstand. Die Festlichkeiten zu seinen Ehren fanden im Dezember statt und waren eine Zeit, in der sämtliche Vorschriften, welche ansonsten das Leben der Gesellschaft bestimmten, als aufgehoben galten. Die Saturnalien waren geprägt von Ausgelassenheit, sogar Ausschweifungen, mit Verkleidungen und Rollentausch. Solche Feste gab es auch in anderen Kulturen. Natürlich haben sich die Historiker gefragt, warum sich gerade in Gesellschaften mit streng hierarchischem Gefüge solche Festlichkeiten herausbildeten: Perioden, in denen genau dieses Gefüge auf den Kopf gestellt wurde.

Müsste man nicht damit rechnen, dass die Folge ein allgemeines Chaos sein würde? Psychologen sind der Meinung, dass genau das Gegenteil der Fall war. Diese periodisch wiederkehrenden Festlichkeiten waren eine Art Sicherheitsventil und hatten somit eine staatserhaltende Funktion. Genau deshalb waren sie auch dem Saturn unterstellt. Der Mensch musste bisweilen über die Stränge schlagen, um sich dann wieder der von Saturn auferlegten schicksalsmäßigen Beschränkung unterwerfen zu können.

Vielleicht steht dahinter sogar noch mehr. Denn nicht nur, dass die Saturnalien unter seiner Ägide stattfanden, der Gott Saturn galt auch als der Herr des Goldenen Zeitalters, einer vergangenen Epoche, auf deren Wiederkehr die Menschen hofften – ähnlich wie im Christentum auf die Rückkehr ins Paradies. Bei näherer Betrachtung hat sich somit das Panorama radikal gewandelt. Die Befreiung seiner Geschwister durch Jupiter aus dem Schlund des Saturn entsprach in Wirklichkeit dem Ende des Goldenen Zeitalters.

Die transsaturnischen Planeten

Saturn stellte in der klassischen Astrologie die äußerste Grenze dar. Als diese durch die Entdeckung des Uranus überschritten wurde, änderte sich gleichzeitig das Weltbild.

Wir kommen nunmehr zu den Planeten jenseits des Saturn, welche erst in der Neuzeit entdeckt wurden. Der erste dieser transsaturnischen Planeten ist der Uranus, in der Mythologie der Vater des Saturn. Ursprünglich sollt er den Namen des Mannes tragen, der ihn 1781 entdeckt hatte: Sir William Herschel. Seine Deutung hat auch recht wenig mit der Mythologie zu tun. Er gilt als Symbol für Intuition und als höhere Stufe des Merkur. Merkur wird mit der Erkenntnis gleichgesetzt, und die Intuition setzt dann ein, wenn die verstandesmäßigen Möglichkeiten der Erkenntnis voll ausgeschöpft sind. Ein Geistesblitz mag zwar scheinbar aus heiterem Himmel kommen, ist jedoch in Wirklichkeit das Ergebnis eines Prozesses, der lange vorher eingesetzt hat.

Das Symbol des Uranus erinnert einerseits an das der Sonne – ein Kreis mit einem Punkt in der Mitte ♅ – andererseits an den Mars: aus diesem Kreis steigt ein Pfeil auf. Nur weist dieser beim Uranus nicht seitlich, wie beim Mars, sondern senkrecht nach oben. Das bedeutet, dass der Uranus höhere Ziele anstreben kann: vielleicht, weil er mehr Energie hat.

Die Frage ist, wie sich dies mit der Mythologie vereinbaren lässt. Schließlich wurde Uranus von seinem Sohn Saturn entmannt. Sollte man insofern nicht einen Verlust an Energie erwarten? Hat sich die Energie des Uranus nicht vielmehr durch die Entstehung der Venus (Aphrodite) aus seinen abgeschnittenen Genitalien verselbständigt? Eine mögliche Erklärung wäre, dass der Uranus eben diesen fleischlichen Aspekt loswerden, Ballast abwerfen musste, bevor er sich zu neuen Höhen aufschwingen konnte.

Das passt zu der astrologischen These, dass der Uranus einen radikalen Wechsel verlangt. Der Uranus soll das Zeitalter des Wassermanns einläuten, das unmittelbar bevorstehen soll und von dem sich viele eine Änderung zum Besseren erhoffen. Von diesem Eintritt in das Zeichen des Wassermanns leitet sich übrigens der Ausdruck »New Age« ab. Das »neue Zeitalter« ist das des Wassermanns.

Interessant ist auch, dass der Uranus gerade 1781 entdeckt wurde, also kurz vor der Französischen Revolution, die zwar nicht all das erfüllte, was man von ihr erhofft hatte, aber zumindest in vielen Punkten eine radikale Änderung einläutete. Aber auf jeden Fall war auch die Französische Revolution ein Ereignis, von dem man rückblickend sagen kann, dass es sich lange vorher angekündigt hatte.

Natürlich könnte man auch die umgekehrte These aufstellen: dass der Uranus, eben weil seine Entdeckung mehr oder weniger mit der Französischen Revolution zusammenfiel, entsprechend interpretiert wurde, dass nach den Ereignissen die

Theorie aufkam, dass der Uranus etwas Neues ankündigte, weil seine Entdeckung mit etwas Neuem einherging. Aber vielleicht ist bereits bedeutsam, dass die beiden Ereignisse zusammenfielen.
Als 1846 der Neptun entdeckt wurde, waren die Astronomen um einen neuen Namen verlegen. Die griechische Göttergenealogie beginnt mit Uranus, dieser entstand vaterlos. Neptun, von den Griechen Poseidon genannt, war ein Bruder des Jupiter (Zeus) und somit ein Enkel des Uranus. Der Name ist dennoch sehr sinnig. Denn auch die alten Griechen hatten sich bereits die Frage nach dem eigentlichen Ursprung des Universums gestellt. Aus was entstand alles? Die alten Kosmogonien gingen in der Regel nicht von einer Erschaffung des Kosmos aus dem Nichts aus – das hätte lediglich die Frage nach dem Schöpfer des Nichts aufgeworfen –, sondern von einem Urstoff, der lediglich in eine entsprechende Form gebracht werden musste.
Es bot sich an, die Wasser des Chaos als Grundlage zu nehmen. Schon Hesiod (8. Jh. v. Chr.) und Thales von Milet (640-547 v. Chr.) waren davon ausgegangen, dass das Wasser der Ursprung alles anderen war. Auch die Bibel scheint zu bestätigen, dass Gott zwar Himmel und Erde erschuf (Gen 1:1), das Wasser aber bereits vorhanden war (Gen 1:2), und Gott es lediglich trennte (Gen 1:7). Was lag näher, als Neptun, den Gott des Meeres, mit diesem Urmeer zu verbinden?
Neptun gilt als der Planet des Instinktes. Sein Symbol ist wiederum ein Kreuz mit einem Halbkreis. Allerdings ruht dieser nach oben geöffnete Halbkreis direkt auf dem Querbalken. Damit entsteht nicht nur der Dreizack, mit dem Neptun beziehungsweise Poseidon gerne dargestellt wird, sondern von neuem das Symbol der Antenne. Neptun wartet auf eine Botschaft von oben. Der Neptun gilt als eine höhere Stufe der Venus, vielleicht, weil die gleichnamige Göttin aus dem Schaum des Meeres geboren worden war.
1930, als ein weiterer Planet entdeckt wurde, stellte sich das Problem der Namensgebung von neuem. Man nannte ihn schließlich Pluto, nach dem Gott der Unterwelt, aber auch der im Erdinneren verborgenen Schätze.[22] Man benützt verschiedene Symbole für Pluto. Das aussagekräftigste sieht aus wie eine Schüssel, in der ein Teig aufgeht, wie gärende Hefe. Wir haben besprochen, dass der Pluto als Planet der Masse gilt, so in der Politik. Astrologen sind zudem der Meinung, dass die Entdeckung der sogenannten kritischen Masse im Zusammenhang mit der Atombombe etwa zum gleichen Zeitpunkt kein Zufall ist.
Natürlich könnte man auch hier überlegen, ob der Name Pluto beziehungsweise die damit verknüpfte Interpretation eventuell erst eine Reaktion auf die Erkenntnisse der Atomforschung war. Schließlich hatten die bahnbrechenden Entdeckungen von Pierre und Marie Curie bereits Ende des 19. Jahrhunderts stattgefunden. Diese Problem standen wir bereits gegenüber.
Jedoch scheint es sich in der Tat um eine gegenseitige Befruchtung gehandelt zu haben. Die Entdeckung dieses Planeten war geradezu eine psychologische Notwendigkeit. Viele Menschen fühlen sich ohnmächtig und unsicher in dem

---

[22] Auf den diffizilen Unterschied, den manche zwischen Plouton, dem Gott der Unterwelt, und Ploutos, dem Gott des Reichtums, machen, möchte ich hier nicht eingehen.

Bewusstsein, dass sie als Bestandteil der Masse hilflose Opfer sind, wenn jemand auf die Idee kommt, einen Atomkrieg zu entfachen, sprich: kritische Massen zu zünden. Nur ignoriert diese resignierende Haltung, dass es sich in diesem Fall eben nicht um eine Massenaktion, sondern eine individuelle Tat handelt. Insofern wäre es falsch, sich durch die Masse erdrücken zu lassen. Jeder hat trotz der Last der Masse die Pflicht, seine persönliche Entwicklung voranzutreiben.

Pluto stellt somit eine Herausforderung dar: die Masse zu überwinden. Der Aufstieg aus der Masse verlangt natürlich eigene Anstrengungen: Kräfte, wie sie ursprünglich der Planet Mars lieferte. Pluto gilt somit als höhere Stufe des Mars.

Damit wären wir beim letzten der Planeten angelangt, welche die Astrologie berücksichtigt. Es stellt sich die Frage, wie es mit weiteren Planeten steht, die hinter dem Pluto vermutet werden. Schon der ersten Sichtung Neptuns mittels eines Teleskops war vorausgegangen, dass seine Masse, seine Umlaufbahn und seine Position von einem französischen und einem englischen Astronomen unabhängig voneinander berechnet wurden. Wie würden sich diese weiteren Planeten auf die Astrologie auswirken?

Vermutlich kaum. Denn, wie bereits im Zusammenhang mit der Kritik von früheren Horoskopen erläutert, je weiter ein Planet von der Sonne entfernt ist, desto länger ist seine Umlaufzeit, und desto rapider steigt diese an. Vergleichen wir die bislang bekannten Planeten miteinander:

Planet:	ungefähre Umlaufzeit:
Merkur	90 Tage
Venus	225 Tage
Erde	1 Jahr
Mars	687 Tage
Jupiter	ca. 12 Jahre
Saturn	ca. 30 Jahre
Uranus	ca. 84 Jahre
Neptun	ca. 165 Jahre
Pluto	ca. 248 Jahre

Man kann sich unschwer vorstellen, wie sich diese Umlaufzeiten bei weiteren Planeten steigern würden. Das bedeutet, dass Planeten jenseits des Pluto auf das persönliche Schicksal keinerlei Auswirkung mehr haben.

Die Zuordnung der Planeten zu den Tierkreiszeichen

Wie wirkte sich die Entdeckung weiterer Planeten auf die traditionelle Zuordnung zu den Tierkreiszeichen aus?

Der Leser, der sich mit Astrologie bislang nicht beschäftigt hat, ist eventuell verwundert, dass ich so intensiv auf die Planeten eingegangen bin: weil er es gewohnt ist, eher in Tierkreiszeichen zu denken. Er hat vermutlich keine Ahnung, wie die Planeten zum Zeitpunkt seiner Geburt standen, er weiß lediglich, dass er unter einem bestimmten Sternzeichen geboren wurde.

Nur beruft sich die ernsthafte Astrologie eben nicht nur auf Sternzeichen, sondern auch auf Planeten. Das beginnt bereits damit, dass den einzelnen Tierkreiszeichen bestimmte Planeten zugeordnet werden. Laut der traditionellen Zuordnung, vor der Entdeckung der transsaturnischen Planeten, hatten Sonne und Mond je ein Sternbild, alle anderen Planeten zwei. Es ging wunderbar auf.
Nun wurde durch die Entdeckung von Uranus, Neptun und Pluto alles durcheinandergebracht. Wie löste die Astrologie dieses Problem? Untersuchen wir es anhand einer Aufstellung:

Zodiakzeichen:	Planet bisher:	Änderung:
Widder	Mars	--
Stier	Venus	--
Zwillinge	Merkur	--
Krebs	Mond	--
Löwe	Sonne	--
Jungfrau	Merkur	--
Waage	Venus	--
Skorpion	Mars	zusätzlich Pluto
Schütze	Jupiter	--
Steinbock	Saturn	--
Wassermann	Saturn	ersetzt durch Uranus
Fische	Jupiter	ersetzt durch Neptun

Wie man sieht, hat sich nicht viel getan. Sonne und Mond blieben unverändert. Venus, Merkur und Mars haben nach wie vor zwei Zeichen, und zwar die gleichen Zeichen wie vorher. Nur Saturn und Jupiter wurde je ein Zeichen weggenommen und an Uranus beziehungsweise Neptun vergeben. Der Skorpion hat als einziges Zeichen nunmehr zwei Planeten: Der Mars wurde belassen, Pluto nachträglich hinzugefügt.
Die neue Zuordnung beweist das bisher Gesagte: dass für die Astrologen die schnellen Planeten am wichtigsten sind, weil sie ein Horoskop persönlich machen und somit konkrete Voraussagen erlauben. Wie man sieht, wurde an diesen Planeten nicht gerüttelt. Lediglich die langsamen Planeten Jupiter und Saturn, mit einer Umlaufzeit von zwölf beziehungsweise fast dreißig Jahren, büßten je ein Zeichen ein. Speziell bei Saturn bot es sich geradezu an. Die beiden ehemaligen Saturnzeichen, Steinbock und Wassermann, liegen unmittelbar nebeneinander, was ansonsten bei keinem anderen Planeten der Fall ist. Was lag näher, als das zweite Saturnzeichen, den Wassermann, dem ersten transsaturnischen Planeten, dem Uranus, zuzusprechen? Der nächste Planet, Neptun, wurde dann an das Zeichen nach dem Wassermann vergeben: die Fische. Der Pluto, sowieso als höhere Stufe des Mars betrachtet, wurde dem zweiten Marszeichen zugeteilt, dem Skorpion, allerdings unter Belassung des Mars.
Die neue Zuordnung bemühte sich offensichtlich, die alten Charakteristiken zu bewahren. Natürlich stellt sich die Frage, wie die Astrologie überhaupt zu diesen kam. Nach welcher Logik ging sie vor, als sie dem Widder den Mars zusprach? Um das zu untersuchen, wollen wir nunmehr konkret auf den Tierkreis eingehen. Beginnen wir mit dem Widder, dem ersten Zeichen des Tierkreises.

Der Tierkreis: Frühling

Widder, Stier, Zwillinge: mehr als nur ein Name.

Natürlich sind diese Charakteristiken sehr allgemein. Kein Astrologe erstellt ein Horoskop aufgrund des Geburtsmonats. Er will vielmehr ganz genau den Zeitpunkt und auch den Ort der Geburt wissen, um anhand dieser die genaue Stellung der Planeten innerhalb des Tierkreises und zueinander zu berechnen beziehungsweise inzwischen vom Computer berechnen zu lassen.

An dieser Stelle geht es mir ausschließlich darum, im Detail zu erläutern, warum die Astrologen nach wie vor zum Beispiel von der Zeit des Widders sprechen, auch wenn dieser gar nicht mehr am Himmel steht. Im Prinzip müssten die Astrologen »Widderzeit« umschreiben: als Periode, in der auf der nördlichen Halbkugel eine Frühlings- oder Aufbruchsstimmung herrscht, die sich auf denjenigen auswirkt, der in dieser Zeit geboren wird. Vielleicht wären dann die Kritiker zufrieden. Nur sind Astrologen in der Regel sehr traditionell denkende Menschen. Sie wissen, was mit der Bezeichnung »Widder« gemeint ist und halten an diesem Ausdruck fest.

Abgesehen davon käme wohl auch ein Kritiker dieser Bezeichnung nicht auf die Idee, einen Antrag auf Änderung seines Familiennamens zu stellen, wenn er zufällig Schneider oder Schuster heißt und den entsprechenden Beruf nicht ausübt. Genauso wird er klaglos akzeptieren, dass seine Adresse Am Burggraben 15 lautet, auch wenn der besagte Burggraben vor hundert Jahren zugeschüttet wurde. Wenn die Astronomen so kleinlich sind, müssten sie eigentlich umgehend die Bezeichnung »Fixstern«, als Gegensatz zu den Wandelsternen, den Planeten, aufgeben. Diese Fixsterne sind nämlich keinesfalls fix, sondern erwecken nur diesen Eindruck. In Wirklichkeit rasen sie mit einer Geschwindigkeit von 20 Kilometern pro Sekunde durch das Weltall.

Die Bezeichnung Widderzeit soll somit das Ungestüme der Frühlingsstimmung ausdrücken. Dem Widder haftet etwas Feuriges an, er wird deshalb mit dem Element Feuer assoziiert. Wir werden in den nächsten Kapiteln feststellen, dass auch die anderen astrologischen Bezeichnungen die jeweilige Periode des Jahres sehr gut charakterisieren, weil sie immer etwas Typisches zum Ausdruck bringen.

Damit wirft sich natürlich die Frage nach dem Ursprung dieser Bezeichnung auf. Wir haben bereits besprochen, dass sich die Namen verschiedener Tierkreiszeichen bis nach Mesopotamien zurückführen lassen. Das bedeutet, dass die »Erfinder« der Astrologie offensichtlich in der Tat das, was sie in der Natur erlebten, am Himmel suchten beziehungsweise an den Himmel projizierten. Denn, wie bereits erläutert, der Zusammenhang zwischen den Benennungen der Sternzeichen und dem, was sie darstellen sollen, ist in den meisten Fällen nur schwer nachvollziehbar.

Die Griechen benützten die Namen dieser Konstellationen, um ihre eigenen Mythen mit ihnen zu verbinden. Konkret den Widder assoziierten sie mit dem sogenannten Goldenen Vlies, dem Fell eines göttlichen Widders, der von Phrixos im Hain des Ares geopfert wurde.

Dieser Mythos illustriert gleichzeitig die Gefahren für den Widder: dass sein Ungestüm ihm unter Umständen den Tod bringen kann. Esoteriker haben bereits darauf hingewiesen, dass die Zeit, in welcher der Frühling tatsächlich in dem Moment begann, in dem das Sternbild des Widders am Himmel aufging, in der Tat auch der Epoche der Tieropfer entspricht, und dass das Ende der Ära des Widders mit dem Tod Jesu zusammenfiel. Sie sehen es als bedeutungsvoll an, dass dieser in der Tat als Lamm Gottes bezeichnet wurde, das für die Menschen geopfert wird. Damit hatten sich weitere Tieropfer erledigt. Wir haben besprochen, dass diese Esoteriker hinter der Tatsache, dass die Anhänger Jesu prompt das Symbol der neuen Ära, den Fisch, zu ihrem Abzeichen machten, einen astrologischen Hintergrund sehen. Lassen wir dies dahingestellt. Interessant ist es auf jeden Fall.

Wer bei der Besprechung der Planeten aufgepasst hat, der könnte hier einwenden, dass die Charakteristiken, welche den Mars auszeichnen, sich im Prinzip beim Widder wiederholen. Das stimmt. Nicht umsonst assoziiert die Astrologie das Sternbild des Widders explizit mit dem Planeten Mars. Es ist auch bestimmt kein Zufall, dass das Goldene Vlies gerade im heiligen Hain des Ares aufgehängt wurde: Ares ist schließlich lediglich der griechische Ausdruck für den römischen Gott Mars.

Auf ähnliche Weise verbindet die Mythologie den Stier, das nächste Zodiakzeichen, mit der Liebe und somit der Venus. Zeus entführte in Gestalt eines Stieres die Königstochter Europa, und die Gemahlin des kretischen Königs Minos verliebte sich unsterblich in einen Stier.

Genauso steht das Sternbild des Stieres jedoch für den Ochsen, der den Pflug zieht und somit für die materielle Versorgung der sesshaften Bevölkerung sorgt. Nur die Garantie, dass die Grundbedürfnisse erfüllt werden, sorgt für eine Entfaltung von Gefühlen und macht die Liebe lebensfähig. Der Stier gilt somit als erdverbundenes Zeichen und wurde deshalb dem Element Erde zugeordnet.

Das Zeichen Zwillinge hingegen ist ein Luftzeichen. Denen, die von ihm beherrscht sind, wird tatsächlich etwas Flüchtiges nachgesagt. Sie gelten als kontaktbereit und neugierig, aber immer auf der Suche nach Neuem. Sie sind geistig rege, speziell sprachgewandt, eventuell mit einer ausdrücklichen Begabung für die Literatur und alles, was mit Kommunikation zu tun hat. Nur haben sie gleichzeitig den Hang, immer an der Oberfläche zu bleiben, eben weil sie sich prompt immer wieder einem neuen Thema zuwenden. Es ist offensichtlich, dass bei diesen Charakteristiken nur ein Planet für das Zeichen der Zwillinge in Frage kommt: der Merkur.

Die Kontaktbereitschaft der Zwillinge drückt sich bereits dadurch aus, dass es sich um ein Doppelzeichen handelt: Ein Zwilling kommt nie allein. Die Griechen assoziierten die Zwillinge mit Kastor und Pollux, einem Zwillingspaar, von denen der eine sterblich und der andere unsterblich war. Sie waren jedoch so unzertrennlich, dass sie nach dem Tod des sterblichen Zwillings gemeinsam an den Himmel versetzt wurden.

Sommer

Die Logik hinter Krebs, Löwe, Jungfrau und Waage.

Das nächste Zeichen ist das erste Wasserzeichen: der Krebs. Der Zufall will es, dass es sich hierbei in der Tat um ein Wassertier handelt. Die Krebszeit ist zwischen dem 21. Juni und dem 23. Juli. Sie beginnt also mit dem höchsten Stand der Sonne, wenn sie wieder umkehrt. Vielleicht besteht eine Verbindung mit dem typischen Rückwärtsgang des Krebses. Der Krebs wird mit dem Mond assoziiert, also Empfängnisbereitschaft, auch weiblicher. Vergessen wir nicht, dass der Mondzyklus von achtundzwanzig Tagen einem regelmäßigen weiblichen Zyklus entspricht. Ein Mensch, der im Widder und somit zu Beginn des Zodiaks geboren wird, wurde im Krebs gezeugt.

Krebsmenschen sollen gefühlvoll, aber launenhaft sein. Leute, die Krebsmenschen nicht mögen, werfen ihnen vor, dass sie dazu neigten, ihre eigenen Gefühle denen anderer voranzustellen, so wie die harte Schale des Krebses dessen eigene Weichteile schützt, während er mit seinen Scheren andere verletzt.

Eine Erklärung hierfür lautet, dass es dem Krebs nicht nur an Selbstkontrolle mangle, sondern auch an Selbstbewusstsein. Dies mag umso seltsamer erscheinen, als dem Löwen, dem nächsten Zeichen, genau die gegenteiligen Charaktereigenschaften zugeschrieben werden. Der Löwe gilt als stolz, energisch, mit starkem Durchsetzungswillen und Überzeugungskraft. Genauso verwundert, dass der Löwe mit der Sonne assoziiert wird, und zwar als einziges Zeichen. Es stimmt: die Periode des Löwen (23. Juli bis 23. August) fällt mit den sogenannten Hundstagen zusammen, also der Periode der größten Hitze. Nur ist die Sonne effektiv in diesem Zeitraum bereits im Niedergang begriffen: Sie erreicht ihren höchsten Stand um den 23. Juni, also gerade zu Beginn der Krebszeit, und verliert von diesem Moment an jeden Tag mehr von ihrer Kraft, selbst wenn die Temperaturen eher steigen als sinken.

Diese Widersprüche lassen sich nur überwinden, wenn wir die beiden Zeichen nicht nur als komplementär, sondern bereits als Einheit betrachten: Es ist die Kraft des Löwen, die im Krebs zeugt, damit etwas im Widder geboren werden kann. Allein neigt der Löwe genauso zur Übertreibung wie der Krebs. Auch dem Löwen wird mangelnde Selbstkontrolle vorgeworfen, aber eher in Gestalt von überschüssiger Kraft. Die Zeugungskraft führt nicht nur zu Überzeugungskraft, sondern zu »Über-Zeugungskraft«, im Sinne von übersteigertem Triebleben, übersteigerter Energie.

Der Löwe ist im Übrigen das zweite Feuerzeichen. Die Elemente wiederholen sich immer wieder in der angegebenen Reihenfolge, also Feuer – Erde – Luft – Wasser.

An diesen beiden Zeichen, Krebs und Löwe, ersieht man, wie berechtigt die Forderung moderner Astrologen ist, nicht mehr einen bestimmten Tag als Wechsel von einem Sternzeichen zum anderen zu nehmen, sondern von einem allmählichen Übergang auszugehen. Ich habe dies durch Überschneidungen beim Datum berücksichtigt.

Vielleicht wollten bereits die alten Ägypter diese komplementären Eigenschaften von Krebs und Löwe ausdrücken, als sie die Krebszeit mit dem Skarabäus assoziierten, eigentlich einem Sonnensymbol. Skarabäen werden mit einer Kugel abgebildet, die sie vor sich herrollen. Dieser Ball aus Mist, als Nahrung für ihre Nachkommen gedacht, galt als Symbol der Sonne. Dem Skarabäus wurde somit auf gewisse Weise die Macht zugesprochen, die Sonne zu erschaffen. Anders ausgedrückt: Es ist in Wirklichkeit der Krebs, der die Sonne erschafft, ihr Kraft verleiht.

Wie wichtig den Ägyptern diese Symbolik war, ersieht man daraus, dass dieses Zeichen, der Skarabäus, das einzige ist, in dem der ägyptische Zodiak vom heutigen abweicht. Alle anderen Zeichen haben die gleiche Benennung wie der unsere heute und werden auch entsprechend dargestellt.

Das nächste Zeichen ist die Jungfrau (23. August bis 23. September). Die Babylonier interpretierten dieses Sternbild als Ähre. Zu der Zeit, wenn die Jungfrau regiert – selbst wenn sie infolge der Präzession nicht mehr am Himmel steht –, wird tatsächlich die Ernte eingefahren. Die Mythologie verband die beiden Symbole: indem sie dieses Sternzeichen durch eine Jungfrau namens Astraea mit einer Ähre in der Hand darstellte. Diese Ähre wird durch den Hauptstern des Sternbildes Jungfrau repräsentiert: Spica, das lateinische Wort für Ähre. Angesichts der Assoziation mit der Ernte und somit der Erde ist es kaum verwunderlich, dass die Jungfrau zu den Erdzeichen gehört.

Vielleicht ist es aufgrund dieser Assoziation mit der Ernte und somit der Vorsorge für den kommenden Winter, dass Jungfrau-Geborene als fleißig und realistisch gelten. Sie geben sich keinen fruchtlosen Träumereien hin, sondern möchten das Ergebnis eigener Anstrengung vor sich sehen. In übersteigerter Form führen diese Eigenschaften zu Kleinlichkeit. Der französische Dichter Jean de la Fontaine (1621-1695) hat den extremen Jungfrau-Typ in der Fabel über die Grille und die Ameise verewigt. Die Ameise, die nicht bereit ist, ihre Vorräte mit der Grille zu teilen, hat Jungfrau-Charakter. Sie hat zwar im Prinzip Recht – eigentlich hat sie wirklich keine Verpflichtung, die mühsam während des Sommers erworbene Nahrung mit der in den Tag hineinlebenden Grille zu teilen –, nur wirkt sie nicht eben sympathisch.

Wir haben gesehen, dass Krebs und Löwe im Prinzip ineinander übergehen. Etwas Ähnliches lässt sich über die Jungfrau und das nach ihr kommende Sternzeichen, die Waage, sagen. Astraea war nämlich im Goldenen Zeitalter die Hüterin des Rechts. Und eine weibliche Gestalt mit einer Waage in der Hand ist sogar zum Symbol der Gerechtigkeit geworden, der Göttin Justitia.

Die Waage sucht nach Ausgleich. Genau in diesen Zeitraum (23. September bis 23. Oktober) fällt die Tagundnachtgleiche. Der Widder hat zwar gleichfalls eine Tagundnachtgleiche, stellt jedoch den Beginn des astrologischen Jahres dar, so dass die Balance sich nicht manifestiert. Jeder weiß, es geht aufwärts. Die Waage hingegen fällt tatsächlich in der Regel mit den letzten warmen Tagen des Jahres zusammen. Waage-Menschen sagt man musische Interessen und einen ausgeprägten Sinn für Ästhetik nach. Bisweilen wirkt ihr Bemühen um Harmonie geradezu übertrieben. Sie haben solche Angst, das Gleichgewicht zu verlieren, dass sie bisweilen zurückstecken, nur um eines lieben Friedens willen, der in Wirklichkeit vielleicht gar keiner mehr ist.

Wir haben gesagt, dass sowohl die Jungfrau als auch die Waage mit Recht und Gerechtigkeit zu tun haben. Jedoch besteht ein Unterschied, der sich bereits in der Zuweisung der Planeten äußert. Der Gerechtigkeitsbegriff der Jungfrau wird nämlich von Merkur und somit dem Intellekt regiert. In der Waage hingegen herrscht Venus. Wenn Venus abwägt, dann kommen nicht nur rein sachliche Gründe zum Tragen.

Herbst und Winter

Skorpion, Schütze, Steinbock, Wassermann, Fische.

Das nächste Zeichen, Skorpion, hat einen schlechten Ruf. Skorpione gelten als leidenschaftlich und individualistisch und sollen ein starkes Durchsetzungsvermögen haben. Der Hauptstern des entsprechenden Sternbildes heißt Antares, eine Zusammenziehung von Anti-Ares. Ares war das griechische Pendant zum römischen Kriegsgott Mars. Nur war damit offenbar nicht ein Gegen-Ares, sondern ein zweiter Ares gemeint. Die alte Astrologie assoziierte nämlich den Planeten Mars mit dem Skorpion, um seinen Behauptungswillen auszudrücken.

Skorpione sollen Tiefgang haben und sich mit Grenzfragen beschäftigen. Manche halten es für bedeutungsvoll, dass das Fest Allerseelen gerade in die Skorpionzeit fällt. Wobei Allerseelen lediglich eine Christianisierung eines keltischen Festes ist, das Samhain, dem Gott des Todes, geweiht war. Die Verbindung gerade dieser Jahreszeit mit einem Fest zu Ehren der Toten ist also wesentlich älter als das Christentum.

Andererseits wird den Skorpionen eine starke Sensibilität nachgesagt. Sie seien leicht verwundbar. Das führe dazu, dass sie bisweilen das ihnen im Prinzip innewohnende Durchsetzungsvermögen gar nicht zum Einsatz brächten. Dabei mangle es solchen Skorpionen nicht unbedingt an Selbstvertrauen. Im Gegenteil, sie sind so von sich überzeugt, dass sie der Meinung sind, die anderen müssten ihren Wert erkennen, auch ohne dass sie ihre Eignung unter Beweis stellen. Solche Skorpione sind bass erstaunt, wenn die Dinge nicht in ihrem Sinne laufen, wenn ein anderer Bewerber für eine Arbeitsstelle vorgezogen wird oder ein potentieller Partner sich für einen Nebenbuhler entscheidet. Diese Skorpione fangen laufend etwas Neues an, weil sie nach der ersten Entmutigung aufgeben. Sie halten es für unzumutbar, zum Erreichen eines gesteckten Zieles eigene und eventuell sogar kontinuierliche Anstrengungen unternehmen zu müssen.

Die moderne Astrologie hat dem Skorpion den Mars belassen, verbindet ihn jedoch zusätzlich mit Pluto. Diese Zuordnung ist sehr bezeichnend. Wir haben besprochen, dass Pluto als Sinnbild der Masse gilt. Vielleicht ist es die eigene Masse, welche bei manchen Skorpionen infolge ihrer Trägheit dafür sorgt, dass sie sich nicht entwickeln können.

Das nächste Zeichen, der Schütze, kann mit der Energie, welche den Skorpionen bisweilen fehlt, aufwarten. Dieses Zeichen wird mit einem Zentauren assoziiert, ist also unten Tier und oben Mensch.[23] Jedoch hat dieser Zentaur einen Bogen in der Hand, mit dem er nach dem Himmel zielt. Der Schütze strebt somit nach dem Höchsten, selbst wenn es im Prinzip außerhalb seiner Reichweite liegt. Es ist also nur sinnig, wenn der Schütze mit dem Planeten Jupiter verbunden wird, dem Planeten, der nach dem höchsten Gott benannt wurde. Schützen wird ein gewisser Führungsanspruch nachgesagt. Das bedeutet, dass sie Anhänger suchen. Wenn sie das Höchste einmal errungen haben, möchten sie es mit anderen teilen. Leider ufere der

---

[23] Nicht zu verwechseln mit einem anderen Sternbild, das tatsächlich »Zentaur« heißt.

missionarische Eifer der Schützen bisweilen in religiösen Fanatismus aus. Zugutehalten muss man dem typischen Schützen, dass er nicht nur an andere hohe Anforderungen stellt, sondern auch an sich selbst.
Dieses Streben nach oben wirkt auf den ersten Blick umso erstaunlicher, als der Zeitraum, in dem der Schütze herrscht (23. November bis 21. Dezember), genau der Jahreszeit entspricht, in der sich die Sonne ihrem absoluten Tiefpunkt nähert. Der Schütze ignoriert dies: Ihm kommt es offensichtlich allein auf den geistigen Aufschwung an.
Im nächsten Zeichen, dem Steinbock (21. Dezember bis 21. Januar), hat die Sonne dann ihren tiefsten Punkt erreicht und wandert wieder nach oben. Wenn der tiefste Punkt überschritten ist, werden die Tage wieder länger, wenn auch beinahe unmerklich. Nur wirkt sich das erst im Frühling richtig aus. Der Steinbock profitiert noch nicht davon. Er kann sich das Vorwärtsstürmen des Widders nicht erlauben, sondern muss die unwirtliche Winterzeit überstehen. Genau wie das Tier, nach dem dieses Zeichen benannt ist, komme der Steinbock-Geborene mit kargen Mitteln aus. Er sei ehrgeizig und zäh. Seine Politik sei die der kleinen Schritte. Dafür bewege er sich auf einem Gelände nach oben, das andere Tiere zum Fall bringen würde.
Logisch, dass für den Steinbock nur ein Planet als Partner in Frage kommt. Es ist der Hüter der Schwelle, der darüber wacht, dass nur diejenigen in die Höhe gelangen, die Kälte und dünne Luft aushalten: Saturn.
Saturn beherrschte früher auch den Wassermann (21. Januar bis 19. Februar). Heute schreibt man dem Wassermann den Planeten nach Saturn zu, also den Uranus. Wassermann-Menschen sollen geistige Interessen und Sinn für Originalität haben. Jedoch kann dieser sich auch in Exzentrik manifestieren. Der Wassermann anerkenne keine Grenzen. Insofern ist es jedoch erstaunlich, dass er früher ausgerechnet mit dem Saturn assoziiert wurde. Vielleicht musste der Wassermann das gewaltsam lernen, was dem Steinbock angeboren sei: sich beschränken können.
Hinter dem Sternbild des Wassermanns steht die Legende von Ganymed, einem schönen Knaben, den Zeus als Mundschenk in den Olymp aufnahm.
Damit sind wir beim letzten offiziellen Zodiakzeichen angekommen: den Fischen (19. Februar bis 20. März). Nach den Fischen folgt ein neuer Anfang, mit dem Widder. Den Fischen wird die Tendenz nachgesagt, etwas grüblerisch veranlagt zu sein. Die Legende assoziiert das Sternbild mit Aphrodite und Eros, welche gemeinsam ins Wasser gesprungen und von Fischen gerettet worden seien. Sprich: die beiden suchten freiwillig die Tiefe, als wollten sie den Dingen auf den Grund gehen.
Früher war den Fischen der Planet Jupiter zugeordnet. Nach dem neuen System werden sie mit dem Neptun assoziiert. Diese Zuweisung ist sehr sinnig. Einerseits ist Neptun der Gott des Meeres, in dem die Fische leben, andererseits gilt er als höhere Stufe der Venus. Angesichts der Tatsache, dass die Legende, welche sich um dieses Sternbild schlingt, ausgerechnet die Göttin Venus zur Protagonistin hat, ist auch die Verbindung mit dem Neptun sehr einleuchtend.

Die Häuser

Die Häuser: Hinweise auf das persönliche Schicksal.

Ich möchte nunmehr noch auf die Häuser und Aspekte eingehen – in aller Kürze. Schließlich ist dies kein Buch über Astrologie. Mir kommt es in erster Linie darauf an, zu erklären, welche Logik hinter der Astrologie steht – beziehungsweise zu demonstrieren, dass es eine solche Logik gibt.

Beginnen wir mit den Häusern. Was versteht man darunter?

Die Häuser sollen Auskunft über das irdische Schicksal geben. Es gibt genau gleich viele wie Sternzeichen: zwölf. Die Zählung der Häuser beginnt mit dem Aszendenten, also mit dem Sternzeichen, das rechnerisch am Himmel aufgeht, wenn ein Mensch geboren wird. Der Aszendent ist der Schnittpunkt von Horizont und Ekliptik. Die Ekliptik wiederum ist der scheinbare Weg der Sonne durch den Tierkreis, im Laufe eines Jahres.[24]

Jedes Haus hat die Charakteristiken eines bestimmten Zodiakzeichens, beginnend mit dem Widder. Die Reihenfolge der Häuser entspricht auch der Reihenfolge der Zodiakzeichen, wenn auch die Häuser nicht mit ihnen zusammenfallen. Das würden sie nur, wenn ein Mensch tatsächlich zu Beginn der Widderzeit geboren würde, also um den 20. März. Das erste Haus hat nämlich mit der Lebenskraft und ihrer Richtung zu tun, zum Beispiel, ob das zu erwartende Leben lang oder kurz ist. Das zweite Haus hat die Charakteristiken des Stiers. Es beschäftigt sich mit materieller Sicherheit. Die alten Astrologen nannten es schlicht Geldhaus. Das dritte Haus entspricht dem Zeichen der Zwillinge. Sinnigerweise wird es als Bruderhaus bezeichnet. Es soll Auskunft geben über die Kommunikationsfähigkeit, über das Verhältnis zu Brüdern und anderen Verwandten. Das vierte Haus (Krebs) untersucht die Ausgangslage des Ratsuchenden, also Herkunft, Familie und Heimat, ebenso Erbschaften. Es heißt demzufolge Vaterhaus. Das fünfte Haus (Löwe) hat mit Kreativität und dem Triebleben zu tun, das sich natürlich auch auf die Anzahl der Kinder auswirkt. Das sechste Haus (Jungfrau) kümmert sich um die allgemeine Belastbarkeit und die Anfälligkeit für Krankheiten.

Das siebte Haus interpretiert Ehe und Partnerschaft, ebenso Liebschaften und Prozesse. Dazu passt das Sternbild Waage, das schließlich der Venus unterstellt ist. Das achte Haus gehört zum Skorpion. Wir haben gesagt, dass Allerseelen in die Skorpionzeit fällt. Passend hierzu beschäftigt sich dieses achte Haus mit Grenzfragen, speziell dem Tod. Das neunte Haus entspricht dem Schützen. Es wird mit Reisen assoziiert und gibt Auskunft über geistige Interessen, Idealismus und Religion. Das zehnte Haus umfasst Dinge, die mit Beruf und der Stellung im Leben zu tun haben, also den Bereich, der mit Ehrgeiz und Aufstiegschancen zu tun hat – wie der Steinbock, dem das zehnte Haus zugeordnet ist. Das elfte Haus gehört dem Wassermann und soll über soziale Aufgaben und den Freundeskreis informieren. Das zwölfte Haus, das Haus der Feinde, gibt Auskunft über Ungemach, welches nicht in das sechste oder achte Haus fällt.

---

[24] Auch die Planeten, mit Ausnahme von Pluto, bewegen sich innerhalb des Zodiaks.

Es muss nochmals betont werden, dass die Häuser nicht den genannten Zodiakzeichen entsprechen. Sie haben lediglich bestimmte Eigenschaften gemeinsam. Stellen sie sich zwei aufeinanderliegende identische runde Scheiben aus transparentem Plastik vor. Jede Scheibe ist in zwölf Bereiche eingeteilt, von denen jeder eine bestimmte Tönung aufweist. Liegen die gleichen Farben aufeinander, verstärken sie sich. Jedoch kann bei einer Drehung im Prinzip jedes Haus auf jedem Sternzeichen zu liegen kommen. Es ist lediglich immer irgendwie eingefärbt durch die generelle Zuordnung.
Der Ordnung halber möchte ich an dieser Stelle darauf aufmerksam machen, dass der Ausdruck »Häuser« im obigen Sinne in vielen Büchern durch »Orte« oder »Felder« ersetzt wurde. In erster Linie, um Verwechslungen auszuschließen: weil auch die Sternzeichen, mit denen die Planeten assoziiert werden, als »Häuser« bezeichnet werden. So ist der Löwe das Haus der Sonne und der Widder eines der Häuser des Mars – das sogenannte Nachthaus, das Taghaus ist der Skorpion –, um nur zwei Beispiele zu nennen.

Die Aspekte

Die »Tischordnung« der Planeten.

Kommen wir abschließend noch zu den Aspekten. Wir haben ihre Existenz bereits angedeutet. Man versteht darunter die Anordnung der Planeten zueinander, mit den Zodiakzeichen als Hintergrund. Ein Horoskop basiert generell auf der Stellung der Planeten sowie der Sonne und des Mondes, wie man sie vom Geburtsort aus gesehen hätte,

- wenn man alle mit dem bloßen Auge hätte erkennen können,
- wenn auch die unter dem Horizont sichtbar gewesen wären,
- wenn man sie auch bei Tage sehen könnte.

Die beiden grundlegenden Aspekte sind Konjunktion und Opposition. Bei der Konjunktion stehen die zwei Planeten scheinbar zusammen – die Betonung liegt auf scheinbar, weil es ja lediglich vom Standpunkt des Betrachters aus so aussieht.
Die Opposition ist das Gegenteil: Zwei Planeten stehen einander in einem Winkel von 180 Grad gegenüber. Hierbei ist meist nur der Planet sichtbar, der über dem Horizont steht. Mit einer Ausnahme: dem Mond. Der Vollmond ist nichts anderes als eine Opposition Sonne – Mond. Die Opposition ist ein sehr spannungsgeladener Aspekt. Einer von den beiden Planeten will gewinnen. Mars nimmt in Opposition zur Sonne eine rote Farbe an.
Als schwierigster Aspekt gilt das Quadrat, also ein Winkel von 90 Grad: weil sich bei der Teilung des Horoskopkreises in Abschnitte von 90 Grad ein Kreuz bildet. Ein Quadrat soll auf Krisen hinweisen, insofern hat es einen schlechten Ruf. Dabei wird allerdings nicht berücksichtigt, dass Krisen bisweilen nötig sind.
Als harmonischer Aspekt hingegen gilt das Trigon, der 120-Grad-Winkel. Dies ist vermutlich darauf zurückzuführen, dass Planeten im Trigonaspekt im gleichen Element stehen. Denn, wie wir gesehen haben, wird jedem der zwölf Zodiakzeichen eines der vier Elemente zugeordnet, und nach jeweils 120 Grad wiederholt sich ein

Element. Wenn ein Planet zum Beispiel im Widder steht und ein anderer im Löwen, so bilden sie ein feuriges Trigon.
Wobei es natürlich auch hier stark auf die Planeten ankommt. Den Planeten werden nämlich gegenseitige Zuneigung beziehungsweise Abneigung nachgesagt. Diese »Gefühle« können einen Trigonaspekt beziehungsweise auch jeden anderen Aspekt verstärken oder schwächen.
Die einschlägigen Bücher sind nicht alle eindeutig. Die grobe Zuordnung ist wie folgt: Die Venus mag Sonne, Mars, Merkur und Mond und lehnt nur Saturn ab. Die Sonne und Mars erwidern die Zuneigung, Merkur und Mond sind neutral. Merkur ist von Natur aus etwas wetterwendisch und passt sich immer denjenigen an, mit denen er gerade steht. Da er recht schnell ist, ändert sich das laufend. Dem Mond ist generell alles egal, was vielleicht auf seine Bedeutung zurückzuführen ist. Als schneller und sehr gut sichtbares Gestirn ist er das wichtigste von allen, nicht nur in der Astrologie, sondern auch im volkstümlichen Aberglauben. Der Saturn akzeptiert Mars und ist allen anderen feindlich gesinnt. Mars scheint diese Zuneigung nicht zu erwidern, er liebt nur Venus.
Zusammenfassend lässt sich sagen, dass Jupiter sich mit allen gut versteht, mit der Ausnahme von Mars. Saturn und Mars mag kaum einer der anderen Planeten, Venus ist sehr beliebt. Auch die Sonne mögen im Prinzip alle, aber nur wenn sie weit weg ist. Früher bezeichnete man einen Planeten, der mit der Sonne in Konjunktion stand, als verbrannt.
Wenn zwei einander freundlich gesinnte Planeten in Konjunktion stehen, dann summieren sich ihre Kräfte, zwei Planeten, die einander nicht ausstehen können, sollen einander annullieren. Genauso ist wichtig, welcher Planet auf den anderen zugelaufen ist beziehungsweise sich von einem anderen löst.
Weiterhin achten die Astrologen darauf, ob die Planeten in dem Zodiakzeichen sind, in dem sie sowieso beheimatet sind, zum Beispiel der Mond im Krebs oder der Saturn im Steinbock. In diesem Fall wird ihre Kraft potenziert. Genauso kann es vorkommen, dass zwei Planeten in einem bestimmten Aspekt zueinander stehen und jeder im Abschnitt des anderen steht. In unserem Beispiel wäre dies ein Aspekt zwischen Mond und Saturn, wenn Saturn im Krebs und der Mond im Steinbock steht. In diesem Fall sollen sie einander ergänzen.
Der Himmel mit den Planeten und Sternzeichen wurde bereits mit einer Abendgesellschaft in einem großen Haus verglichen. Die Planeten sind die Besucher, von denen einige befreundet sind und andere einander nicht ausstehen können. Der Zodiak stellt die Räumlichkeiten dar, in denen sie sich aufhalten. In manchen Zimmern fühlen sie sich wohl, andere sagen ihnen weniger zu. Und wenn sie dort auch noch auf einen Gast stoßen, den sie nicht leiden können, steigert sich ihr Unbehagen, und sie lassen sich vielleicht sogar zu Tätlichkeiten hinreißen.
Wobei nicht alle Räume und nicht alle Gäste den gleichen Status haben. Der wichtigste Raum im Geburtshoroskop ist das Sternzeichen, in dem der Aszendent liegt.[25] Der wichtigste Gast hingegen ist der Planet, der im Sternzeichen des

---

[25] Davon leite sich sogar der Ausdruck »Horoskop« ab: »das Aufsteigende betrachten«.

Aszendenten seine Heimat hat, der sogenannte Geburtsherrscher. Mit einer Ausnahme: wenn ein anderer Planet direkt am Aszendenten steht.

Wechselbeziehungen der Planeten über Zahlenverhältnisse

Seltsame Zahlenverhältnisse bestätigen die Charakterisierung der Planeten.

Ziel dieser Erläuterungen war es, darauf hinzuweisen, welche Überlegungen hinter den astrologischen Aussagen stehen. Daneben verweisen die Astrologen noch auf einige seltsame Zahlenverhältnisse. Ich bringe sie deshalb erst jetzt an, weil ich davon ausgehe, dass sie nunmehr besser verständlich sind. Was natürlich nicht ausschließt, dass sie ursprünglich mit zur Charakterisierung der Planeten beigetragen haben.

Rekapitulieren wir die wichtigsten Zahlen der Astrologie. Sie geht aus von sieben Wandelsternen und einem Tierkreis von 360 Grad mit insgesamt zwölf Zeichen.

Beachten müssen wir auch die ungefähren Umlaufzeiten:

Mond	ca. 28 Tage
Merkur	ca. 90 Tage
Venus	ca. 225 Tage
Erde	1 Jahr
Mars	ca. 2 Jahre
Jupiter	ca. 12 Jahre
Saturn	ca. 28 Jahre

Merkur gilt als der große Mittler. Er lässt sich tatsächlich zahlenmäßig mit allen verbinden. Ein Merkurjahr entspricht etwa drei synodischen Umläufen des Mondes, also von einer bestimmten Mondphase bis zum Moment, in dem der Mond zum dritten Mal wieder genau die gleiche Phase hat. Zwei Venusjahre entsprechen fünf Merkurjahren. Vier Merkurjahre entsprechen einem Erdenjahr, acht Merkurjahre demzufolge einem Marsjahr, achtundvierzig Merkurjahre einem Jupiterjahr, einhundertzwölf Merkurjahre einem Saturnjahr.

Jupiter, der bei Verhandlungen mit Vorgesetzten diese günstig stimmen soll, ist auf gewisse Weise ein Vorgesetzter der Erde: ein Erdenjahr entspricht einem Jupitermonat.

Das Verhältnis der Umlaufzeiten von Erde und Mars ist eins zu zwei. Mars gilt als der Planet des Krieges und des Haders, Zwei als dualistische Zahl.

Saturn, der langsamste der alten Planeten, hat eine zahlenmäßige Verbindung mit dem Mond, dem schnellsten Planeten. Der eine hat eine Umlaufzeit von achtundzwanzig Jahren, der andere von achtundzwanzig Tagen. Diese Analogie wird sogar noch durch das Symbol ergänzt. Die Mondsichel reflektiert sich in der Sense, welche das Kreuz zum typischen Symbol des Saturn macht, und mit welcher der ehemalige Gott der Landwirtschaft seinen Vater Uranus kastrierte.

Das, was sich am Himmel abspielt, kann sogar zur Erklärung von abergläubischen Vorstellungen dienen. So schreibt eine Theorie den schlechten Ruf der Zahl Dreizehn dem Mond zu. Konkret: der Abweichung zwischen dem siderischen und dem synodischen Umlauf des Mondes.

Was hat es damit auf sich?

Stellen wir uns den Mond mit dem Hintergrund des Tierkreises vor, in einer bestimmten Phase. Ab diesem Moment vergehen 29,5 Tage, bis er wieder genau die gleiche Phase erreicht hat. Man bezeichnet diesen Zeitraum als die synodische Umlaufzeit. Aber schon zwei Tage vorher, konkret nach 27,3 Tagen, hat er wieder seine Ausgangsposition im Tierkreis erreicht. Diesen Zeitraum von 27,3 Tagen bezeichnet man als siderische Umlaufzeit.

Verantwortlich für diese Abweichung ist die Sonne, die sich schließlich gleichfalls durch den Tierkreis bewegt. Im Laufe eines Jahres addiert sich die Differenz von mehr als zwei Tagen pro Mondmonat fast zu einem weiteren Monat. Der synodische Umlauf vollzieht sich im Laufe eines Jahres also zwölf Mal, der siderische hingegen dreizehn Mal. Der siderische Mond ist dem synodischen voraus, oder, umgekehrt ausgedrückt, der synodische hinkt dem siderischen hinterher.

Es stellt sich die Frage, ob diese Vorstellung nicht angesichts der zeitlichen Parallelen zwischen dem Mond und dem Saturn eins zu eins auf den Saturn übertragen wurde. Auf alchemistischen Zeichnungen wird der Saturn nämlich gerne einbeinig und somit hinkend dargestellt, obwohl nichts in der Mythologie diese Verstümmelung rechtfertigt.

Um solche Zusammenhänge aufzudecken, müssen die Menschen den Himmel natürlich nicht nur monate- und jahrelang, sondern geradezu generationenlang beobachtet haben. Aber man stelle sich das abergläubische Erstaunen vor, wenn sich bestimmte Ereignisse, vielleicht nur halb erwartet oder erhofft, am Himmel in der Tat wiederholten.

Angesichts der Bedeutung des Fünfsterns in der Magie wirft sich konkret die Frage auf, wie lange die alten Astrologen gebraucht haben, bis sie feststellten, dass der Planet Venus am Himmel einen solchen beschreibt. Sie benötigt dazu allerdings acht Erdenjahre. Acht und fünf ergibt dreizehn, und diese acht Erdenjahre entsprechen in der Tat etwa dreizehn Venusjahren.

Die empirische Kritik

Müssen zwei Kinder, die am gleichen Ort zur gleichen Stunde geboren werden, das gleiche Schicksal haben? Haben andererseits alle Opfer einer Katastrophe das gleiche Horoskop?

Es bleibt jedem selbst überlassen, was er von der Astrologie halten will. Auf jeden Fall stellt das, was wir soeben im Zusammenhang mit dem Zodiak und den Planeten besprochen haben, die Grundlage der Magie dar. Viele Bücher über Magie setzen dieses Wissen sogar voraus. Ich habe mich bemüht, Ihnen die Logik nahezubringen, die dahinter steht. Wenn sie diese Logik kennen, dann verstehen Sie auch das Prinzip hinter der Magie. Es ist nämlich genau das gleiche: die Analogie.

Das bedeutet, dass derjenige, der die Prinzipien der Astrologie nicht akzeptiert, auch der Magie feindlich gesinnt sein muss.

Auf verschiedene Ansätze zur Kritik sind wir bereits eingegangen. Abschließend, nachdem wir die Grundlagen der Astrologie besprochen haben, möchte ich noch auf die empirische Kritik eingehen. Ein Einwand gegen die Astrologie weist darauf hin,

dass eigentlich alle Menschen, die innerhalb eines bestimmten Zeitraumes geboren sind, ganz ähnliche Aspekte in ihrem Geburtshoroskop haben.
Das würde stimmen – wenn es den Mond nicht gäbe. Ohne diesen hätten tatsächlich die Menschen, die innerhalb von drei Tagen geboren werden, beinahe die gleichen Aspekte.
Noch individueller werden die Horoskope durch die Drehung der Erde um ihre eigene Achse innerhalb von vierundzwanzig Stunden sowie den genauen Geburtsort.
Auch hier könnte die Kritik einwenden, dass dann zumindest die Kinder, die in der gleichen Nacht in einem bestimmten Krankenhaus geboren werden, das gleiche Horoskop haben müssten.
Wie die anderen Argumente gegen die Astrologie ist auch dieser Einwand bereits recht alt. Schon der heilige Augustinus (354-430), nach seiner Taufe ein strenger Kritiker der Astrologie, berichtet von einem Haus, in dem die Dame des Hauses und eine Sklavin gleichzeitig ein Kind zur Welt brachten. Es sei logisch, dass das Kind der Herrschaft ein völlig anderes Schicksal zu erwarten habe als das der Sklavin. Damit sei die Astrologie widerlegt.
Gegner dieser Argumentation können auf moderne Forschungen hinweisen. Das Leben von Zwillingen, die nach der Geburt getrennt werden und unabhängig voneinander aufwachsen, weist in der Tat oft erstaunliche Parallelen auf. Sollte dafür allein die Biologie verantwortlich sein?
Augustinus schweigt sich über das tatsächliche Schicksal der zwei Kinder aus. Kann wirklich ausgeschlossen werden, dass die beiden einen ähnlichen Lebensweg hatten? Sklaven wie Herren können schließlich bestimmte Krankheiten durchmachen, sich verlieben und eine Familie gründen – oder nicht, weil etwas dazwischenkommt. Und ob es dem Herrensohn passt oder nicht, auch er wird eines Tages alt und stirbt, genauso wie sein Sklave.
Astrologen verweisen auf verblüffende Übereinstimmungen im Leben des englischen Königs Georgs III. und eines Eisenhändlers namens Samuel Hemming. Beide seien am 4. Juni 1738 etwa zur gleichen Zeit geboren worden. An dem Tag, an dem der eine König wurde, übernahm der andere sein Geschäft. Beide hätten am gleichen Tag geheiratet, die gleiche Anzahl von Kindern gehabt und die gleichen Krankheiten durchgemacht. Am 29. Januar 1820 seien sie dann beide gestorben.
Natürlich sind nicht bei allen »astralen Zwillingen« die Übereinstimmungen so frappierend. Deshalb argumentieren die Gegner der Astrologie auch umgekehrt: Müssten im Prinzip nicht alle Opfer einer Naturkatastrophe oder eines Attentats im Prinzip das gleiche Horoskop haben?
Nur nennt ein Horoskop in der Regel keinen festen Todestag. Kepler kündigte Wallenstein keinesfalls an, dass er am 26. Februar 1634 in Eger ermordet würde, und von wem. Astrologen sind in der Regel keine Hellseher. Vielleicht hätte bei genauerer Untersuchung in der Tat manches Opfer einer solchen Katastrophe im ersten oder achten Haus Hinweise auf einen frühen oder jähen Tod gehabt. Abgesehen davon war das Sprichwort, dass die Sterne nicht zwingen, sondern nur neigen (»Astra inclinant non necessitant«), schon zur Zeit des Ptolemäus (87-165 n. Chr.) eine Binsenweisheit.

Eigentlich hätte ich die Einleitung dieses Unterkapitels anders formulieren beziehungsweise einschränken müssen. Denn wenn auch jeder, der gegen Astrologie ist, notgedrungen der Magie feindlich gegenübersteht: Der Umkehrschluss trifft nicht immer zu. Nicht alle, welche die Magie ablehnen, weisen die Astrologie zurück. Der Zusammenhang zwischen Astrologie und Magie wird nicht einmal von allen Astrologen anerkannt. Manche trennen säuberlich zwischen den Analogien, mit denen sie selbst arbeiten, und den Analogien in der Magie. Sie unterstellen mehr oder weniger den Magiern, dass diese die Astrologie usurpiert haben. Nur geschah dies vor Jahrtausenden, und die modernen Astrologen müssen notgedrungen damit leben. Wenn es nicht sowieso umgekehrt war: dass die Magie die Astrologie vorangetrieben hat.

Magie und Astrologie

Die Planeten, ihre Tage, Stunden und Metalle

Warum die Astrologie die einzelnen Wochentage mit verschiedenen Planeten assoziiert.

Nunmehr, nachdem wir das hinter der Astrologie stehende Weltbild besprochen haben, können wir untersuchen, wie sich dieser Zusammenhang mit der Astrologie konkret auf die magische Praxis auswirkt.

Wir haben besprochen, dass die Magie die Kräfte der Planeten einsetzt, speziell, indem sie diese in Talismane bannt. Hierfür ist es natürlich wichtig zu wissen, wann diese Kräfte am stärksten sind und wie sie sich einfangen lassen. Es kommt auf der einen Seite auf den richtigen Zeitpunkt und auf der anderen auf das geeignete Material an. Jeder Planet hat nämlich Entsprechungen im mineralischen, pflanzlichen und tierischen Bereich.

Beginnen wir mit Ersterem, also der Wahl des richtigen Zeitpunkts. So liest man in Büchern über Magie, dass ein Ritual am Tag sowie zur Stunde eines bestimmten Planeten durchgeführt werden müsse. Der Tag ist recht einfach festzustellen. Alle sieben Wochentage tragen nämlich die Namen von Göttern beziehungsweise Planeten. Da es im Deutschen nicht immer auf Anhieb ersichtlich ist, habe ich zum Vergleich bei Bedarf die französische oder englische Bezeichnung des entsprechenden Wochentages herangezogen:

Wochentag:	Planet:	zum Vergleich:
Montag	Mond	
Dienstag	Mars	Französisch Mardi
Mittwoch	Merkur	Französisch Mercredi
Donnerstag[26]	Jupiter	Französisch Jeudi
Freitag[27]	Venus	Französisch Vendredi
Samstag	Saturn	Englisch Saturday
Sonntag	Sonne	

Was die Planetenstunden angeht, so ist ihre Theorie relativ einfach. Auf Komplikationen kommen wir in einem späteren Zusammenhang noch zu sprechen. Die Zählung der Stunden beginnt bei Sonnenaufgang. Jeweils die erste Stunde eines Tages ist dem Planeten geweiht, nach dem der entsprechende Tag benannt ist. Die weiteren Stunden werden den sechs anderen Planeten zugewiesen, immer in einer ganz bestimmten Reihenfolge. Diese lautet wie folgt: Sonne – Venus – Merkur – Mond – Saturn – Jupiter – Mars, egal, mit welchem Planeten begonnen wird.

Illustrieren wir dies anhand eines Beispiels. Die erste Stunde des Samstags ist dem Saturn geweiht. Die zweite gehört dem Jupiter, die dritte dem Mars, die vierte der

[26] Das deutsche Wort leitet sich von Donar ab, dem germanischen Gott des Donners.

[27] Das deutsche Wort leitet sich von der Göttin Freya ab, der germanischen Göttin der Schönheit und Liebe.

Sonne, die fünfte der Venus, die sechste dem Merkur, die siebte dem Mond. Die achte beginnt wieder mit Saturn, und das Spiel geht von vorne los.
Und wenn die alten Bücher über die zeremonielle Magie für jede Verrichtung einen bestimmten Tag vorschreiben, dann in Übereinstimmung mit den Charakteristiken des entsprechenden Planeten, wie wir sie besprochen haben.
So soll der Mond unter anderem die Kunst der Weissagung verleihen. Wünscht man diese Gabe zu erlangen, muss das entsprechende Ritual am Montag durchgeführt werden. Der Dienstag, Tag des Mars, wird bei Operationen benützt, welche mit Hass oder Feindschaft zu tun haben. Der Mittwoch, Tag des Merkur, bietet sich für Handelsgeschäfte oder Verhandlungen an. Der Donnerstag, Tag des Jupiter, ist der geeignete Tag, wenn man bei Höhergestellten, zum Beispiel Vorgesetzten, etwas durchsetzen will. Der Freitag, an dem die Venus am meisten Einfluss hat, ist für Liebesangelegenheiten günstig. Schwierige Entscheidungen, welche Überlegung und Durchhaltevermögen erfordern, sollte man auf den Samstag schieben. Geht es um Geld, sollte man den Sonntag wählen. Das hat mit der Tatsache zu tun, dass die Sonne mit Gold assoziiert wird.
Auch allen anderen Planeten wird jeweils ein bestimmtes Metall sowie eine Farbe zugeordnet:

Planet:	Metall:	Farbe:
Sonne	Gold	goldgelb
Mond	Silber	silberfarben oder weiß
Merkur	Quecksilber	blauweiß
Venus	Kupfer	grün
Mars	Eisen	rot
Jupiter	Zinn	blau
Saturn	Blei	grau oder schwarz

Auch hinter dieser Zuweisung steht eine gewisse Logik. Bei Sonne und Mond erübrigt sich angesichts der Farbe jeder Kommentar. Die Verbindung zwischen dem Kriegsgott Mars und dem Eisen, aus dem Waffen geschmiedet werden, leuchtet gleichfalls ein, ebenso die zwischen dem schwermütigen Saturn und dem Blei, einem schweren Metall.[28] Das Metall des Merkur, Quecksilber, heißt auf Englisch sogar »Mercury«.
Was auf den ersten Blick irritieren könnte, sind die Farben. Die Farben von Sonne, Mond, Merkur und Saturn entsprechen zwar den Farben der Metalle, nicht jedoch die Farben von Mars und Venus. Bei Mars könnte man die Verbindung zum roten Planeten ziehen. Aber woher stammt die Farbe der Venus?

---

[28] In diesem Zusammenhang sollte man anmerken, dass die bereits erwähnten »defixiones«, die antiken Tafeln mit Verwünschungen, meist aus Blei oder Bleilegierungen waren. Historiker schieben dies nicht ausschließlich auf die Tatsache, dass sich Buchstaben leichter in Blei als in andere Metalle ritzen lassen. Sie sind der Meinung, dass hinter der Wahl des Materials auch der düstere Charakter des Saturn stand.

Die Erklärung liefert die Alchemie. Dort sind nämlich die Farben der Planeten die Farben ihrer »Fäulnis«, sprich Oxydation. Der sich auf dem Eisen bildende Rost ist rot, der Grünspan auf dem Kupfer grün.

Kannten die Chaldäer die Atomgewichte?

Nahmen die Chaldäer mit ihrer Anordnung der Planeten Erkenntnisse der modernen Atomforschung vorweg?

Der kritische Leser könnte diese Zusammenhänge hinterfragen. Welchen Einfluss sollte es auf den Erfolg seiner Bitte um Gehaltserhöhung haben, dass die alten Römer den Donnerstag nach dem Jupiter benannten?

Man könnte argumentieren, dass die Menschen seit mindestens viertausend Jahren von der Verbindung zwischen bestimmten Wochentagen und Planeten überzeugt sind und sich die einzelnen Tage im Lauf der Zeit genau mit diesen Einflüssen »aufgeladen« haben, eben durch den allgemeinen Glauben.

Wissenschaftlich orientierte Magier können darauf aufmerksam machen, dass der wichtigste Planet in der Magie vier Phasen von je sieben Tagen hat und damit irgendwie den Wochenzyklus vorgibt: der Mond. So muss ein Ritual, das eine Verringerung oder Minderung bewirken soll, bei abnehmendem Mond durchgeführt werden, während ein auf Vermehrung oder Erhöhung abzielendes Ritual einen zunehmenden Mond als Verstärkung benötigt.

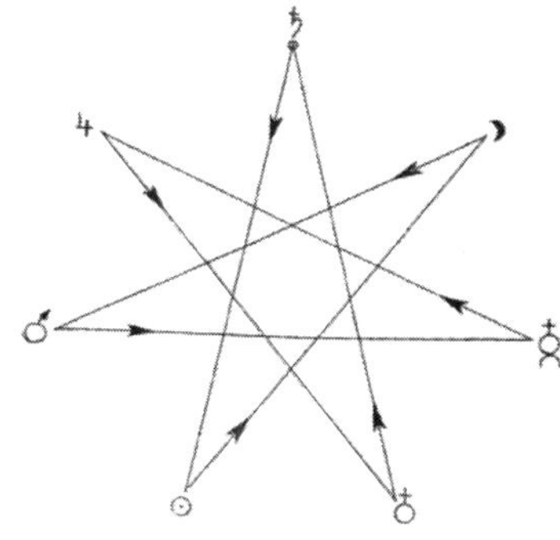

Daneben gibt es jedoch eindeutige Hinweise darauf, dass die Verbindung zwischen den Planeten und den Wochentagen nicht vom Zufall bestimmt war. Das erste Indiz ist die sogenannte chaldäische Reihe. Ich habe sie bereits im Zusammenhang mit dem Siebenstern erwähnt.

Diese chaldäische Reihe geht von der mittleren Geschwindigkeit der sieben alten Planeten im Geradelauf aus. Vom langsamsten zum schnellsten Planeten ergibt sich folgende Reihenfolge: Saturn – Jupiter – Mars – Sonne – Venus – Merkur – Mond.

Wenn man die Planeten in dieser Reihenfolge kreisförmig anordnet und dann ohne Absetzen so durch Linien verbindet, dass ein Siebenstern entsteht, entspricht die Reihenfolge von Gestirn zu Gestirn genau der richtigen Reihenfolge der Wochentage, denen sie zugeordnet sind (siehe Abbildung).

Schon diese Anordnung ist erstaunlich. Daneben stieß ich jedoch unlängst in einem Buch aus dem Jahr 1920 auf eine Theorie, welche sogar noch weiter geht.

Dieses Buch[29] kommt auf die Erkenntnisse zu sprechen, welche ein gewisser W. Gorn Old im Jahre 1911 seinerseits in einem Werk mit dem Titel »A Manual of Occultism«, »Handbuch des Okkultismus«, festgehalten hatte.

---

29 »Bygone Beliefs«, H. Stanley Redgrove, William Rider & Son, London, 1920.

Sein Ausgangspunkt war die traditionelle Anordnung der alten Planeten: Saturn, Jupiter, Mars, Sonne, Venus, Merkur, Mond. Wenn man mit der Sonne beginnt und anschließend jeweils jeden dritten Planeten niederschreibt, ergibt sich folgende Anordnung: Sonne, Mond, Mars, Merkur, Jupiter, Venus, Saturn.
Wie man sieht, entspricht diese Anordnung der effektiven Anordnung der Wochentage. Die chaldäische Reihe kommt auf eine völlig andere Art und Weise zu genau dem gleichen Ergebnis. Das bestätigt die Theorie, dass hinter der Zuordnung der einzelnen Wochentage zu den Planeten eine Absicht steht, die zwar nicht auf den ersten Blick ersichtlich ist, aber gerade deshalb umso mehr erstaunt.
Allerdings führte W. Gorn Old dieses Spiel noch weiter. Er nahm die obige Anordnung der Planeten, also die Anordnung in der Reihenfolge der Wochentage, als Grundlage und setzte den Saturn an die erste Stelle.
Ob er hierfür Gründe hatte, ist mir nicht bekannt. In der Alchemie ist der Saturn der wichtigste Planet. Meist ist er der Grundstoff für die Herstellung von Gold oder Silber. Der entsprechende Wochentag, der Samstag, entspricht dem jüdischen Sabbat und somit dem wichtigsten Tag des Alten Testaments. Der Saturn wird daher schon seit alters her mit dem jüdischen Volk assoziiert.
Welche Gründe Gorn Gold auch hatte, er nahm auf jeden Fall den Saturn als Ausgangspunkt und schrieb anschließend jeweils jeden vierten Planeten nieder. Das Ergebnis ist wie folgt: Saturn, Merkur, Sonne, Jupiter, Mond, Venus, Mars.
Und jetzt wird die Sache merkwürdig. Denn diese Anordnung entspricht genau den Atomgewichten der entsprechenden Metalle, in absteigender Reihenfolge: Blei (207), Quecksilber (200), Gold (197), Zinn (119), Silber (108), Kupfer (64), Eisen (56).
Zur Verdeutlichung nachstehend das Ganze als Tabelle:

Traditionelle Reihenfolge der Planeten:	Jeder 3. Planet:	Wochentage:
Saturn (2/1, 4/2, 6/3)	Sonne	Sonntag
Jupiter (2/2, 4/3)	Mond	Montag
Mars (2/3, 5/1)	Mars	Dienstag
Sonne (Beginn, 3/1, 5/2)	Merkur	Mittwoch
Venus (1/1, 3/2, 5/3)	Jupiter	Donnerstag
Merkur (1/2, 3/3, 6/1)	Venus	Freitag
Mond (1/3, 4/1, 6/2)	Saturn	Samstag

Neuer Ausgangspunkt laut 2. Spalte oben:	Jeder 4. Planet:	Metall (Atomgewicht)
Sonne (1/1, 2/4, 4/3, 6/2)	Saturn	Blei (207)
Mond (1/2, 3/1, 4/4, 6/3)	Merkur	Quecks.(200)
Mars (1/3, 3/2, 5/1, 6/4)	Sonne	Gold (197)
Merkur (1/4, 3/3, 5/2)	Jupiter	Zinn (119)
Jupiter (2/1, 3/4, 5/3)	Mond	Silber (108)
Venus (2/2, 4/1, 5/4)	Venus	Kupfer (64)
Saturn (Beginn, 2/3, 4/2, 6/1)	Mars	Eisen (56)

Wir haben also einmal jeden dritten Planeten, beginnend mit der Sonne, dem strahlenden Tagesgestirn, und einmal jeden vierten, beginnend mit Saturn, dem

fernsten und düstersten aller alten Planeten. Wenn man die beiden Zahlen, drei und vier, zusammenzählt, ergibt sich wiederum die heilige Zahl Sieben.
Wenn diese Atomgewichte zumindest etwas mit der Dichte der Metalle zu tun hätten! Nur haben sie das nicht. Ich bin kein Mathematiker und kein Statistiker, insofern muss ich es meinen Vorgängern glauben, dass die Wahrscheinlichkeit, dass sich durch Zufall bei der Anordnung der Planeten eine solche Regelmäßigkeit ergibt, 119:1 ist. Wie also kamen die ersten Astrologen auf ihre Reihenfolge?

Die Komplikation

Schwierigkeiten bei der Wahl des richtigen Zeitpunkts und des richtigen Materials.

Diese Darlegungen dürften illustrieren, dass hinter den Forderungen der Magie, bestimmte Tätigkeiten auf den günstigsten Zeitpunkt zu legen, ein berechenbares System steht.
Leider muss konstatiert werden, dass die magischen Anleitungen bisweilen über das Ziel hinausschießen: indem sie die Sachlage unnötig komplizieren.
Schon die Bestimmung der Planetenstunden bereitet bei genauerer Prüfung Schwierigkeiten. Manche Bücher stellen nämlich die Frage, ob man denn wirklich von je zwölf gleich langen Tages- und Nachtstunden ausgehen dürfe. Müsste man nicht theoretisch den tatsächlichen Tag, also die Zeit mit Tageslicht, durch zwölf teilen, und genauso die Nacht? Das würde natürlich dazu führen, dass die Tagesstunden im Sommer länger als sechzig Minuten sind und die Nachtstunden kürzer, während es im Winter umgekehrt ist.
Ein weiteres Problem ist, dass sowohl die Tage als auch die Stunden im Prinzip nur Anhaltspunkte geben. Eigentlich sollte man den genauen Stand der Himmelskörper in Erfahrung bringen. Wird vielleicht die Venus durch eine ungünstige Saturnkonstellation daran gehindert, ihre volle Kraft zu entfalten? Oder steht sie in einem feindlichen Zeichen?
Noch komplizierter wird die Angelegenheit durch die sogenannten Dekane. Das Wort leitet sich vom griechischen »deka« ab, »zehn«, und bezieht sich auf die Einteilung des Tierkreises mit insgesamt 360 Grad in Abschnitte von je 10 Grad. Jedes Zodiakzeichen von rechnerisch 30 Grad hat somit drei Dekane. Diese Dekane werden von den sieben Planeten regiert. Leider gibt es für die Zuweisung unterschiedliche Systeme. So sind zum Beispiel die drei Dekane des Krebses laut dem ägyptischen System Venus, Merkur und Mond zugeordnet, nach dem indischen hingegen Mond, Mars und Jupiter.
Um all diese Punkte in Betracht zu ziehen, müsste der Magier im Prinzip sehr weit gehende astrologische Kenntnisse besitzen.
Zumindest hat er den Trost, dass er bei Fehlschlägen alles Mögliche verantwortlich machen kann.
Ähnliches gilt für den zweiten bedeutsamen Punkt bei magischen Operationen: die Wahl des richtigen Materials. Sowohl die Pflanzen und anderen Bestandteile der Zaubertränke als auch die für die Talismane verwendeten Metalle, Steine und Farben waren gleichermaßen von den Planeten bestimmt. Leider gibt es hierüber

unterschiedliche und voneinander abweichende Listen. Aber auf dieses Problem kommen wir noch zurück.
Vielleicht waren die echten Magier intuitiv imstande, sowohl den richtigen Moment als auch die »Signacula Rerum« zu erkennen: die unverwechselbaren Zeichen, welche die Sterne allen Dingen und Lebewesen aufdrücken.
Am besten lassen sich diese Signacula Rerum erkennen, wenn die Analogie aufgrund der äußeren Gestalt zu erkennen ist, also wenn zum Beispiel eine Pflanze die Form oder andere Charakteristiken eines bestimmten Organs hat und aufgrund dessen eine Heilwirkung auf das betreffende Organ haben soll. Die Magie geht davon aus, dass diese Form nicht vom Zufall bestimmt ist, sondern von einem Planeten kommt, der gleichfalls mit dem entsprechenden Organ verbunden ist.
Bisweilen ist diese Verbindung auch durch die Legende gegeben. So wird der Apfel mit der Göttin und somit auch dem Planeten Venus verbunden, weil die gleichnamige Göttin bei einem Schönheitswettbewerb als Siegerin hervorging und als Preis einen goldenen Apfel erhielt.
Der Experte erkenne am Äußeren eines Menschen, unter welchem Stern er geboren sei. Paracelsus (1493–1541) pflegte seine Kranken unter anderem mit Talismanen zu heilen, die er nach astrologischen Gesichtspunkten hergestellt hatte.
Aber bevor wir auf die Beziehungen zwischen den Planeten und Tieren, Pflanzen, Steinen sowie Farben näher eingehen, sollten wir zuerst untersuchen, ob die Kräfte, welche die Magie zu benützen vorgibt, überhaupt existieren. Bislang haben wir nämlich lediglich demonstriert, dass die Astrologen die scheinbaren Killer-Argumente ihrer Gegner schon längst widerlegt haben, dass es keinesfalls unvernünftig ist, zumindest bedingt an den Einfluss der Sterne zu glauben. Und es waren auch nicht immer die Dümmsten, die genau das taten. Moderne Kritiker der Astrologie können sich nicht damit abfinden, dass der Glaube an Kräfte, welche die gängige Wissenschaft ignoriert, gerade unter Menschen mit hohem Bildungsniveau am weitesten verbreitet ist.
Vermutlich sind sie eher als andere bereit, seltsame Phänomene nicht a priori zurückzuweisen. Von solchen seltsamen Phänomenen handelt das nächste Kapitel.

Paranormale Phänomene

Wie definiert man etwas Unbekanntes?

Die Wahl der Qual des richtigen Ausdrucks.

Die Wahl der Überschrift für dieses Kapitel hat mir etwas Kopfzerbrechen bereitet. In Deutschland wurde 1889 der Ausdruck Parapsychologie aufgebracht, in Frankreich sprach man von Metapsychik[30]. Seit ca. 1930 hat sich Parapsychologie durchgesetzt. Jedoch ist weder das eine noch das andere Wort ganz zutreffend. »Meta« würde bedeuten, dass es sich um Erscheinungen handelt, die über das Psychische hinausgehen. Das stellen manche in Abrede. Sie interpretieren Spukerscheinungen als nach außen projizierte seelische Ereignisse. Aber mit einer ähnlichen Begründung lehnen die anderen den Ausdruck Parapsychologie ab. »Para« bedeutet »seitlich« oder »neben«.

Eliphas Lévi kreierte den Ausdruck Okkultismus. Leider hat dieser einen negativen Beigeschmack. »Okkult« bedeutet »verborgen«, und oft genug wird das Wort so ausgelegt, als handle es sich um ein absichtliches »Verbergen«. Aber Wissenschaftler wie Dr. Fanny Moser, die sich intensiv mit dem Thema befasst haben, bezeichnen den Okkultismus kühn als die Wissenschaft von morgen. Sie weisen – mit Recht – darauf hin, dass verschiedene Bereiche, welche früher als höchst suspekt galten, inzwischen von der Wissenschaft vereinnahmt wurden, so Hypnose, Traumdeutung und Homöopathie.

Umberto Eco hat den Okkultismus als die Spitze des Eisbergs Esoterik definiert. Papus vertrat die Ansicht, dass Ausdrücke wie »verborgene Weisheit«, »Hermetik«, »Magie«, »Okkultismus« – er nennt noch diverse andere – lediglich verschiedene Bezeichnungen für ein und denselben Sachverhalt seien. Dem stimme ich nicht unbedingt zu. Esoterik ist zu allumfassend, Hermetik zu speziell. Der Ausdruck sollte, um Irrtümer zu vermeiden, tatsächlich auf das sogenannte Corpus Hermeticum beschränkt bleiben, verschiedene Schriften aus den ersten Jahrhunderten des Christentums, auf die wir noch genauer eingehen werden.

Eine weitere Tendenz greift auf den Ausdruck »Psi« zurück und bezeichnet damit die Kräfte, welche hinter unerklärlichen Phänomenen aller Art wirken. Nur leitet sich »Psi« von »Psyche« ab, was uns lediglich zu der Frage zurückführt, ob es nun um Meta- oder Para- oder Psychologie im eigentlichen Sinne geht.

Das Wort »Psycho« hat sich sowieso überall eingeschlichen. So bezeichnet man das automatische Schreiben als Psychographie, Hellsichtigkeit in Bezug auf die Herkunft eines Gegenstandes als Psychometrie und die Bewegung von Gegenständen ohne nachweisbare Ursache als Psychokinese.

Kein Wunder, dass manche den Ausdruck »Telekinese«, wörtlich »Bewegung aus der Ferne«, vorziehen. Er bietet sich außerdem als Ergänzung des Ausdrucks »Telepathie« für das Gedankenlesen an.

---

[30] Nicht zu verwechseln mit dem Ausdruck Metapsychologie. So bezeichnete Sigmund Freud das Grundgerüst seiner Psychologie.

Eine weitere Schwierigkeit ist die Trennung in spontan auftretende und bewusst provozierte Phänomene. Befürworter dieser Trennung möchten zwischen medialen Erlebnissen und der zeremoniellen Magie im eigentlichen Sinne unterscheiden. Schließlich liefere sich das Medium passiv irgendwelchen Einflüssen oder Wesenheiten aus, während der Magier aktiv auf sie einwirke. Es stimmt: Ein Medium hat normalerweise ein niedriges Bewusstseinsniveau. Nur handelt es sich dabei nicht um einen Dauerzustand, es muss vielmehr von Fall zu Fall herbeigeführt werden. Und ist es andererseits nicht bereits eine bewusste Entscheidung, sich überhaupt in Trance versetzen zu lassen, sich einem fremden Willen hinzugeben?

Das vor dem Ersten Weltkrieg unter dem Namen Eva C. berühmt gewordene Medium stammte aus einer begüterten Familie. Eva wurde nicht bezahlt und stellte sich freiwillig auch für unangenehme und für die damalige Zeit sogar ungehörige Untersuchungen[31] zur Verfügung. Sie wollte selbst wissen, was mit ihr los war. Auch die berühmte Madame Blavatsky (1831-1891), die zweifellos mediale Fähigkeiten besaß, wenn sie auch bisweilen nachgeholfen haben soll, war alles andere als ein passives Medium. Stanislas de Guaita[32] war der Meinung, dass sie die von ihr beschworenen Wesenheiten beherrschte und ihren Einflüssen keinesfalls passiv ausgeliefert war.

Pierre Vincent Piobb, ein Esoteriker des 20. Jahrhunderts, war sogar der Meinung, dass die Entwicklung der eigenen medialen Fähigkeiten generell die schöpferischen Möglichkeiten trainiere. Selbst wenn es sich nicht um zeremonielle Magie im eigentlichen Sinne handle, so hätten sie doch einen gewissen Wert. Und die gegenteilige Behauptung seines Zeitgenossen Israel Regardie, dass der Magier ein überdurchschnittliches hohes Bewusstseinsniveau habe, ist nicht beweisbar.

Bezeichnenderweise sind die Vertreter dieser Trennung in aktive und passive Phänomene unter denen zu suchen, welche eben generell davon ausgehen, dass seltsame Phänomene immer auf magische Weise bewirkt würden und Magie wiederum nichts anderes als die Anrufung von Geistern sei. Jedoch dürfen wir das eigentlich nicht als gegeben voraussetzen. Das ist im Gegenteil einer der Punkte, die es zu untersuchen gilt.

Soviel vorab: Es gibt durchaus Phänomene, wo dem Vernehmen nach keine Geister mitspielen und allein die menschliche Willenskraft etwas bewirkt, zum Beispiel im Fall Uri Geller, um ein relativ modernes Beispiel aufzugreifen. Geller hat meines Wissens nach nie von sich behauptet, ein Magier zu sein.[33]

Um all diesen Schwierigkeiten bei der Definition aus dem Wege zu gehen, habe ich deshalb in der Überschrift den Ausdruck »paranormale Phänomene« gewählt. Darunter verstehe ich all die Phänomene, welche sich nicht durch die Gesetze der

---

[31] Sie habe zugelassen, dass man sie nackt untersuchte, um zu konstatieren, wie Ektoplasma aus allen Körperöffnungen quoll.

[32] Französischer Esoteriker, Mitte des 19. Jahrhunderts. Obwohl er recht jung starb, genoss er hohes Ansehen.

[33] Wobei ich andererseits nichts alles glaube, was er in seiner von Andrija Puharich zusammengestellten Biographie von sich gibt. Aber vielleicht liegt dies daran, dass ich UFO-Erlebnissen gegenüber nicht sehr aufgeschlossen bin.

herkömmlichen Wissenschaft beziehungsweise der ihr bekannten Kräfte erklären lassen.
Wobei man hier gleich einschränkend sagen sollte, dass die Physik nur von vier Kräften ausgeht, die alle erst in jüngster Zeit definiert wurden: der Gravitationskraft, der elektromagnetischen Kraft, der starken Kernkraft und der schwachen Kernkraft. Die am längsten bekannte von ihnen, die Gravitationskraft, wurde durch Sir Isaac Newton (1643-1727) beschrieben. Die beiden Kernkräfte wurden erst nach 1935 entdeckt.

Wie ultimativ sind die Naturgesetze?

Wenn das, was nicht sein darf, doch ist.

Aus diesem Grund sollte man vielleicht besser sagen, dass es hier um Phänomene geht, deren Ursache derzeit noch nicht bekannt ist beziehungsweise Phänomene, welche den derzeit bekannten Naturgesetzen sogar zuwiderlaufen.
Ein bekanntes Beispiel hierfür sind bestimmte Poltergeistphänomene. Das Gesetz der Schwerkraft verlangt, dass ein Gegenstand, auf den lediglich die Schwerkraft einwirkt, senkrecht nach unten fällt. Bei Poltergeisterscheinungen hingegen wird oft genug beobachtet, dass ein Bild sich von seinem Haken an der Wand löst und einen Bogen beschreibt, bevor es den Erdboden berührt. Und das ist noch eine der harmlosesten Erscheinungen, denen man im Umfeld dieser Poltergeistphänomene gegenübersteht.
Rationalisten könnten einwenden, dass in vielen Fällen Illusion oder Halluzination im Spiel sein könnte: dass der entsprechende Mensch etwas sieht oder hört und falsch interpretiert, also einer Illusion unterliegt, oder aus irgendwelchen Gründen die Seh- oder Gehörnerven direkt angesprochen werden, ohne dass eine reale Ursache vorhanden ist. Dieses Phänomen bezeichnet man als Halluzination. Für den betreffenden Menschen ist die Halluzination genauso wahr und real wie die Wirklichkeit.
Diese Skeptiker weisen auch das Zeugnis von mehreren Personen zurück, wenn diese gemeinsam ein solches Phänomen beschreiben. Schließlich gebe es auch kollektive Halluzinationen. Sogar ein Esoteriker wie Eliphas Lévi hielt zahlreiche der Phänomene, welche dem Medium Daniel Douglas Home (1833-1886) zugeschrieben wurden, für kollektive Halluzinationen.
In diesem Zusammenhang wird gerne auf Marienerscheinungen verwiesen. So war das sogenannte Sonnenwunder von Fatima (1917) zwar von Tausenden von Menschen beobachtet worden, aber eben nicht von allen, die sich in dem begrenzten Areal aufhielten, in dem es stattfand. Genauso wenig wurde es durch astronomische Beobachtungen bestätigt.
Solche kollektiven Halluzinationen finden in der Regel ohne verbale Verständigung statt. Sie werden damit am besten durch Gedankenübertragung erklärt. Die Phänomene verstärken sich erfahrungsgemäß, wenn eine gewisse Erwartungshaltung hinzukommt. Gerade in Fatima hatten die Seherkinder für diesen Tag ein gewaltiges Wunder angekündigt.

Allerdings ersetzt die These, dass Poltergeisterscheinungen nichts anderes als kollektive Halluzinationen und somit auf Gedankenübertragung zurückzuführen sind, lediglich ein paranormales Phänomen durch ein anderes.
Auch können akustische Halluzinationen zwar das Hören von zerbrechendem Glas erklären, wenn effektiv keines zu Bruch ging, und optische Halluzinationen für Gespenstererscheinungen verantwortlich gemacht werden, aber die Nägel oder die Wasserlachen, die sich bisweilen bei Poltergeisterscheinungen manifestieren, sind sogar greifbar. Genauso wenig gibt es eine Erklärung dafür, dass Gegenstände in verschlossenen Räumen auftauchen beziehungsweise aus diesen verschwinden.
Und Phänomene dieser Art wurden auf durchaus glaubwürdige Weise dokumentiert, und zwar von Wissenschaftlern. Von dem Vorhandensein der Phänomene an sich können wir also ausgehen. Die Frage, was sie verursacht, blieb bislang ungeklärt. Es gibt nur Spekulationen.

Der Spiritismus

Stehen hinter unerklärlichen Manifestationen die Geister Verstorbener oder nicht?

Eine Theorie behauptet, dass dahinter die Geister Verstorbener stehen. Sie wird inzwischen Spiritismus genannt, von dem lateinischen Wort »Spiritus« für »Geist«. In Frankreich ist der bekannteste Vertreter des Spiritismus Léon Denizart Hippolyte, berühmt geworden unter dem Pseudonym Allan Kardec (1804-1869).
Wobei der Glaube an eine eventuelle Rückkehr Verstorbener jedoch wesentlich älter ist. Skelette in Embryostellung sind für die Historiker nichts Außergewöhnliches. Vermutlich sollte durch diese Haltung eine Hoffnung auf Wiedergeburt aus dem Schoß von Mutter Erde ausgedrückt werden. Nur sind manche Verstorbene in dieser Lage fixiert worden, mittels Stricken. Geschah dies, um in Einzelfällen die Leichenstarre zu überwinden oder stand eine andere, generelle Absicht dahinter? Wollte man die Rückkehr des Verstorbenen durch das Zusammenbinden der Beine verhindern?
Aber der Spiritismus im engeren Sinne kam in Amerika auf. Konkret: im Jahre 1848, in Hydesville (New York), im Haus eines Bauern namens John Fox. Seltsame Klopfzeichen wurden als Präsenz eines Geistes gedeutet. Nachdem man mit diesem eine Verständigungsmöglichkeit ausgearbeitet hatte, stellte sich heraus, dass es sich um die Seele eines Mannes namens Charles Ryan handelte, welcher an diesem Ort ermordet worden war. In der Tat wurden bei Grabungen an der angegebenen Stelle menschliche Überreste gefunden.
Nur sollte später zuerst eines der Mädchen und schließlich auch das andere gestehen, dass sie und ihre Schwester die Geräusche selbst verursacht hätten, ursprünglich aus Spaß und später, als sich immer mehr Menschen dafür interessierten, aus der Angst heraus, für ihren Schabernack bestraft zu werden. Allerdings nahm zumindest eine der beiden Schwestern diesen Widerruf gleichermaßen zurück.
Die Meinungen zu diesem Fall gehen auseinander. Manche halten zumindest einen Teil der Manifestationen für authentisch. Im Umfeld moderner Poltergeistphänomene stößt man nämlich oft auf eine ähnliche Reaktion: dass Personen, in deren Umfeld

sich der Spuk manifestierte, so gut wie möglich diese Manifestationen reproduzierten, wenn die allgemeine Erwartungshaltung allzu groß war und die echten Geräusche oder Ereignisse ausblieben.

Spiritisten sehen speziell Poltergeisterscheinungen auf vorangegangene Todesfälle hin als Bestätigung ihrer Theorie, dass es die Seelen Verstorbener sind, welche für die Spukphänomene verantwortlich sind. Wobei ein plötzlicher beziehungsweise unerwarteter Tod, also durch Unfall, Mord oder Selbstmord, die Wahrscheinlichkeit des Spuks erhöhe. Ein längeres Siechtum bereite den Menschen auf sein baldiges Ableben vor, aber wenn er unverhofft aus dem Leben herausgerissen werde, habe er eventuell Schwierigkeiten, seine neue Lage überhaupt zu erkennen: zu begreifen, dass er tot ist.

Unter Umständen wiederhole er dann zwanghaft die letzten Aktivitäten, die er als Lebender vollführt hatte, oder er versuche, etwas zu vollbringen oder zu vollenden, was ihn im Moment seines Todes beschäftigte.

Wenn man einen solchen Menschen in einer spiritistischen Sitzung beschwöre und ihm sanft seine Situation klarmache, wäre ihm sehr geholfen. Ganz zu schweigen von seinen Angehörigen, die er durch seine Aktivitäten beunruhigt hat.

Verglichen mit den Séancen, bei denen aufs Geratewohl mit Tischrücken experimentiert wird, erhebt diese Art von Spiritismus nicht nur einen wissenschaftlichen, sondern geradezu einen religiösen Anspruch.

Vielleicht liegt genau darin das Problem. Denn der Spiritismus hat sich speziell in Ländern verbreitet, in denen das Christentum präsent ist. Dieses hat vom Judentum die Ablehnung der Totenbeschwörung übernommen. Und die Séancen, welche für die einen eine harmlose Unterhaltung darstellen und für andere ein legitimes Mittel sind, mit innig geliebten Verstorbenen Kontakt aufzunehmen, sind im Prinzip nichts anderes als Totenbeschwörungen.

Nur bewirkt diese Verurteilung des Spiritismus durch die Kirchen eher das Gegenteil: weil die Kirchen so demonstrieren, dass sie fest an die Möglichkeit der Totenbeschwörung glauben.

Das gilt speziell für die katholische Kirche. Diese geht schließlich generell von einer sogenannten Gemeinschaft der Heiligen aus: dass nicht nur die lebenden Mitglieder die Kirche ausmachen, sondern die bereits Verstorbenen genauso dazugehören. Die Verstorbenen profitieren von Seelenmessen und Gebeten der noch Lebenden. Warum also sollten sie nicht ihrerseits ihren noch lebenden Angehörigen Gutes tun können?

Ein weiterer Punkt, der es der katholischen Kirche bereits von ihrer Lehre her unmöglich machen würde, Manifestationen von Verstorbenen abzulehnen, ist die Lehre vom Fegefeuer: einem Ort der Läuterung für Seelen, welche einerseits nicht verworfen wurden, andererseits jedoch noch nicht reif für den Himmel sind.

Jedoch ist den meisten Theologen etwas unwohl bei diesem Thema. Die Verstorbenen könnten sich bestenfalls aufgrund einer besonderen Gnade Gottes manifestieren. In den meisten Fällen, in denen fromme Katholiken behaupten, sie würden mit sogenannten Armen Seelen im Fegefeuer in Verbindung stehen, hält die Kirche sich mit ihrem Urteil zurück. Sie anerkennt die entsprechenden Phänomene zwar nicht, spricht jedoch andererseits in der Regel kein Machtwort aus, das dem Seher

Schweigen auferlegt. Das tut sie erst dann, wenn er etwas von sich gibt, das der Kirchenlehre widerspricht. Das ist zum Beispiel dann der Fall, wenn ein solcher Seher nicht nur Erscheinungen beschreibt, welche sich seinen Fürbitten empfehlen, sondern konkret behauptet, er habe diesen oder jene aus dem Fegefeuer »freigebetet«. Denn die Konstatierung, dass eine Seele bei Gott ist, obliegt nur dem Papst. Sie entspricht der Kanonisierung, der offiziellen Deklarierung eines Heiligen. Noch bei der Beatifizierung, also der Seligsprechung, üblicherweise die Vorstufe einer Heiligsprechung, wird nur die Wahrscheinlichkeit konstatiert, dass der Betreffende im Himmel sei.
Früher wurden solche Begnadete dennoch von den Angehörigen unlängst Verstorbener gerne konsultiert. Sie wollten sich natürlich so bald wie möglich die trostreiche Gewissheit verschaffen, dass der oder die Verstorbene nunmehr die ewige Seligkeit erlangt hatte.
Protestanten glauben nicht an die Möglichkeit, nach dem Tod auf das Wohl oder Wehe eines Verstorbenen Einfluss nehmen zu können. Im Gegenteil, sie gehen davon aus, dass dessen Schicksal nach dem Tod bereits seit Anfang der Zeiten festgelegt ist. Erstaunlicherweise liegen in der Tat keine Berichte über protestantische Arme Seelen vor. Und das, obwohl es in protestantischen Pfarrhäusern bisweilen genauso spukt wie in katholischen. Irren sich also die Katholiken, welche entsprechende Erlebnisse schildern? Oder hängt die Wirksamkeit von Seelenmessen, Weihwasser und Gebeten allein davon ab, ob die entsprechende Seele daran glaubt oder nicht?
Eine andere Möglichkeit wäre, dass Spukerscheinungen eben nicht auf die Seelen Verstorbener zurückzuführen sind – genauso wenig wie die Manifestationen bei spiritistischen Sitzungen.

Elementargeister und Astralkörper

Welcher Natur sind die Geister, nach denen der Spiritismus benannt ist?

Genau dieser Meinung war Papus, ein Okkultist des 19. Jahrhunderts, auf den wir später noch genauer eingehen.[34] Er vertrat die Ansicht, dass sogenannte Larven oder Elementargeister für die Phänomene bei spiritistischen Sitzungen verantwortlich seien. Damit meint er etwas mehr als die traditionellen Geister der vier Elemente, also Zwerge (Erde), Sylphen (Luft), Salamander (Feuer), Undinen (Wasser). Er bezog diesen Ausdruck auf Wesenheiten, die irgendwo zwischen der geistigen und der materiellen Ebene angesiedelt sind und kein richtiges Bewusstsein besitzen. Sie würden durch die Vorgänge bei einer spiritistischen Sitzung angelockt werden und sich von der Vitalkraft des Mediums ernähren.
Diese Möglichkeit will auch sein Vorgänger Eliphas Lévi nicht ganz und gar ausschließen. Lévi erwähnt einen Versuch, der seine Theorie zu bestätigten scheint. Als das Medium Daniel Douglas Home von einer Gruppe gebeten wurde, mit bestimmten Verstorbenen Kontakt aufzunehmen, fanden genau die gleichen

[34] In seinem Buch über Reinkarnation scheint Papus dem Spiritismus weniger kritisch gegenüberzustehen. Jedoch bin ich der Meinung, dass dieses Buch von einer nachdrücklichen Bearbeitung durch seinen Sohn Philippe zeugt und deshalb posthum ist.

Phänomene statt wie bei anderen Séancen. Unter normalen Umständen hätten die Manifestationen als echt anerkannt werden müssen. Nur hatten diese Verstorbenen gar nie existiert. Die Gruppe hatte sie erfunden und mit bestimmten Eigenschaften versehen, die sie dann Home im Detail schilderte.

Wenn man Betrug ausschließt – und Home wurde nie bei einem solchen ertappt –, dann ergeben sich für Okkultisten wie Lévi zwei Möglichkeiten. Die erste wäre, dass Home ungewollt Wesenheiten herbeirief, welche sich als diejenigen ausgaben, die Home zu rufen meinte, die zweite, dass Home diese Wesenheiten sogar selbst erschaffen hatte, wenn auch unbeabsichtigt.

In beiden Fällen würde eine Kraft dahinterstehen, welche generell für seltsame Phänomene bei spiritistischen Sitzungen verantwortlich sei. Lévi nennt sie Astrallicht. Wir werden später noch gesondert auf sie eingehen. Belassen wir es vorläufig bei der groben Definition, dass es sich dabei um einen alles umhüllenden Energiefluss handelt, ähnlich der Kraft, von der im »Krieg der Sterne« so viel die Rede ist. Das Astrallicht, das im Moment der Empfängnis von den Sternen herabkomme – »aster« bedeutet nichts anderes als »Stern« –, verwandle sich in menschliches Licht, das die Seele umhülle und während des Lebens die Worte und Taten des betreffenden Menschen aufnehme. Nach seinem Tod steige die Seele zum Himmel auf, und das Astrallicht löse sich vom Körper, allerdings nur allmählich. Der Astralkörper bleibe also noch längere Zeit erhalten und könne sich manifestieren beziehungsweise beschworen werden. Andererseits könne man auch die Erinnerungen an einen Menschen, welche seine Verwandten, Freunde und Bekannten im Astrallicht zurückgelassen haben, herbeirufen.

Dabei streitet Lévi das Weiterleben nach dem Tod beziehungsweise die Existenz der unsterblichen Seele keinesfalls ab, im Gegenteil. Er vertritt nur die Überzeugung, dass es nicht die Seele sei, die sich bei spiritistischen Sitzungen manifestiere. Es gebe keinen Beweis dafür, dass diese die höheren Sphären wieder verlasse. Der Astralleib stehe zu Lebzeiten des Menschen zwar mit der Seele in Verbindung, weil er die Brücke zwischen ihr und dem fleischlichen Körper herstelle, sei jedoch nicht mit ihr identisch.

Der Psychologe C. G. Jung, der selbst ein Spukerlebnis in England hatte, ist gleichfalls nicht mit der Theorie der Spiritisten einverstanden. Geistererscheinungen bestätigten keinesfalls die Unsterblichkeit der Seele beziehungsweise die Vermutung, dass es ein Leben nach dem Tod gibt.

Poltergeisterscheinungen

«Poltergeist« – ein deutsches Wort macht Karriere.

Der Spiritismus ist somit keine allgemein akzeptierte Erklärung für seltsame Manifestationen, sei es nun für die bei Séancen oder die bei Poltergeisterscheinungen. Untersuchen wir Letztere also unabhängig vom Spiritismus.

Bei diesem Wort »Poltergeist« handelt es sich um einen der deutschen Ausdrücke, die international bekannt geworden sind, wenn auch die meisten Sprachen das Wort irgendwie umschreiben. Wissenschaftlicherseits wird auch der Ausdruck

»wiederholte spontane Psychokinese« verwendet, auf Englisch »Recurrent Spontaneous Psychokinesis«, abgekürzt RSPK. Psychokinese beziehungsweise Telekinese ist, wie bereits erläutert, die Bewegung von Gegenständen, ohne dass die Ursache für die Bewegung sichtbar ist.

Aber generell gibt das Wort »Poltergeist« sehr gut die Art der damit gemeinten Manifestationen wieder: Es handelt sich um starke Geräusche.

Oder, besser gesagt, es beginnt mit Geräuschen, in der Regel Geräuschen, für die keine physische Ursache feststellbar ist. Wenn man sie Mimikrygeräusche nennt, nachahmende Geräusche, dann deshalb, weil sie keine beliebige Lärmkulisse bilden, sondern existierende Geräusche nachahmen. Und zwar oft Geräusche, deren Hervorbringung einen ziemlichen Aufwand erfordern würde. So gibt es Berichte von Scheibenklirren, Türenschlagen, Umstürzen von Möbeln, schweren Schritten, ohne dass die entsprechende Scheibe zu Bruch gegangen wäre, sich die Tür geöffnet hätte, auch nur ein Stuhl seinen Platz verlassen hätte oder ein Mensch den entsprechenden Raum betreten hätte.

Allerdings steigern sich die Manifestationen irgendwann. Gegenstände fliegen im hohen Bogen durch die Luft, Wasserlachen bilden sich auf dem Boden, bisweilen bricht sogar aus unerfindlichen Gründen Feuer aus. Die Objekte, welche auf diese Art geworfen werden beziehungsweise sich sogar scheinbar aus dem Nichts manifestieren, sind meist warm, als hätte irgendein energetischer Prozess stattgefunden. Manche Manifestationen sollen ihre Finger- oder Handabdrücke in Bücher oder auf Tücher eingebrannt haben.

Andererseits kann es sein, dass die Anwesenden plötzlich Kälte oder einen Luftzug verspüren.

Bisweilen gehen die Poltergeisterscheinungen auch in optische Manifestationen über, so dass zumindest manche der Beteiligten etwas sehen. Meist handelt es sich jedoch nicht um eine Art Gespenst, sondern lediglich um einen Körperteil, ähnlich wie bei spiritistischen Sitzungen. Es ist sogar schwierig, eine richtige Trennlinie zu finden.

Das Medium, das bei spiritistischen Sitzungen bewusst und freiwillig die Manifestationen kanalisiert, könnte nämlich bei Poltergeisterscheinungen genauso vorhanden sein, nur dass es eben bei Letzteren seine Rolle unbewusst und ohne Wissen der anderen spielt.

Denn die Forscher, die sich mit solchen Phänomenen beschäftigt haben, stellten fest, dass sich im Umfeld solcher Poltergeisterscheinungen gerne ein Jugendlicher in der Pubertät befindet. Sie schließen nicht aus, dass dieser unbeabsichtigt die Manifestationen in Gang setzt. Sie verweisen auf glaubwürdige Berichte, wie sich ein Mensch in Todesangst oder im Moment des Todes seinen Angehörigen manifestiert oder eine Uhr zum Stehen bringt. Eigentlich ist es nur logisch, dass hormonelle Umstellungen oder die Anpassungsschwierigkeiten an den Zustand des Erwachsenseins entsprechende Turbulenzen im psychischen Umfeld eines Jugendlichen erzeugen.

Bei genauerer Untersuchung fand man sogar heraus, dass es sich in einzelnen Fällen um etwas mehr als nur die üblichen pubertären Probleme handelt. Die Betreffenden haben unter Umständen massive Anpassungsprobleme an die Umwelt, vielleicht

sogar einen Hang zu einer Geisteskrankheit. Bisweilen handelt es sich um Menschen, die geistig nicht oder nur verzögert über das pubertäre Stadium hinausgekommen sind.
Diese Tatsache könnte auch erklären, warum die entsprechenden Manifestationen in der Regel ausgesprochen negativen Charakter haben, also sinnlos, wenn nicht sogar boshaft sind.
Genau das veranlasste manche zur Vermutung, dass hinter Poltergeistern eigenständige Wesenheiten stehen, seien es nun mutwillige Elfen oder gar bösartige Teufel. Diese Tatsache sei dafür verantwortlich, dass es gerade in Pfarrhäusern so gerne spuke. Es handle sich schlicht um Eingriffe des Teufels. Diese seien umso nachdrücklicher, je heiligmäßiger das Erdenwallen des betreffenden Pfarrers beziehungsweise seiner Familie sei – vergessen wir nicht, dass zum Beispiel aus der Schweiz auch aus protestantischen Pfarrhäusern ganz massive Poltergeistphänomene gemeldet wurden. Prosaischere Gemüter machen hier eher die menschliche Psyche verantwortlich. Permanente Gewissensskrupel und moralische Dilemmas würden für eine spannungsgeladene geistige Atmosphäre sorgen, welche dann Poltergeistphänomene in Gang setze. Es leuchtet ein, dass eine Pfarrersfamilie infolge der kontinuierlichen Beschäftigung mit den Geboten Gottes mehr Gewissenskonflikten ausgesetzt ist als andere Leute. Besucher mit entsprechenden Anliegen verstärken diese Atmosphäre noch. Hinzu kommt, dass solche Spannungen sich in einem Pfarrhaus generationenlang akkumulieren können.
Wieder andere verbinden die beiden Theorien. Könnte es sein, dass die menschliche Psyche imstande ist, eigenständige Wesenheiten hervorzubringen, dass sich starke Emotionen und negative Gedanken auf gewisse Weise verselbständigen? Oder handelt es sich nicht um Ausgeburten der einzelnen Psyche, sondern eines kollektiven Unbewussten, wie die Psychologie C. G. Jungs es nennt, aus dem der Betreffende lediglich schöpfte?
In diesem Fall würde den entsprechenden Wesenheiten aber wirklich eine starke Kraft innewohnen. Schließlich hören oder verspüren auch Tiere die entsprechenden Manifestationen und reagieren, in der Regel mit Angst.
Allerdings lässt jede Erklärung Fragen offen. Warum kann sich mancher Spuk jahrhundertelang manifestieren, auch im Umfeld von Leuten, die nie davon gehört haben? Warum kann er andererseits generationenlang aufhören, um dann wieder einzusetzen? Muss er bisweilen warten, bis er eine Art Katalysator findet? Warum ist ein Spuk bisweilen an einen Ort gebunden und in anderen Fällen an eine Person? Letzteres bedeutet, dass er sich verlagert, wenn die betreffende Person den Ort verlässt.[35]
Dr. Fanny Moser legte in ihrem Buch »Spuk – ein Rätsel der Menschheit« eine beeindruckende Fülle von Material vor. Leider verstarb sie, bevor sie den geplanten zweiten Band vollenden konnte, in dem sie den bereits im ersten Buch postulierten

[35] Bisweilen handelt es sich auch um eine Mischform. Schon der Vorbesitzer des Fox-Anwesens soll seltsame Geräusche gehört haben, auf der anderen Seite manifestierten sie sich auch dann noch in der Umgebung der Fox-Schwestern, als diese umgezogen waren.

Zusammenhang zwischen dem animalen Magnetismus und Spukerscheinungen genauer untersuchen wollte.
Was hat es mit diesem animalischen Magnetismus auf sich?

Der animalische Magnetismus

Von Paracelsus über den Mesmerismus und die Od-Lehre Reichenbachs bis zu den Okkultisten des 19. Jahrhunderts.

Liebhaber unheimlicher Geschichten kennen den animalischen Magnetismus aus der Erzählung »Der Fall Waldemar« von Edgar Allan Poe (1809-1849). Dort wird mittels dieses animalischen Magnetismus ein Toter sieben Monate lang künstlich am Leben erhalten, um sich dann auf einen Schlag zu zersetzen, als er aufgeweckt wird. Edgar Allan Poe spricht jedoch nicht nur von animalischem Magnetismus, sondern auch von Mesmerismus.
Dieser Begriff leitet sich vom Namen des Mannes ab, mit dem der animalische Magnetismus untrennbar verbunden ist: Franz Anton Mesmer (1754-1815). Er war es, der den animalischen Magnetismus kurz vor der Revolution in Frankreich einführte. Mesmer verstand darunter ein universelles Lebensprinzip, das die gesamte Schöpfung durchdringe. Schon er vermutete – seine Nachfolger sollten diese Theorie ausbauen –, dass der animalische Magnetismus trotz seines Namens – »animalis« ist das lateinische Wort für Lebewesen – auch Bäume und unbelebte Materialien durchströmt, also lediglich eine Manifestation einer alles durchdringenden Kraft darstellt. Es wäre interessant zu wissen, ob Mesmer die chinesische Philosophie kannte, welche diese Kraft als Tao und den Magnetfluss als Chi bezeichnet.
Einige Esoteriker, darunter Lévi, gingen so weit, dass sie diesen Lebensfluss nicht nur mit dem Licht identifizierten, das Gott direkt nach der Erschaffung von Himmel und Erde schuf (Gen 1:3) und mit dem somit die gesamte Schöpfung begann, sondern mit Gott selbst. Sie machten damit den Mesmerismus zur Grundlage einer pantheistischen Theologie.
Mesmer selbst war weitaus bescheidener. Er betrachtete seine Entdeckung in erster Linie als Methode zur Heilung verschiedener Krankheiten. Eine Krankheit war seiner Ansicht nach lediglich eine Störung im natürlichen Magnetfluss, was in der Regel von den Verdauungs- beziehungsweise Ausscheidungsorganen ausgehe. Wenn hier ein kundiger Mensch durch Magnetisieren, also Bestreichen mit den Händen, eine Krise herbeiführe, würden die Organe ihre natürliche Funktionsweise wieder aufnehmen und die Gesundheit sei wiederhergestellt.
Wobei jedoch nicht einmal ein direkter Kontakt nötig sei. Im Gegenteil, befand sich die Hand des Magnetiseurs in einer gewissen Entfernung, war die Wirkung umso stärker. Gleichermaßen erzielte Mesmer eine Potenzierung dieser Kraft, indem er mehrere Kranke versammelte und sie gemeinsam einer Magnetisierungsquelle in Gestalt eines Bottichs aussetzte, in dessen Wasser magnetisierte Eisenspäne schwammen. Die Verbindung zu den Kranken wurde mittels eines eisernen Stabes hergestellt. Mit einem ähnlichen »Zauberstab« erzielte Mesmer auch bei einzelnen Patienten schöne Erfolge.

Kein Wunder, dass ihn manche für einen Scharlatan hielten. Speziell die Ärzte ließen kein gutes Haar an ihm. Die Tatsache, dass Leute wie der Graf von Saint-Germain (1710-1784) und Cagliostro (1743-1795) seine Methoden befürworteten beziehungsweise in der Tat mit Magie und Kabbala verbanden, machte ihn zwar auf der einen Seite berühmter, aber dafür für die Wissenschaft anrüchiger.
Was jedoch niemand in Abrede stellen konnte, war die Wirkung des animalischen Magnetismus. Aber worauf war sie zurückzuführen? Allein auf Suggestion, wie manche meinten? Sogar Menschen, die Mesmer durchaus wohlwollend gegenüberstanden, wollten dies nicht unbedingt in Abrede stellen. Sie erklärten die Wunderheilungen Mesmers schlicht durch das, was heute als Hypnose bezeichnet wird. Deren Regeln werden auf den englischen Chirurgen James Braid (1795-1860) zurückgeführt. Die gesamten Hilfsmittel wie das Bestreichen mit den Händen oder den Einsatz von Metallstäben und magnetisierten Bottichen könne man sich sparen, wenn der Wille des Magnetiseurs den Kranken unmittelbar in hypnotischen Schlaf versetze.
Nachdem festgestellt worden war, dass Hypnose auch ohne Blickkontakt funktionierte, gerieten Mesmers Methoden noch mehr ins Hintertreffen, genauso wie seine Theorie zum animalischen Magnetismus an sich.
Auf die Hypnose als solche hingegen greift die moderne Psychoanalyse gerne zurück. Wagemutige Ärzte haben demonstriert, dass sie sich sogar bei Operationen anstelle der Narkose einsetzen lässt. Und, wie gesagt, noch heute meinen manche, dass der animalische Magnetismus im Prinzip nichts anderes als Hypnose sei.
Als Mesmer 1815 starb, vergessen, wenn nicht sogar verlacht, hätte er sich vermutlich nicht träumen lassen, dass sich seine Theorien letztendlich doch durchsetzen sollten, wenn auch auf andere Weise, als er gedacht hatte.
Auf der anderen Seite sollte man jedoch darauf hinweisen, dass diese Theorien keinesfalls so neu waren, wie Mesmer vermutlich selbst meinte. So hatte Paracelsus (1493–1541) bereits recht viel vorweggenommen, aber auf seine Weise. Er benützte sogar einen ganz ähnlichen Ausdruck wie Mesmer: Magnale Magnum. Van Helmont (1577-1644) sprach von Blas, meinte jedoch offensichtlich das Gleiche: eine Kraft, welche andere Menschen auch ohne direkten Kontakt heilen oder beeinflussen könne.
Allerdings fanden Mesmers Methoden auch Nachahmer, obwohl sie sich nicht unbedingt auf ihn berufen. Die moderne Homöopathie, welche davon ausgeht, dass eine Medizin umso stärker wirkt, je verdünnter sie ist, hat Mesmers Gedanken in anderer Form wieder aufgegriffen.
Die Homöopathie ist inzwischen zu einer anerkannten Wissenschaft geworden. Nicht so die Theorie vom Od, vorgebracht von Karl von Reichenbach (1788-1869). Reichenbach verstand darunter eine unbekannte Kraft, welche von Magneten ausgehe, aber auch von anderen Quellen erzeugt werden könne. Wobei Reichenbach keinesfalls ein weltfremder Spinner war. Er verwies darauf, dass die von ihm 1854 formulierte Theorie vom Od auf Tausenden von Versuchen beruhte. Sensitive könnten in der Dunkelheit diese Od-Ausdünstungen von Lebewesen und anderen Körpern wahrnehmen. Manche sind der Meinung, dass Reichenbachs Od-Theorie

eine wissenschaftliche Grundlage für das gesamte Gebiet des Okkultismus darstellen könnte.
Es waren die Okkultisten des 19. Jahrhunderts, welche die Zusammenhänge zwischen den verschiedenen Erklärungsversuchen dieser seltsamen Kraft seit Paracelsus erkannten, also feststellten, dass offensichtlich alle vom gleichen Sachverhalt sprachen.
Diese Okkultisten des 19. Jahrhunderts assoziieren diese Kraft direkt mit der zeremoniellen Magie. Das dahinter stehende System beziehungsweise die Wirkungsweise seien die gleichen, Mesmers Methode sei lediglich einfacher nachvollziehbar. Nur brachten die Okkultisten des 19. Jahrhunderts ein Element ein, das Mesmer völlig ignoriert hatte: die Beschwörung von bestimmten Wesenheiten, welche diese Kraft beeinflussen und verstärken konnten.
Jedoch war auch diese These nicht neu. Im Gegenteil. Die Ironie des Schicksals wollte es, dass diese Okkultisten des 19. Jahrhunderts und somit des Jahrhunderts der industriellen Revolution Mesmer rechts überholten und direkt auf Vorstellungen der Renaissance und sogar des Mittelalters zurückgriffen. Die Okkultisten des 19. Jahrhunderts kehrten zurück in die Zeit der zeremoniellen Magie. Begleiten wir sie dabei und untersuchen wir die Magie des Mittelalters.

Klassische Anleitungen zur zeremoniellen Magie

Definition

Wie entsetzlich sind die alten Zauberbücher?

Als ich noch jünger und naiver als heute war, erzählte mir ein Freund von einem Buch, das er unlängst gelesen haben wollte und dessen Titel »Das sechste und siebte Buch Moses« lautete. Es handle sich um ein Werk mit geradezu fürchterlichem Inhalt, bei der Lektüre hätten sich ihm die Haare gesträubt. Zu meinem Leidwesen weigerte er sich, Genaueres verlautbaren zu lassen. Auch war er unter keinen Umständen bereit, mir dieses Buch anzuvertrauen. So etwas könne er nicht verantworten.

Ich war entzückt, einige Jahre später in einem Prospekt auf genau dieses Buch zu stoßen. Es wurde tatsächlich als spektakulär angepriesen. Jeder wohlmeinende Mensch wird verstehen, dass ich nicht umhin konnte, dieses Buch umgehend zu bestellen. Nur wusste ich nach der Lektüre nicht, ob ich mich ärgern oder lachen sollte. Es handelte sich um merkwürdige und unmöglich nachvollziehbare Anweisungen, um scheinbar wunderbare magische Ergebnisse zu erzielen. Speziell war mir unerklärlich, was dieses Buch mit Moses zu tun haben sollte.

Ich weiß bis heute nicht, ob der Betreffende mich auf den Arm nehmen wollte oder aber das Buch gar nicht kannte. Allerdings neige ich inzwischen dazu, Letzteres für wahrscheinlicher zu halten. Der Mann war nicht sehr belesen. Vermutlich war er gleichfalls auf eine Reklame für dieses »Sechste und siebte Buch Moses« gestoßen und hatte sie auf seine Weise ausgeschmückt.

»Das sechste und siebte Buch Moses« ist nicht das einzige, das ungeahnte Offenbarungen verspricht. Bei genauerer Untersuchung wird in den meisten Fällen bald offenkundig, dass das entsprechende Werk nicht aus der Zeit stammen kann, in der es dem Vernehmen nach abgefasst wurde – und somit auch nicht den Mann zum Autor hat, der auf dem Deckblatt genannt wird.

Moses war vermutlich nicht einmal der Autor der fünf ersten Bücher des Alten Testaments, welche der Überlieferung nach aus seiner Feder stammen sollen. Inzwischen weiß man, dass diese fünf Bücher, der sogenannte Pentateuch, verschiedenen Bearbeitungen unterworfen waren. Das schließt nicht aus, dass die Tradition an sich tatsächlich bis in die Zeit von Moses zurückgeführt werden kann.

Aber dass Moses auf irgendeine Art mit dem »Sechsten und siebten Buch Moses« zu tun hat, können wir getrost ausschließen. Genauso wie die These, dass König Salomon hinter den magischen Traktaten steht, die seinen Namen tragen. Ironischerweise gibt es jedoch auch den umgekehrten Fall. So wurde ein Buch mit dem Titel »Der Höllenzwang« irgendwann dem legendären Doktor Faustus zugeschrieben, obwohl es bereits vor seiner Geburt im Umlauf gewesen sein muss.[36]

---

36 Obwohl sich die literarische Gestalt des Doktor Faustus offensichtlich an mehreren Vorbildern orientierte, meine ich mit dem historischen Faust den Johann oder Georg Faustus, der 1539 starb und schon zu seinen Lebzeiten bewusst die volkstümliche Meinung

Vermutlich sind die meisten Bücher dieser Art nicht einmal »Grimoires« im eigentlichen Sinne. Unter diesem Ausdruck versteht man nämlich mittelalterliche Anleitungen für magische Rituale. Es ist offensichtlich, dass die heute vorliegenden Texte meist nach dem 15. Jahrhundert und somit nach dem Ende des Mittelalters entstanden. Das wird durch die Ereignisse an sich bestätigt. Das Interesse an der zeremoniellen Magie lebte erst nach dem Ende des Mittelalters, also in der Renaissance, richtig auf, wie wir in einem späteren Kapitel noch demonstrieren werden.

In diesem Kapitel hingegen sollen die wichtigsten Rituale und Anleitungen zur zeremoniellen Magie vorgestellt werden. Aber angesichts der Fülle des Materials stellte sich natürlich die Frage, in welcher Reihenfolge beziehungsweise unter welchen Gesichtspunkten sich diese am wirkungsvollsten anordnen lassen.

Weiße und schwarze Magie

Gibt es eine Möglichkeit der Trennung zwischen der sogenannten weißen und der schwarzen Magie?

Manche schlagen vor, die Zauberbücher in weiße und schwarze Magie zu trennen. Die weiße Magie, in Fachkreisen Theurgie genannt, wolle den Menschen helfen, die schwarze Magie, Goetia,[37] ziele darauf ab, anderen Schaden zuzufügen. Nur ist diese Unterscheidung sehr subjektiv. Schließlich sind die Grenzen der schwarzen Magie nicht fest umrissen. Bei eindeutigem Schadzauber ist die Sachlage klar. Aber was ist mit den Versuchen, einen Menschen bestimmten Einflüsterungen zugänglich zu machen? Selbst wenn man zugesteht, dass es im Prinzip nicht legitim ist, einen anderen den eigenen sexuellen Wünschen zugänglich zu machen: Wie ist es, wenn man sich auf magische Weise um einen ehemaligen Liebhaber bemüht, der einem abspenstig gemacht wurde?

Oder sollten wir die schwarze Magie auf die Rituale beschränken, die einen Teufelspakt beschreiben? Aber in welche Rubrik fallen dann die Bücher, welche zwar Dämonen beschwören wollen, aber davor warnen, diesen ein Schriftstück zu unterzeichen? Ofensichtlich möchten deren Autoren die Macht der Dämonen ausnützen, ohne dafür zu bezahlen.

Für das Christentum handelt es sich in diesen Fällen nicht um eine Kriegslist. Es geht davon aus, dass alle Anleitungen dieser Art gleichermaßen zur schwarzen Magie gehören: eben weil damit Dämonen beschworen werden, sogar dann, wenn die Gebete dem Vernehmen nach an himmlische Wesenheiten oder gar die Namen Gottes gerichtet werden. Selbst wenn der Magier sich weigere, mit seinem Blut einen expliziten Teufelspakt zu unterschreiben, gebe er sich in die Hand des Satans. Der Einsatz von Magie sei nicht einmal gestattet, wenn es um die Abwehr von

---

schürte, dass er einen Pakt mit dem Teufel geschlossen hatte. Schon zwei Generationen nach seinem Tod war er zu einer legendären Gestalt geworden.

37 Das Wort leite sich vom griechischen Wort für »Geheul« ab, weil die schwarzen Magier ihre Beschwörungen hinausbrüllen würden.

Schadzauber gehe. Damit würde man nur im wahrsten Sinne des Wortes den Teufel mit Beelzebub austreiben.
Abgesehen davon, so die christlichen Experten für Dämonen, würden diese keinesfalls ihre Versprechen halten, sie würden nur vorgeben, den Magier zu unterstützen, um seiner unsterblichen Seele habhaft zu werden. Die scheinbaren Wunder seien in Wirklichkeit häufig genug nur Taschenspielertricks der Dämonen, um den Menschen zu täuschen.
Die Einteilung in weiße und schwarze Magie ist somit alles andere als einfach.
A. E. Waite (1857-1942) hat versucht, nicht nach Magie, sondern nach Ritualen zu differenzieren. Nur läuft die von ihm vorgeschlagene Trennung in transzendente, gemischte und schwarze Rituale effektiv von neuem auf eine Unterscheidung zwischen schwarzer und weißer Magie hinaus, mit einer Grauzone dazwischen. Abgesehen davon gibt Waite selbst zu, dass sich nach der strengen Definition der Zweig der transzendenten Magie auf einige wenige Texte beschränken würde: weil eben in den meisten Texten von Dämonenbeschwörung die Rede ist.
Wieder andere sind der Herausforderung begegnet, indem sie Begriffe wie »rote«, »blaue« und »grüne« Magie kreierten. Aber wer die Texte durchliest, die sich dem Vernehmen nach nur mit grüner Magie (also Sexual- oder Liebesmagie) beschäftigen sollen, der stellt fest, dass diese sich keinesfalls auf das genannte Thema beschränken.
Mein erster Gedanke war, die Texte schlicht in chronologischer Reihenfolge zu besprechen. Nur stellt sich dem die bereits angedeutete praktische Schwierigkeit entgegen, dass das tatsächliche Alter in der Regel nichts mit dem legendären zu tun hat.
Schließlich kam ich auf die Idee, die Bücher in Grimoires und Klassiker zu trennen. In der Rubrik »Grimoires« wollte ich die anonymen, weil einem falschen Autor zugeschriebenen Zauberbücher unterbringen, die »Klassiker« sollten die Bücher umfassen, deren Autor bekannt ist, zum Beispiel Agrippa von Nettesheim oder John Dee. Nur gibt es hier prompt Überschneidungen. Was ist zum Beispiel mit dem Albert dem Großen (ca. 1200-1280) zugeschriebenen »Großen Albert«? Dieses Buch gilt bei manchen als apokryph, dennoch wurden zumindest Teile hiervon nachweisbar den Werken Alberts entnommen, wenn auch vielleicht in leicht abgewandelter Form. Wir kommen darauf noch zurück.
Dennoch bin ich schließlich bei dieser Einteilung verblieben und habe die einzelnen Texte so angeordnet, dass sie einen Übergang zulassen.
Besprechen wir als Erstes die wichtigsten Grimoires. Leider ist bereits das erste Beispiel ein Grenzfall.

Das Heptameron

Ein Geist für jeden Wochentag.

Das Heptameron wird nämlich einem Mann namens Peter von Abano zugeschrieben, der zwischen 1250 und 1316 lebte, aber aller Wahrscheinlichkeit nach nicht sein Autor war. Peter von Abano sprach sich nämlich gegen die sogenannte »Ars Notoria« aus, eine Möglichkeit, auf magische Weise Wissen zu erlangen, auf die wir in Kürze zurückkommen. Es ist einsichtig, dass ein Mann, der sich gegen relativ harmlose magische Praktiken ausspricht, nicht eine Anleitung zur Dämonenbeschwörung verfasst. Und genau das ist das Heptameron. Wenn es auch vorsichtig genug ist, ein Gebet einzuschieben, in dem Gott angefleht wird, seinen himmlischen Geistern zu befehlen, dem Anrufenden zu gehorchen.

Der Name »Heptameron« leitet sich ab vom griechischen Wort für »Sieben«. Das Heptameron gibt nämlich genaue Anweisungen zur Beschwörung der geistigen Wesenheiten, welche den einzelnen Wochentagen vorstehen, ebenso den Stunden des Tages, den Jahreszeiten, etc. Daneben nennt es, neben verschiedenen anderen Anrufungen, die zehn Namen Gottes, ein erster Hinweis, dass es kabbalistisch beeinflusst ist: Adonai, El, Elohim, Elohe, Zebaoth, Elion, Esereheje, Jah, Tetragrammaton, Sadai. Solchen Listen von zehn Gottesnamen begegnet der Student der Magie immer wieder. Leider stimmen sie sehr oft nicht miteinander überein.

Das Gleiche gilt für die Liste mit Engelsnamen für die einzelnen Wochentage. Im Heptameron lauten sie wie folgt:

Wochentag:	Engel:
Sonntag	Michael
Montag	Gabriel
Dienstag	Samael
Mittwoch	Raphael
Donnerstag	Sachiel
Freitag	Anael
Samstag	Cassiel

Diese Engel stehen auch den einzelnen Stunden des Tages beziehungsweise der Nacht vor. Die erste Stunde des Tages beginnt dabei mit Sonnenaufgang. Dieser Stunde steht jeweils der Engel des Tages vor. Allerdings entspricht die weitere Reihenfolge nicht der obigen, sondern lautet wie folgt, beginnend mit Michael: Michael, Anael, Raphael, Gabriel, Cassiel, Sachiel, Samael. Der Grund hierfür ist, dass die Astrologie nun einmal von der bereits besprochenen Reihenfolge Sonne, Venus, Merkur, Mond, Saturn, Jupiter und Mars ausgeht. Mit welchem Planeten beziehungsweise Planetenengel auch begonnen wird, die Reihenfolge ist immer die gleiche. Der erste Stundenengel des Montags ist somit Gabriel, gefolgt von Cassiel, Sachiel, Samael, Michael, Anael, Raphael, der erste Stundenengel des Dienstags ist Samael, gefolgt von Michael, Anael, Raphael, Gabriel, Cassiel, Sachiel. Jeweils in der achten Stunde beginnt der Zyklus von neuem.

Der Leser mit biblischen Vorkenntnissen wird Michael, Gabriel und Raphael ohne weiteres als Erzengel wiedererkennen, nicht jedoch die anderen. Sieben Erzengel findet man nur im Buch Henoch. Allerdings heißen die fehlenden dort Uriel, Raguel, Sarakiel und Remiel oder Haniel.[38]

Auf die Frage, woher die übrigen Namen stammen, gehen wir später ein.

---

[38] Da es verschiedene Handschriften dieses Buches Henoch gibt, stimmen die Namen nicht immer überein.

Das Heptameron liefert weiterhin die Namen untergeordneter Tagesengel sowie anderer geistigen Wesenheiten, welche an jedem einzelnen Tag der Woche die Himmelsrichtungen oder die Luft regieren, ebenso die Beschwörungen, das zu verwendende Rauchwerk und andere Details.

Da die Namen der Tages- und Nachtstunden sich, mit unbedeutenden Abweichungen, die ich in Klammer wiedergebe, in anderen Büchern wiederholen, möchte ich sie hier aufführen:

Stunde:	Tag:	Nacht:
1	Yayn	Beron
2	Yanor (Lanor)	Barol
3	Nasnai	Thaim (Thami)
4	Salla	Athir
5	Sadedali	Mathon
6	Thamur	Rana
7	Ourer	Netos
8	Tamic (Taine)	Tafrak
9	Neron	Sassur
10	Jayon	Aglo
11	Abai	Galerna (Caerva)
12	Natalon	Salam (Salay)

All diese Angaben dienen dazu, den aus drei konzentrischen Kreisen bestehenden magischen Schutzkreis zu ziehen. Im innersten Kreis stehen die Namen Gottes, im nächsten die Namen der Tages- und Stundengeister sowie die entsprechenden Zeichen, im äußersten die Namen der Luftgeister.

Bei oberflächlicher Betrachtung könnte der Eindruck entstehen, das Heptameron mache die These, dass die zeremonielle Magie mit Astrologie oder zumindest den alten Planeten zu tun habe, zunichte. Denn sie werden mit keiner Silbe erwähnt. Dafür entsprechen die Anliegen, welche an den einzelnen Wochentagen vorgebracht werden, genau denen, welche man mit dem entsprechenden Planeten beziehungsweise Planetengott assoziiert.

Die Luftgeister des Sonntags schaffen Gold und Edelsteine herbei und sorgen für Ansehen bei anderen, die des Montags sind für Silber zuständig und gewähren die Kunst der Wahrsagung. Die Luftgeister des Dienstags haben den typischen Marscharakter. Sie verursachen Streit, Krieg und Feuersbrünste, können jedoch auch Gesundheit verleihen. Am längsten ist die Liste des Merkur, in Übereinstimmung mit den vielfältigen Aufgaben des entsprechenden Planetengottes. Die Luftgeister des Donnerstags stimmen heiter und fröhlich und schlichten Streitigkeiten. Auf den ersten Blick könnte es aussehen, als nehme der Donnerstag eine Aufgabe des Freitags vorweg. Er soll nämlich auch Frauengunst verschaffen. Nur ist dies angesichts der Erfolge Jupiters beim weiblichen Geschlecht ein naheliegender Gedanke. Die Luftgeister des Freitags sind für Liebschaften und Ehen allgemein zuständig. Der Samstag entfacht Neid und andere negativen Gedanken, bewirkt Tod und Verstümmelung.

Das Heptameron ignoriert somit die Kenntnis der Korrespondenzen zwischen den Planeten und Wochentagen keinesfalls. Im Gegenteil, es setzt sie voraus. Dieses Wissen ist so selbstverständlich, dass es gar nicht mehr erwähnt wird.

Das Enchiridion

Die Macht des Gebetes – aber nur an bestimmten Tagen.

Als Nächstes wollen wir das Enchiridion besprechen, weil es gleichermaßen mit den Wochentagen zu tun hat.

Das Enchiridion gibt vor, eine Sammlung von Gebeten darzustellen, welche Papst Leo III. an Karl den Großen schickte. Zeitlich hätte dies sogar der Fall sein können. Die beiden waren Zeitgenossen, und Leo III. war in der Tat der Papst, welcher Karl den Großen im Jahre 800 in Rom zum Kaiser krönte. Insofern wäre es nicht auszuschließen, dass er ihm durch ein Gebetbuch den Rücken stärken wollte.

Jedoch ist völlig unzeitgemäß, dass das Enchiridion nicht nur von der Existenz und der Macht des Teufels ausgeht, sondern auch ausdrücklich von der Realität des Teufelspaktes spricht. Denn dieser ist eine spätere Erfindung, wie wir noch untersuchen werden.

Wobei natürlich nicht auszuschließen ist, dass das Enchiridion in seiner heutigen Form eine Kompilation mehrerer Autoren ist. Der Kern des Enchiridion, die Gebete für die einzelnen Wochentage, ist auf jeden Fall recht orthodox. Es wird zwar Wert darauf gelegt, dass diese zu einer ganz bestimmten Stunde aufgesagt werden – vor Sonnenaufgang beziehungsweise bei Sonnenuntergang –, nur ist dies auch bei den Stundengebeten katholischer Geistlicher der Fall.

Weniger orthodox ist, dass das Enchiridion verlangt, dass man vorher den für diesen Tag spezifischen Namen Gottes auf ein Pergament zu schreiben und auf der Brust zu tragen hat. Diese Namen sind typisch für das Enchiridion.[39] Sie lauten wie folgt:

Wochentag:	göttlicher Name:
Sonntag	Hael
Montag	Hemel
Dienstag	Ramiac
Mittwoch	Jendsel
Donnerstag	Sillu
Freitag	Stilu
Samstag	David

Auch ansonsten zeigt das Enchiridion eine Vorliebe für Ausdrücke, die es als Namen Gottes bezeichnet. Teilweise sind diese Ausdrücke orthodox beziehungsweise einem Katholiken aus der Liturgie bekannt: Dominus (das lateinische Wort für Herr), Deus oder Theos (das lateinische beziehungsweise griechische Wort für Gott), Eleison (Erbarme Dich), Alpha und Omega, Emmanuel, Elohim (eine Bezeichnung für Gott aus dem Alten Testament) Jod He Vau He oder Tetragrammaton (die vier hebräischen Buchstaben, welche den Namen Gottes bilden), Jehova (die vier Buchstaben zu einem

---

[39] Zumindest sind sie mir noch in keinem anderen Zusammenhang begegnet.

Laut verbunden), Adonai (der Herr), Sother (das griechische Wort für Heiland), Agios (richtig Hagios, das griechische Wort für heilig), Athanatos (das griechische Wort für unsterblich), Parakletos (der Tröster, ein Ausdruck für den Heiligen Geist).
Diese Namen Gottes tauchen allerdings nicht in den Gebeten für die einzelnen Wochentage auf, sondern in separaten Gebeten, für bestimmte Anliegen. Wobei auch diese Gebete mit bestimmten Wochentagen zu tun haben. Denn bei der Wahl des dafür vorgeschlagenen Tages spielten offensichtlich die Planetengötter mit. So sollen Gebete, die mit Liebe zu tun haben, auf den Freitag gelegt werden, Gebete, welche Gefahren abwenden sollen, auf den Dienstag, und Anliegen, die mit Ehre oder Reichtum zu tun haben, auf den Sonntag.
Jedoch ist bei diesen Gebeten für besondere Anlässe noch offensichtlicher als bei den einleitenden Tagesgebeten, dass es sich um mehr als nur Gebete handelt. Diese Gebete haben nämlich eindeutig Amulett- oder sogar Talismancharakter. Ein Amulett hat Schutzwirkung, soll also seinen Träger vor Ungemach schützen, zum Beispiel dem bösen Blick, ein Talisman soll aktiv etwas bewirken. In beiden Fällen handelt es sich um einen Gegenstand, den der Betreffende bei sich tragen muss.
Und genau das ist auch bei den Gebeten des Enchiridion der Fall. Sie müssen nicht nur ausgesprochen, sondern abgeschrieben und auf dem Leib getragen werden, zusammen mit Pentakeln, also Tafeln mit magischen Symbolen und Buchstaben. Für die Niederschrift und Aufbewahrung jedes Gebets gibt das Enchiridion genaue Anweisungen in Bezug auf Material, Zusammensetzung und Aussehen. Und auch diese haben, wie die Wahl des Zeitpunkts, mit den Charakteristiken des entsprechenden Planeten zu tun. Allerdings setzt auch das Enchiridion dieses Wissen als gegeben voraus.
Diese Gebete stellen somit eine seltsame Mischung aus Magie und Religion dar, speziell der katholischen. So empfiehlt das Enchiridion, die Wirkung der Gebete noch durch die Teilnahme am Messopfer zu verstärken. Die katholische Kirche feiert tatsächlich Messen für bestimmte Anlässe, zum Beispie Totenmessen.
Diejenigen, welche ihre Sakramente mit der Magie vergleichen, weist die Kirche darauf hin, dass Gott die Wirkung der Sakramente wolle, wenn die Vorschriften in Bezug auf die Worte und das zu verwendende Material eingehalten werden. Wir kommen darauf noch zurück.
Das Enchiridion erweitert im Prinzip lediglich die katholische Lehre, ohne sie ausdrücklich zu erwähnen. Es geht stillschweigend davon aus, dass Gott auch die Wirksamkeit bestimmter Gebete will, wenn sie in einer genau vorgeschriebenen Art und Weise zelebriert werden. Das Enchiridion stellt somit nichts von der katholischen Lehre in Abrede, es führt sie nur logisch und konsequent weiter. Allerdings bis zu einem Punkt, welcher Katholiken mit tiefem Missbehagen erfüllen muss.
In einem Punkt wird allerdings offensichtlich, dass die christliche Tünche nur notdürftig den magischen Hintergrund verbirgt: anhand der Gebete für Liebesangelegenheiten, die auf einen Freitag gelegt werden. In einem christlichen Kontext ist der Freitag der Tag der Passion Jesu. Fromme Katholiken pflegten sich noch im 20. Jahrhundert an diesem Tag, genauso wie in der Fastenzeit und vor anderen kirchlichen Festen, des Fleischgenusses und des Geschlechtsverkehrs zu

enthalten. Einem solchen frommen Katholiken muss die Anweisung des Enchiridion deshalb blasphemisch erscheinen.[40]

Das Grimoire des Honorius

Ein Papst der Inquisition als Verfasser eines Buches mit Dämonenbeschwörungen?

Auch das nächste Buch soll einen Papst zum Autor haben. Der Titel beziehe sich nämlich auf Honorius III., der zwischen 1217 und 1227 auf dem Stuhl Petri saß. Jedoch ist in diesem Fall die Zuweisung noch unglaublicher als beim »Enchiridion«. Honorius propagierte schließlich die 1215 und somit kurz vor seinem Amtsantritt gegründete Inquisition und unterstützte gleichermaßen den 1216 gegründeten Dominikanerorden, dem die Inquisition einige Jahre später anvertraut werden sollte. Die Aufgabe der Inquisition bestand im Aufspüren von Menschen, deren Meinungen beziehungsweise Praktiken von den Lehren der Kirche abwichen. Insofern wäre es höchst verwunderlich, wenn unter allen Päpsten ausgerechnet Honorius III. ein Buch über Magie verfasst hätte. Womit nicht gesagt sein soll, dass Päpste nicht in den Geruch geraten konnten, okkulten Praktiken zu huldigen. Papst Sylvester II. (Pontifikat 999-1003) wurde nachgesagt, von den Mauren in Spanien magische Kenntnisse erworben zu haben.

Dennoch ist das Grimoire des Honorius offensichtlich apokryph. Zumindest die mir vorliegende Version – es handelt sich um eine Übersetzung ins Spanische einer 1760 in Rom veröffentlichten Ausgabe – erwähnt nämlich ein Werk des Physikers Geronimo Cardano (1501-1576). Es ist nicht einsichtig, wie Papst Honorius sich im 13. Jahrhundert auf eine von Cardano im 16. Jahrhundert verfasste Schrift berufen konnte.

Natürlich könnte es sich dabei um eine Anmerkung handeln, welche ein späterer Kopist in den Text einschob. Um die Verbindung mit Honorius nicht ganz aufgeben zu müssen, wollen moderne Kommentatoren nicht ausschließen, dass die Urfassung dieses Buches zumindest in seiner Bibliothek gefunden wurde. Jedoch gilt dies bestenfalls für einen Teil des Buches. Konkret: die beiden ersten Teile. Diese sind lediglich Vorbereitungen beziehungsweise Anleitungen für Exorzismen, also Gebete zur Austreibung von Dämonen, wie sie die Kirche heute noch verwendet.

Die älteste erhaltene Ausgabe des Honorius, veröffentlicht 1621 in Venedig, bestehe in der Tat nur aus diesen Exorzismen. Dass die Vorlage hierfür aus einer kirchlichen, wenn nicht sogar päpstlichen Bibliothek stammt, ist keinesfalls auszuschließen.

Erst die Neuauflage in Rom aus dem Jahre 1760 enthalte die magischen Beschwörungen, welche dieses Buch des Honorius als Grimoire berühmt gemacht haben. Manche neuere Ausgaben würden die ersten beiden Teile inzwischen ganz weglassen, so dass das Werk seinen Charakter völlig gewandelt habe.

Den modernen Leser mag allerdings seltsam anmuten, dass der Text mit einer Anrufung des Buches selbst beginnt, als ob es als eine eigenständige Wesenheit

[40] Ähnlich wie der volkstümliche Glaube, dass das Eisenkraut, früher als Heilpflanze sehr geschätzt (Verbena officinalis), zuerst auf dem Berg Golgotha wuchs, also zu Füßen des Kreuzes. Das Eisenkraut ist nämlich seit alters her der Venus geweiht.

aufgefasst würde. Das Grimoire nimmt dadurch Amulettcharakter an: »Ich beschwöre Dich, wunderbares und mächtiges Grimoire, durch die geheimnisvolle Kraft des Tetragrammaton, mich vor den Nachstellungen des bösen Geistes zu schützen.«
Recht modern ist das Honorius-Grimoire darin, dass es davor warnt, Krankheiten unter Mensch und Tier auf den Schadzauber eines Nachbarn zu schieben. Zur Zeit der Hexenverfolgung war das Gegenteil der Fall. Die Inquisition forderte beim Besuch eines Ortes alle Bewohner auf, den Inquisitoren Nachbarn anzuzeigen, die ihnen aus irgendeinem Grund verdächtig erschienen.
Im Prinzip ist das Honorius-Grimoire in seiner jetzigen Form ein Widerspruch in sich: weil es einerseits Exorzismen und andererseits Beschwörungen von höllischen Geistern enthält. Dazwischen, um das Maß vollzumachen, stehen Gebete der Elementargeister, also der Undinen im Wasser, der luftigen Sylphen, der in der Erde lebenden Zwerge und der feurigen Salamander. Für die Kirche sind alle Geister, die nichts mit Gott zu tun haben, Dämonen, Angehörige des höllischen Heeres. Die Existenz von neutralen Zwischenwesen wie Elementargeistern anerkennt sie nicht.
Damit nicht genug, erwähnt das Honorius-Grimoire tatsächlich sieben höllische Geister, welchen die einzelnen Wochentage unterstellt sind und von denen jeder eine bestimmte Funktion hat:

Tag:	Name:	Funktion:
Sonntag	Surgat	Reichtum
Montag	Lucifer	Krankheit
Dienstag	Frimost	Zerstörung
Mittwoch	Astaroth	Glück
Donnerstag	Silcharde	Macht
Freitag	Bechard	Liebe
Samstag	Guland	Neid[41]

[41] Der Kuriosität halber möchte ich es nicht versäumen, dem Leser an dieser Stelle eine Kostprobe einer originalen Beschwörung von höllischen Geistern aus dem Grimoire des Honorius zu geben. Der erste Satz wird jeweils vor der Weihung beziehungsweise Opferung eines Hahnes gesprochen, der zweite bei der Entgegennahme des Ringes oder Steines, welchen der Dämon dem Magier übergibt und mit dem Letzterer seine Wünsche erfüllt:

Name:	vor der Opferung:	bei der Entgegennahme des Ringes:
Surgat:	Gomerat kailos oxo.	Oxila somux oxo.
Lucifer:	Ingodum englabis promodum.	Alixo somus oxo.
Frimost:	Gomer et kailos anglabis.	Lixalo somus oxo.
Astaroth:	Curkum kailos teremog.	Oxila musso oxo.
Silcharde:	Carabax kailos anglabis.	Musso kailos somux.
Bechard:	Sorebex kailos anglabis.	Musso kailos oxila.
Guland:	Soberex kailos englabis.	Oxila englabis promodum.

Der Leser stellt fest, dass sich bestimmte Ausdrücke ähneln (anglabis / englabis, gomer et / gomeret, sorebex / soberex, somus / somux) und eigentlich vereinheitlicht werden müssten, weil es sich um Übertragungsfehler handelt. Die Frage ist nur, welche Version die richtige ist. Solchen Abweichungen begegnet man in den magischen Anleitungen allenthalben.

Der Kenner stellt anhand der Funktion dieser höllischen Geister fest, dass sie offensichtlich den Planetengöttern entsprechen. Der Sonntag, also die Sonne, wird mit Reichtum assoziiert: sehr logisch angesichts der bereits erwähnten Tatsache, dass der Sonne unter den Metallen Gold zugewiesen wird. Die Verbindung zwischen Montag und Krankheit drängt sich aufgrund der legendären Verbindung zwischen dem Mond und speziell Geisteskrankheiten (»mondsüchtig«) gleichfalls auf. Der Dienstag als Tag des Kriegsgottes Mars geht mit Zerstörung einher, der Mittwoch gehört dem Merkur, dem Gott der Händler und Diebe. Jupiter, also der höchste Gott, verhilft am Donnerstag zu Macht und Herrschaft, und die schöne Venus steht am Freitag in Liebesangelegenheiten bei. Der düstere Saturn verzehrt sich am Samstag vor Neid.

Die frühe Kirche setzte in der Tat die Götter des Heidentums mit den Dämonen gleich. Sie konnte sich dabei auf das Neue Testament berufen (1 Kor 10:20-21). Insofern führt das Grimoire des Honorius diesen Gedanken nur folgerichtig weiter.

Jedoch hätte die Kirche weder damals noch später gestattet, dass diese Geister im Namen Gottes beschworen werden, zu welchen Zwecken auch immer, und schon gar nicht mit Blutopfern. Und genau das geschieht in diesem Grimoire.

Allerdings warnt das Honorius-Grimoire ausdrücklich davor, mit den Dämonen einen Pakt zu schließen. Man dürfe sich nicht zu einer Unterschrift verleiten lassen, man müsse vielmehr den Geist zwingen, auch ohne diese den Befehlen des Beschwörenden zu gehorchen. Das Honorius-Grimoire kann somit nicht vor Ende des 15. Jahrhunderts entstanden sein, als die Vorstellung vom Teufelspakt sich verbreitete.

Die Zuordnung der Engel zu den Planeten entspricht dem Heptameron, mit Ausnahme des Samstags, wo anstatt Cassiel an erster Stelle der Name Caphriel genannt wird, gefolgt von Cassiel und drei anderen. Wir kommen darauf noch zurück, wenn wir pauschal die in verschiedenen Grimoires aufgelisteten Geister- und Engelsnamen miteinander vergleichen.

Weiterhin gibt das Honorius-Grimoire Anweisungen für die Herstellung von Duftstoffen, welche den einzelnen Planeten beziehungsweise den über sie agierenden Intelligenzen gefällig seien. Nur stellen sich der Herstellung dieser heute gewisse praktische Schwierigkeiten entgegen. Es sei denn, der geneigte Leser hat eine Bezugsquelle für Fledermausblut und ähnliche ausgefallene Bestandteile.

Das Buch schließt mit Anweisungen für die Herstellung von Talismanen. Jedoch bezieht es sich, zumindest die mir vorliegende Version, auch auf die sogenannten Claviculae Salomons, ein weiteres Grimoire, in dem diese Praktiken wesentlich detaillierter erläutert werden.

Beschäftigen wir uns somit mit diesem.

Angesichts der Tatsache, dass die Grimoires darauf bestehen, dass die Rituale genau nach Anweisung durchgeführt werden müssen und jede Abweichung zu Misserfolg oder Schlimmerem führt, wurden sie vielleicht sogar absichtlich eingebaut, um das Nichtgelingen zu erklären.

Warum gerade Salomon?

Eine ganze Reihe von Grimoires berufen sich auf den biblischen König Salomon. Warum gerade auf ihn?

Der Legende nach, wie sie in dem Buch selbst wiedergegeben wird, handelt es sich bei den »Claviculae«, wörtlich »Schlüsselchen«, um eine Schrift, welche Salomon für seinen Sohn Roboam verfasst hatte und die später mit Salomon begraben wurde.
Warum gerade der Bezug auf Salomon?
Man ist versucht, in erster Linie an die sprichwörtliche salomonische Weisheit zu denken. Das Buch der Könige berichtet, wie Salomon Gott um die Weisheit bat, zwischen Gut und Böse unterscheiden zu können, und dass diese Worte Gott wohl gefielen (3 Kön 3:9-10). Die Weisheit Salomons sei im gesamten Orient und in Ägypten berühmt gewesen (3 Kön 4:0). Jedoch berichtet die Bibel gleichermaßen, dass Salomon fremden Göttern huldigte, wie Astarte und Moloch, was Gott weniger gefallen habe (2 Kön 11:5-6). Auch der berühmte salomonische Tempel verliert etwas von seinem Glanz, wenn man bedenkt, dass seine Erbauung nur halb so lange dauerte wie die von Salomons Palast – laut Bibel, wohlgemerkt. Der Tempel war in sieben Jahren fertiggestellt, für den Palast benötigte man dreizehn Jahre (3 Kön 6:38, 7:1).
Insofern ist es nicht erstaunlich, dass der gleiche Salomon mit der Beschwörung von Dämonen assoziiert wird. Sei es nun aufgrund der biblischen Verbindung mit Salomon oder aus anderen Gründen: Die besagte Göttin Astarte wurde in die mittelalterliche Dämonologie übernommen, wie wir im Kapitel über das Honorius-Grimoire gesehen haben. Allerdings wandelte sich ihr Geschlecht: Sie wurde von einer weiblichen Gottheit zu einem männlichen Dämon namens Astaroth.
Schon im 1. Jahrhundert n. Chr., vielleicht sogar noch früher, gingen Legenden über geheimnisvolle Ringe um, in die Salomon Dämonen gebannt haben sollte. Christliche Autoren berichteten auch später noch von Salomons Macht über die Dämonen und wussten von Bücher mit entsprechenden Beschwörungen.
Aber falls es diese Bücher je gab, dann haben sie mit den heute umlaufenden höchstwahrscheinlich nur wenig gemein. Abgesehen davon gibt es keine einheitliche Version der Claviculae. Insgesamt finden sich in europäischen Bibliotheken um die hundert Exemplare wieder, welche diesen Titel tragen, teilweise jedoch stark voneinander abweichen.
Mir persönlich liegt das Faksimile einer ausführlichen französischen Handschrift vor, welche aus dem Jahr 1641 stammen soll. Eine weitere, etwas kürzere Version, wurde dem Vernehmen nach 1721 gedruckt und 1916 ins Spanische übersetzt.
Kommen wir nunmehr zu den Erläuterungen, wie die Claviculae nach Europa gekommen seien. Auch hier herrscht nur bis zu einem gewissen Grad Übereinstimmung. Beide mir vorliegenden Versionen seien in Jerusalem aufgefunden worden, die von 1641 will von einem Rabbiner namens Hebognazar von Jerusalem in die französische Stadt Arles gebracht worden sein, die von 1721 sei von einem babylonischen Magier namens Iroe weitergegeben worden.
Beide Überlieferungen haben vermutlich Symbolcharakter. Ich zumindest würde hinter Arles einen Hinweis auf das nahegelegene Salon-en-Provence sehen, der Ort,

wo Nostradamus lebte und wirkte. Dieser stammte in der Tat von jüdischen Vorfahren ab.
Die Geschichte von dem Magier namens Iroe wäre geschichtlich gesehen im Bereich des Möglichen. Vergessen wir nicht, dass die Babylonier in der Tat 587 v. Chr. das Königreich Juda erobert hatten. Salomon war ca. 926 v. Chr. gestorben. Die Babylonier hätten somit effektiv auf sein Grab in Jerusalem stoßen können.
Jedoch haben wir untersucht, dass die Sachlage im Prinzip umgekehrt ist: weil die Magie sich im Zweistromland entwickelt hatte, also genau in der Heimat der Babylonier. Die Claviculae kehren den Sachverhalt um. Jedoch macht das Neue Testament im Prinzip nichts anderes, wenn es gleichfalls weise Männer aus dem Osten – und somit vermutlich aus dem Zweistromland oder aus Persien – dem neugeborenen Jesus huldigen lässt (Mt 2:1-12).

Die Claviculae

»Claviculae« heißt Schlüssel. Aber öffnen sie tatsächlich etwas?

Gehen wir nunmehr im Einzelnen auf die beiden mir vorliegenden Claviculae-Versionen ein. Die spanische Version von 1721 ist nicht nur kürzer, sie weicht auch in einigen strategisch wichtigen Punkten von der französischen aus dem Jahre 1641 ab. So werden zwar laufend Wesenheiten genannt beziehungsweise beschworen, aber es fehlen die zehn Namen Gottes aus der französischen Version: Ehieh, Jac-Tetragrammaton, Jehova, Elohim, Ael Gibor, Schaddai Achich, Jehovah Tsebaoth, Elohim Tsebaoth, Haytsadik, Schekinats. Im Laufe des Textes tauchen zwar einige dieser Namen auf, aber nicht in Gestalt einer systematischen Liste, sondern in einer wilden Mischung mit Engelsnamen. Da jedoch die obige Liste mit Gottesnamen sowieso von der des Heptameron abweicht, ist dieses Manko zu verschmerzen.
Weiterhin weichen die Namen der sogenannten Planetenengel voneinander ab. Die französische Version ist sogar in sich widersprüchlich. Sie liefert nämlich zwei voneinander abweichende Tabellen, ohne auch nur mit einer Silbe auf die Unterschiede einzugehen.
Es gibt zwei mögliche Erklärungen. Die erste wäre, dass der Autor seinerseits bereits zwei oder mehr verschiedene Versionen vorliegen hatte, diese zusammenfassen wollte und sich aus Pietät scheute, Streichungen oder Änderungen vorzunehmen. Die zweite geht davon aus, dass diese Abweichungen bewusst eingebaut wurden, sei es nun, um bestimmte Anweisungen nur für Eingeweihte verständlich zu machen, oder sei es, um eine Entschuldigung zu haben, falls nach dem Ritual die erhoffte oder erwartete Wirkung ausblieb.
Wir greifen dieses Thema wieder auf, wenn wir die bereits im vorangegangenen Kapitel angekündigte Gegenüberstellung der Namen bringen.
Seltsam ist, dass sowohl die längere als auch die kürzere Version ausgiebig auf Dinge eingehen, die sich in aller Kürze abhandeln ließen, und dafür Wichtiges als gegeben voraussetzen. So enthalten sie eine ausführliche – unnötig ausführliche – Zuweisung der Planeten zu den einzelnen Stunden des Tages. Auf diese sind wir bereits eingegangen.

Im Gegenzug geht nur eine meiner Claviculae-Versionen, nämlich die von 1641, zumindest implizit auf das Problem ein, wann die Zählung der Stunden beginnt: bei Sonnenaufgang; die Tabelle geht von 6.00 Uhr morgens aus.
Zumindest in der traditionellen Zuweisung der Metalle und Farben zu den einzelnen Planeten sind sich die Claviculae einig und gehen auch mit den meisten anderen Büchern konform.[42]
Daneben werden den Planeten jedoch auch Mineralien, Pflanzen und Tiere zugeordnet. Verschiedene dieser Zuweisungen leuchten ein, so die des Löwen zur Sonne, des Krebses zum Mond und des Stieres zur Venus. Diese Zuweisung entspricht genau den Zodiakzeichen. Auch eine Verbindung der Katze mit dem Mond ist recht logisch, schließlich sind Katzen im Prinzip Nachttiere. Hahn und Wolf, welche die Claviculae dem Mars zuschreiben, werden jedoch in anderen Schriften als Sonnentiere bezeichnet. Speziell der Hahn bietet sich als Sonnentier an. Schließlich begrüßt er allmorgendlich die Sonne. Es ist seltsam, dass die Claviculae von diesem Schema abweichen.
Auch die Zuweisung der Blumen und anderen Pflanzen ist nicht immer einleuchtend. Der Heliotrop hat das Wort Sonne – Helios ist neben Apollo der eigentliche griechische Sonnengott – bereits im Namen, aber die Rose wird üblicherweise eher mit der Venus und nicht mit dem Jupiter assoziiert.

Die Beschwörungen in den Claviculae

Die Claviculae sind detaillierter als andere Grimoires in Bezug auf die magischen Gerätschaften. Sind sie damit plausibler?

Der wichtigste Aspekt der Claviculae ist wohl die detaillierte Beschreibung der Gerätschaften, welche in den magischen Ritualen verwendet werden. Nach Möglichkeit sollte der Magier diese selbst herstellen, sogar die Messer. Im Prinzip eine logische Fortführung der Forderung, die Grimoires eigenhändig abzuschreiben. Nur so werden sie personalisiert. Die Claviculae liefern genaue Anweisungen in Bezug auf das Material, einzuritzende magische Zeichen und Worte, Beschwörungen und Weihungen.
Auf der anderen Seite wirkt das Insistieren der Claviculae etwas befremdend. Die Beschwörung von Geistern wird dadurch zu einer beinahe mechanischen Angelegenheit. Zumindest, wenn der angehende Magier nur eine Claviculae-Version vorliegen hat. Denn speziell was die Herstellung der Talismane angeht, weichen bereits die beiden mir vorliegenden Versionen so radikal voneinander ab, dass der unerfahrene Magier sich vorkommen muss, als solle er ein bestimmtes Gerät in Gang setzen und habe dafür zwei völlig verschiedene Handbücher.
Wobei die Version von 1641 noch den Lichtblick bietet, dass nicht die Geister an sich beschworen werden. Der Magier würde lediglich Gott bitten, diesen Geistern zu

[42] Zumindest in den europäischen. Die Babylonier hatten für manche Planeten eine andere Farbzuweisung: Orange für den Merkur, Blau für die Venus, Gelb für den Mars, Weiß für den Jupiter. Picatrix hingegen weicht in Bezug auf die Metalle ab.

befehlen, dem Anrufenden zu gehorchen. Insofern beruft diese Version sich auf die Macht des Gebetes. Hierfür gibt es keine Vorschriften, es kann somit individuell sein.
In Übereinstimmung mit diesem Hinweis behauptet die gleiche Version, dass die darin beschriebene Magie, im Gegensatz zur teuflischen, nie mit unreinen Geistern arbeiten würde, sondern lediglich die Kraft der Natur und der sie leitenden Engel ausnütze.
Die jüngere Version bestätigt dies, allerdings nur bis zu einem bestimmten Punkt. Sie empfiehlt, keinen Schadzauber zu bewirken, böse Geister nicht anzurufen beziehungsweise nur im Zusammenhang mit einem Exorzismus zu nennen. Leider zieht das Grimoire keine eigentliche Grenze. An einer Stelle sagt es unverblümt, dass jeder Geist, auch der böse, seine bestimmte Aufgabe von Gott zugewiesen erhielt, also nichts anderes tue, als letztendlich Gottes Willen zu erfüllen.
Wobei jedoch auch diese Version vor der Anrufung der eigentlichen Höllenfürsten zurückschreckt. Sie werden zwar namentlich aufgelistet – Luzifer als König der Hölle, Belzebuth und Astaroth als Fürsten der Dunkelheit –, zusammen mit sieben weiteren höllischen Würdenträgern – Lucifugo, Satanakia, Agaliaretph, Fleurety, Sargatanan, Nebirus, Marbakes –, aber nicht beschworen. Vermutlich haben die letzten sieben eine Verbindung zu den Planeten, obwohl eine eindeutige Zuweisung nicht gegeben wird.
Jedoch muss ich hier einschränkend sagen, dass ich nicht für alle Claviculae-Versionen sprechen kann. Ein Buch mit dem Titel »Der Rote Drache« erwähnt eine Version der Claviculae, welche explizite Rituale für das Abschließen eines Teufelspaktes enthalte. Solche Anweisungen fehlen in beiden mir vorliegenden Versionen.
Bei allen Abweichungen sind sich diese beiden Versionen in Bezug auf einen Punkt wieder einig: über die Namen der Planetengeister. Sie lauten wie folgt:

Planet:	Geist:
Sonne	Ock / Och
Mond	Phul
Mars	Phaleg
Merkur	Ophiel
Jupiter	Bethor
Venus	Haegeth (bzw. Hagith)
Saturn	Aratron

Vermutlich haben die beiden Claviculae-Autoren in trauter Einigkeit aus dem Buch Arbatel kopiert, auf das wir als Nächstes eingehen werden.

Das Buch Arbatel

Viel Wind um nichts.

Das Buch Arbatel, mit dem Untertitel »Von der Magie der Alten«, lässt dem an der Magie Interessierten das Wasser im Munde zusammenlaufen. Hier ist es nicht einmal die moderne Reklame, welche es so anpreist, sondern die Einleitung des Buches selbst. Sie verspricht nämlich Unterweisungen in sämtlichen Formen der Magie: über

den Makrokosmos, die Planetengeister, die guten Geister, die Schutzgeister, die Geister der Gelehrsamkeit, böse Geister, heidnische Götter, sogar die göttliche Magie. Diese Einleitung besteht aus neunundvierzig Absätzen. Schon von der Zahlensymbolik gibt das Buch Arbatel sich somit als höchst erhabenes Werk zu verstehen: die Zahl Sieben, Zahl der alten Planeten und Lichter, wird mit sich selbst multipliziert, und die insgesamt neun Teile des Buches Arbatel wären eine Potenzierung der Drei, also der Zahl der Dreifaltigkeit.
Die Betonung liegt auf »wären«. Denn der Leser stellt bald fest, dass diese Versprechen nicht einmal annähernd erfüllt werden. Das Buch besteht lediglich aus den neunundvierzig Sprüchen der Einleitung. Experten sind der Meinung, dass es auch nie mehr umfasste, dass der Rest des Buches also nicht verlorenging, sondern gar nie existierte.
Hätte er je existiert, wäre das Buch Arbatel dem gleichen Zwiespalt wie viele andere Grimoires gegenübergestanden: seine Behauptung, dass es sich um eine von Gott erlaubte Form der Magie handle, mit der Tatsache, dass auch Geister angerufen werden, die sich von Gott losgesagt haben, zu vereinbaren. Das zumindest lässt sich aus einigen Andeutungen herauslesen.
Wenden wir uns nunmehr dem Text des Buches Arbatel zu.
Das erste Siebtel ist recht prosaisch. Es fordert zur Frömmigkeit auf und ermahnt den Aspiranten, das Gelernte ständig zu wiederholen. Am interessantesten ist noch de abschießende Satz des siebten Spruches: »Nicht uns, oh Herr, sondern Deinem Namen verleihe Ehre.« Dieser Satz war nämlich das Motto der Tempelritter, eines mittelalterlichen Kreuzritterordens, der im Jahre 1312 beim Konzil von Vienne aufgelöst wurde: weil ihm ketzerische und magische Praktiken unterstellt worden waren. Indem das Buch Arbatel diesen Satz aufgreift, erklärt es sich auf gewisse Weise mit den Templern solidarisch. Und mit dem sogenannten Grimoire des Armadel, das wir gleichfalls noch besprechen wollen.
Das zweite Siebtel stellt eine Hierarchie vor. Die höchste Weisheit besitze Gott. Von ihm ziehe sich eine Kette von den geistigen über die körperlichen Kreaturen bis hinunter zur Natur. In weiter Entfernung folgen die abtrünnigen Geister, die höllischen Geister sowie die Elementargeister. Diese Hierarchie ist insofern etwas unorthodox, weil es Gott als Bestandteil eines Systems sieht, das er selbst erschaffen hat. Eigentlich sollte er darüberstehen.
Daneben geht dieses zweite Siebtel auf die in der Magie verwendeten Zeichen und Worte ein. Sie entfalteten ihre Kraft nicht aus sich heraus, diese Kraft sei ihnen vielmehr von Gott verliehen worden. Das bedeutet, dass man Gott darum bitten kann. Gott, der uns sogar seinen Sohn geschenkt habe, werde nicht zögern, den Menschen auch die Herrschaft über seine Geschöpfe zu verleihen, wenn sie darum bitten. Gott habe den Engel Raphael zu Tobias und Gabriel zur Jungfrau Maria gesandt, er würde auch anderen Menschen auf eine Bitte hin einen Engel schicken. Unklar ist allerdings, warum das Buch Arbatel es nur wenige Sätze vorher als unerlässlich hinstellt, die Namen der Geister und ihre Aufgabe in Erfahrung zu bringen. Entweder die Hilfe der Engel ist ein weiteres Geschenk Gottes, oder aber man muss selbst das Nötige veranlassen.

Würde das Buch Arbatel sich auf die Planetenengel beziehen, wäre dies angesichts der abweichenden Listen recht schwierig. Zum Glück geht Arbatel bereits im dritten Siebtel von den bereits im letzten Kapitel genannten sieben Regenten aus, welche Gott über die Planeten gesetzt habe. Und diese kennen wir bereits. Dennoch wollen wir sie nachstehend nochmals wiederholen, mit einem Zusatz.

Arbatel hat nämlich verschiedenen Planetenfürsten jeweils eine Regierungszeit von 490 Jahren zugeteilt, also 7x7x10 Jahre:

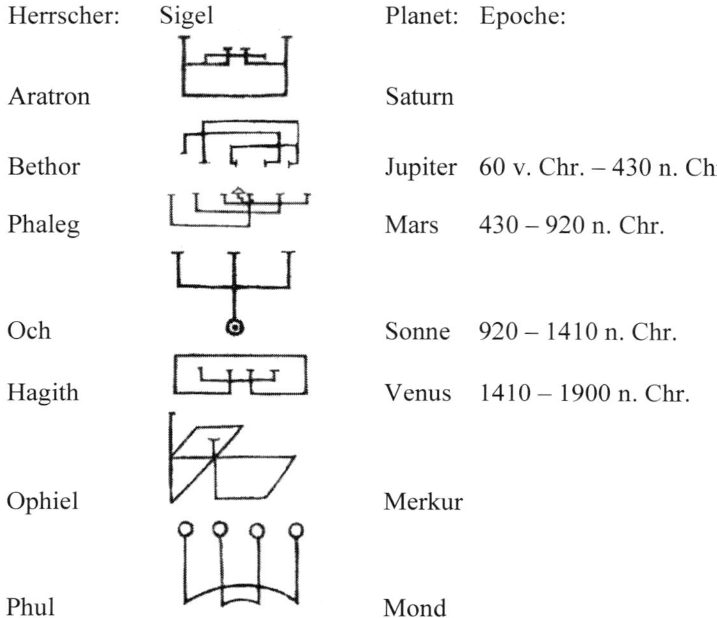

Herrscher:	Sigel	Planet:	Epoche:
Aratron		Saturn	
Bethor		Jupiter	60 v. Chr. – 430 n. Chr.
Phaleg		Mars	430 – 920 n. Chr.
Och		Sonne	920 – 1410 n. Chr.
Hagith		Venus	1410 – 1900 n. Chr.
Ophiel		Merkur	
Phul		Mond	

Die Zahlen für Bethor, Phaleg, Och und Hagith stammen aus dem Buch Arbatel. Zu den anderen Planeten macht es keine Angaben. Da es sich um eine fortlaufende Reihe handelt, können wir jedoch davon ausgehen, dass vor Bethor Aratron herrschte und nach Hagith Ophiel an der Reihe war, der Regent des Merkur. Angesichts der Bedeutung der Medien und der Kommunikationsmittel in unserer Zeit auf der einen Seite und der Funktion des Merkur als Götterbote auf der anderen im Prinzip sehr sinnig. Aber wer sich darauf verlässt, könnte eventuell Schiffbruch erleiden. Laut Eliphas Lévi kam nämlich der Abt Trithemius – wir kommen auf ihn in Kürze zurück – zu einem anderen Ergebnis. Seiner Theorie zufolge herrscht seit 1879 und für insgesamt 354 Jahre der Engel Michael.

Auf diese Planetenherrscher geht das Buch Arbatel im Einzelnen ein, auch auf ihre Zeichen. Da sie, wie die Namen, in allen Büchern übereinstimmen, habe ich eine entsprechende Abbildung aufgenommen.

Jeder dieser Geister hat laut Arbatel eine ganze Reihe anderer Geister unter sich, so dass ein ganzes Heer von Geistern um uns schwebt.

Nachdem Arbatel somit die Namen und die Funktion dieser Herrscher illustriert hat, relativiert das Buch diese Aussage prompt: Die Namen der olympischen Geister – und damit sind laut Einleitung die des Himmels beziehungsweise Firmaments gemeint – würden auf verschiedene Weise wiedergegeben, abgesehen davon seien sie sowieso nur etwa hundertvierzig Jahre lang wirksam. Es sei deshalb sicherer, die Namen zu ignorieren und sie nur über ihr Amt anzurufen.
Das bedeutet, dass der Leser all das mühsam Erlernte prompt wieder vergessen kann. Andererseits sagt ihm das Buch Arbatel nicht alles. Es macht ihn darauf aufmerksam, dass er die Geister an dem ihnen entsprechenden Tag rufen muss. Jedoch gibt Arbatel lediglich an, dass Aratron dem Samstag entspricht. Das bedeutet, dass Arbatel davon ausgeht, dass der Leser weiß, welcher Planet welchem Wochentag zugeordnet ist.
Von Bedeutung erscheint lediglich noch der Hinweis, dass der Geist nach der Anrufung wieder verabschiedet werden muss.

Ein Schritt vorwärts, zwei zurück

Je mehr Informationen, desto mehr Widersprüche.

Eine weitere bedeutsame Information dieses dritten Siebtels ist, dass man aus dem Mutterleib zur Magie geboren wird, wer sich selbst zum Magier machen möchte, der würde Schiffbruch erleiden.
Wobei jedoch diese Behauptung in einem gewissen Widerspruch zu vorher und nachher gemachten Aussagen steht. Das vierte Siebtel zählt nämlich mehrere Wege auf, um die Geheimnisse der Natur zu erfahren: 1. Gott darum bitten, 2. dazu geboren sein, wie Plato, Hermes Trismegistos, Homer, Pythagoras und andere, 3. harte Arbeit.
Zwischen diesen Alternativen schwankt auch der Rest des Buches Arbatel. Es ist nie ganz eindeutig, ob der Magier als solcher geboren wird, selbst durch unermüdlichen Eifer die notwendigen Voraussetzungen schaffen kann oder seine eigenen Bemühungen bei entsprechender Eignung von Gott unterstützt und belohnt werden. Arbatel legt sich hier genauso wenig fest wie im zweiten Siebtel in Bezug auf die Frage, ob man den Namen eines Geistes in Erfahrung bringen muss oder ob es genügt, sich auf die Großzügigkeit Gottes zu verlassen.
Daneben gibt dieses vierte Siebtel praktische Anweisungen zum Ziehen eines Kreises, mit dem die Geister beschworen werden. Hier führt Arbatel verschiedene andere magische Anweisungen ad absurdum: wenn man den festen Glauben habe, könne man sich alle Siegel etc. sparen, man könne auch den Geist in jeder beliebigen Sprache anrufen.
Diese Aussage wird im sechsten Siebtel prompt wieder zurückgenommen: konstellierte Worte, Siegel, Steine und gewisse Formeln hätten durchaus ihre Kraft. In diesem sechsten Siebtel wird auch den Dämonen eine gewisse Macht eingeräumt. Allerdings könnten sie nur infolge der Erlaubnis Gottes wirken. Jede Art von Magie stammt also im Prinzip von Gott, nur lässt dieser eventuell Böses zu. Später wird dem Magier sogar empfohlen, die Herkunft eines Geistes zu ignorieren, solange nur seine Eingebung der Ehre Gottes und dem Prinzip der Liebe zum Nächsten nicht zuwiderlaufe.

Dieses sechste Siebtel erläutert generell die verschiedenen Arten, die Magie einzuteilen. Die erste geht von einer Magie Gottes und einer Magie der Dämonen aus. Auch Letztere wird wieder unterteilt: Man könne diese zu bösen Zwecken ausnützen, aber auch Gutes damit tun. Damit widerspricht das Buch Arbatel den Lehren der Kirche, welche Magie jeglicher Couleur verurteilt und die Beschwörung böser Geister nicht einmal als Gegenzauber zulässt. Auch die weiteren Einteilungen untersuchen, mit welchen Mitteln und mit wessen Unterstützung der Magier arbeitet, und immer wieder muss der Leser zu dem Schluss kommen, dass die Kirche die entsprechende Vorgehensweise ablehnen würde, zum Beispiel die Anrufung der Elementargeister oder der heidnischen Götter. Dennoch nennt Arbatel diese im gleichen Atemzug mit der Magie, welche sich auf Gott beziehungsweise die Macht Jesu verlässt.

Vorwegnehmend möchte ich hier anmerken, dass sich die Kirche noch heute auf diese Art von »Magie« beruft: wenn es um die Anerkennung von Wundern geht.

In diesem Zusammenhang ist noch eine weitere Vorschrift des sechsten Siebtels interessant, welche vor dem Aberglauben warnt. Es sei nichts als Aberglaube, Dingen, in denen nichts Göttliches stecke, etwas Göttliches beizulegen. Genauso sei es Aberglaube, eigenmächtig religiöse Rituale abzuändern.

Diese Vorschrift könnte einen Seitenhieb auf katholische Praktiken enthalten. Denn im Laufe der Jahrhunderte hat die Kirche eine ganze Reihe von Gegenständen und Zeremonien eingeführt, welcher dieser Definition von Aberglauben entsprechen. Wir kommen auf dieses Thema noch in einem anderen Zusammenhang zurück.

Der Neuling könnte Gefahr laufen, das Buch Arbatel mit zwei anderen Büchern ähnlichen Inhalts und mit einem ähnlichen Titel zu verwechseln: dem Grimoire des Armadel und dem Buch von Abramelin.[43] Auf Ersteres wollen wir als Nächstes eingehen. Aus gutem Grund werden wir jedoch vorher noch die bereits mehrfach angesprochenen Abweichungen in der Liste der Planetenengel besprechen: weil das Buch Armadel einen weiteren Grund für diese liefern könnte.

Planetenengel, farblich sortiert?

Wie können die Grimoires verlangen, dass man ihre Anweisungen buchstabengetreu befolgt, wenn sie nicht einmal in sich einig sind?

Stellen wir hierzu die beiden besprochenen Claviculae-Versionen und das Grimoire des Honorius einander gegenüber und vergleichen wir sie mit verschiedenen Kommentatoren. Die erste Spalte gibt die Claviculae des Jahre 1721 wieder, die nächsten beiden Spalten entsprechen zwei verschiedenen Aufstellungen aus den Claviculae von 1641. Wie gesagt ist dieses Buch nicht einmal in sich einheitlich. Angesichts der Tatsache, dass alle Grimoires betonen, wie wichtig eine genaue Einhaltung des Rituals bei der magischen Praxis ist, mögen diese Abweichungen erstaunen. Die vierte Spalte entspricht der Aufstellung im Honorius-Grimoire.

---

[43] Genauso wenig sollte man es mit dem Begriff Almadel verwechseln. So wird in der Geomantie das Tablett mit Sand genannt, in das die Punkte beziehungsweise Striche aufgezeichnet werden.

Planet:	Claviculae 1721:	1641 A:	1641 B:	Grimoire des Honorius:
Saturn	Cassiel	Cassiel	Zaphkiel	Caphriel
Jupiter	Takiel	Sacquiel	Zadkiel	Sachiel
Mars	Samael	Samael	Gamaliel	Samael
Sonne	Michael	Anael	Raphael	Michael
Venus	Anael	Raphael	Haniel	Anael
Merkur	Raphael	Michael	Michael	Raphael
Mond	Gabriel	Gabriel	Gabriel	Gabriel

Der Leser stellt fest, dass die Liste des Honorius der des Heptameron entspricht, mit einer kleinen Abweichung (Caphriel anstatt Cassiel).

Athanasius Kircher gibt, mit kleineren Abweichungen (Chamael statt Samael, Zadykiel statt Zadkiel, Hamiel statt Haniel) 1641 A wieder.

Israel Regardie, ein bekannter Mager der ersten Hälfte des 20. Jahrhunderts, hat die Liste 1641 B übernommen, mit der Abweichung, dass er Gamaliel zu Kamael abwandelt.

Der bereits mehrfach erwähnte Eliphas Lévi, einer der berühmtesten Okkultisten des 19. Jahrhunderts – wir kommen auf ihn noch zurück –, stimmt im Großen und Ganzen der Liste von 1721 beziehungsweise des Honorius zu, wenn er auch Takiel einmal zu Saquiel und einmal zu Zachariel macht und neben Cassiel auch Oriphiel schreibt.

Sein Kollege Papus steuert einen mittleren Kurs, indem er von oberen und unteren Planetenengeln ausgeht. Sein Ergebnis sieht wie folgt aus:

Planet:	oberer /	unterer Planetenengel:
Saturn	Zaphkiel	Cassiel
Jupiter	Zadkiel	Tachiel
Mars	Samael	Samael
Sonne	Michael	Michael
Venus	Haniel	Anael
Merkur	Raphael	Raphael
Mond	Gabriel	Gabriel

Manche Abweichungen könnte man auf Unachtsamkeit bei der Übertragung schieben. Schließlich empfehlen die Grimoires dem Magier, zwecks besserer Wirksamkeit den Text eigenhändig zu kopieren. Logisch, dass dabei leicht aus Takiel Zadkiel und aus Anael Haniel wird.

Andere Abweichungen sind gravierender. So stellt sich die Frage, ob Samael lediglich eine falsche Übertragung oder falsche Interpretation von Kamael beziehungsweise Gamaliel ist – zum Beispiel weil das Original mit dem Buchstaben C begann. Die andere Möglichkeit wäre nämlich, dass ein Kopist das etwas anrüchige Samael entschärfen wollte. Denn Samael ist in manchen Schriften, so in der Kabbala, eine Bezeichnung für den Teufel und dürfte somit in einer Liste von Engeln nichts verloren haben.

Genauso ist offensichtlich, dass in Bezug auf die Sonne, den Merkur und die Venus echte Differenzen vorliegen.

Der französischer Magier Pierre Vincent Piobb (1874-1942) hält die Liste 1641 B für falsch, wenn er auch zugibt, dass sie bis auf Agrippa von Nettesheim (1486-1535) zurückgeführt werden kann. Er geht davon aus, dass Agrippa bewusst Fehler in sein Werk einbaute, um die Kunst der Magie vor übereifrigen, aber unbedarften Enthusiasten zu schützen. Nur wer sich in das Thema vertieft habe und solche Fehler erkenne, sollte seine Schriften verstehen.[44] Piobb kam zum gleichen Ergebnis wie Lévi.

Ich persönlich neige der Meinung von Piobb zu: weil ich davon ausgehe, dass die Zuweisung logisch und sinnvoll sein muss. So ist die Verbindung zwischen dem Mond und Gabriel einleuchtend. Der Engel Gabriel überbrachte der Jungfrau Maria die Nachricht, dass Gott sie zur Mutter seines Sohnes ausersehen habe (Lk 11:26). Da sie gerne auf einer Mondsichel stehend dargestellt wird, bietet sich die Verbindung zwischen Gabriel und dem Mond an. Und eine ähnliche Verbindung drängt sich auch zwischen Merkur und Raphael auf. Wir haben besprochen, dass Merkur der Götterbote ist, ständig unterwegs, und somit der Patron all derjenigen, die gleichfalls in steter Bewegung sind, so der Händler und Diebe. Im Buch Tobias, für die Katholiken ein Teil der Bibel, hat der Engel Raphael eine ähnliche Funktion: Er begleitet den jungen Tobias bei einer Reise. Was läge näher, als Merkur und Raphael zu verbinden? Michael hingegen, der Anführer der Engel, die Gott treu blieben (Jud 9), eignet sich hervorragend als Engel der Sonne, des strahlendsten Gestirns.

Aber, wie bereits im Zusammenhang mit dem Heptameron besprochen, nennen die kanonischen Bücher der Heiligen Schrift nur diese drei Erzengel. Lediglich das nichtkanonische Buch Henoch bringt weitere. Nur stimmen diese nicht mit denen der Grimoires überein.

Woher kamen also die übrigen Namen? Diese Frage führt uns zurück zu dem Thema, das wir weiter oben bereits angesprochen haben: dem Grimoire des Armadel.

Das Grimoire des Armadel

Planetenengel en gros.

Dieses Grimoire des Armadel führt uns auf der anderen Seite wieder zurück zu den Claviculae. Denn sein voller Titel lautet »Die wahren Schlüssel König Salomons«, Armadel sei lediglich der Name des Verfassers. »Claviculae«, so haben wir gesehen, heißt Schlüssel. Das Buch Armadel ist somit nichts anderes als eine weitere Version der Claviculae. Nur hat es durchaus seinen Grund, dass es mit diesen nicht in einem Atemzug genannt wird und unter einem ganz anderen Namen berühmt wurde. Der Aufbau ist nämlich völlig anders.

Wobei auch Armadel von der Beschwörung von Geistern über ihre Talismane beziehungsweise Siegel spricht. Es erfolgen zwar keine detaillierten, aber dafür fundamentale Anweisungen zur Vorgehensweise, von der Vorbereitung bis zur abschließenden Entlassung der Geister. Allerdings scheint das Buch in Bezug auf

---

44 Diese Theorie hat etwas für sich. Picatrix zählt an einer Stelle die arabischen Namen der sieben Planeten auf, gefolgt von ihren Zeichen und den Planetenengeln. Nur stimmt die Reihenfolge nicht überein.

diese wenig zu differenzieren. Die Geister werden einer nach dem anderen genannt. Es erfolgt keine konkrete Zuweisung zu Planeten oder Wochentagen. Manche Namen wiederholen sich, weil die entsprechende Wesenheit zu unterschiedlichen Zwecken angerufen werden kann, bisweilen wird ein bestimmter Tag beziehungsweise Zeitpunkt als ideal für die Anrufung bezeichnet, jedoch nicht in systematischer Weise. Aber wenn wir die genannten Wesenheiten untersuchen, so stellen wir fest, dass Armadel in der Tat hinter allen späteren Veröffentlichungen stehen könnte. Diese These wird durch sein Alter bestätigt. Armadel lässt sich nämlich bis ins frühe 13. Jh. zurückführen. Die älteste Kopie stammt aus England und wurde auf das Jahr 1202 datiert. Wie bereits weiter vorne angedeutet, zitiert auch Armadel das Motto der Templer: »Nicht uns, oh Herr, sondern Deinem Namen verleihe Ehre.« Zu dieser Zeit kein Anachronismus und auch nichts Anrüchiges: Der Orden hatte damals den Höhepunkt seiner Macht erreicht. Angesichts der Vergleiche, welche zwischen den Templern als Miliz Christi und dem 1534 gegründeten Jesuitenorden gezogen werden, mutet es als geradezu prophetisch an, dass Armadel auch das Motto der Jesuiten zitiert, »Ad maiorem Dei gloriam«, zum höheren Ruhm Gottes.
Am besten illustriert wird diese These, dass Armadel hinter späteren Grimoires stehen könnte, wenn wir die Auflistung der Engelsnamen vergleichen. Nachstehend finden Sie die Engelsnamen, in der Reihenfolge, wie sie von Armadel genannt werden. Die gemeinsam genannten gehören laut Text zusammen. Die Zahlen beziehen sich auf die untenstehenden Anmerkungen, »WH« bedeutet »Wiederholung«:
Zadkiel (3, 4), Thavael (4), Caphael (4), Samael (3, 5), Uriel (1), Michael (1), Gabriel (1), Raphael (1), Hetael (4), Vau-ael (4), Zainel (4), Hethatia (4), Tetahatia (4), Alepta (4), Betel (4), Gimela (4), Dalete (4), Phalet (2?), Samael (WH), Camael (3), Haniel (1, 3), Anael (3), Ophiel (2), Asmodeus (5) und Leviathan (5), Hemostophile, Brufor, Laune und Betor, Zadkiel (WH) und Sachiel (3), Phul (2) und Gabriel (WH), Aratron (2), Luzifer (5), Belcebu (5), Astaroth (5), Zaphkiel (3), Och (2), Gabriel (WH), Michael (WH), Cassiel (3).
(1) Es werden die drei biblischen Erzengel genannt: Michael, Gabriel, Raphael. Zwei weitere Namen, Haniel und Uriel, stammen aus dem Buch Henoch.
(2) Es tauchen die Namen von Planetenregenten auf: Bethor, Phul, Ophiel, Och, Aratron. Hagith und Phaleg fehlen. Allerdings könnte Phalet für Phaleg stehen.
(3) Einige Namen finden sich, neben den Erzengeln, in verschiedenen Listen von Planetenengeln wieder: Zadkiel, Samael, Camael, Haniel, Anael, Sachiel, Zaphkiel, Cassiel.
(4) Namen, welche offensichtlich mit hebräischen Buchstaben in Verbindung stehen (diese stehen jeweils in Klammer): Zadkiel (Zade), Thavael (Taw), Caphael (Kaf), Hetael (He), Vau-ael (Waw), Zainel (Sajin), Hethatia (Chet), Tetahatia (Tet), Alepta (Alef), Bethel (Bet), Gimela (Gimel), Dalete (Dalet).
(5) offensichtliche Teufelsnamen: Samael, Asmodeus, Leviathan, Luzifer, Belzebu, Astaroth.
Damit wirft das Buch Arbatel unsere schöne Theorie, dass es eine relativ einheitliche und kurze Liste von Planetenengeln gibt, deren Namen nur bisweilen etwas verstümmelt wiedergegeben wurden, auf einen Schlag um. Samael und Camael sind

laut Arbatel nicht zwei verschiedene Schreibweisen für ein und dieselbe Wesenheit, sondern zwei verschiedene Geister. Das Gleiche gilt für Haniel und Anael beziehungsweise Zadkiel, Sachiel und Zaphkiel. Das bedeutet, dass die voneinander abweichenden Listen völlig andere Wesenheiten nennen.
Es wird immer unmöglicher, die Warnung der Grimoires zu beherzigen, keinesfalls an den Namen etwas zu ändern.

Die Geist-Kunst (Offenbarung Salomons) – Ars Notoria

Warum die Stärkung des Gedächtnisses Frevel sein kann.

Die Ars Notoria, wörtlich »Kunst der Zeichen« (»notae«), ist, wie der Name besagt, eigentlich kein Buch, sondern ein System. Zweck dieses Systems war es, Wissen zu erlangen. Aber nicht alle Bücher, welche im Prinzip zu diesem System gehören, geben dies unumwunden zu. So gibt Johannes von Morigny, der Autor eines Anfang des 14. Jahrhunderts in England verfassten »Buches der Visionen« an, er habe sich zwar früher mit der Ars Notoria beschäftigt, aber in diesem »Buch der Visionen« gehe es ihm um die Beschreibung einer Erscheinung der Jungfrau Maria.
Allerdings handeln diese Visionen von Gebeten, um die Kenntnis der sogenannten sieben freien Künste (Grammatik, Dialektik, Rhetorik, Musik, Geometrie, Astronomie, Arithmetik) zu erwerben. Und genau der Teil des Buches, in dem der Autor von der Erscheinung berichtet, ähnelt am meisten der Ars Notoria. Sprich: »Das Buch der Visionen« ist trotz seiner gegenteiligen Beteuerungen nichts anderes als eine weitere Version der Ars Notoria.
Und diese hatten verschiedene Koryphäen der Kirche beziehungsweise der Wissenschaft als abergläubische Praxis verurteilt, darunter Michael Scotus, Thomas von Aquin und Peter von Abano. Was vermutlich wiederum der Grund dafür war, dass Johannes von Morigny sich davon zu distanzieren versuchte. Auf den ersten Blick mag diese Verurteilung der Ars Notoria erstaunen. Was hatten diese Gelehrten gegen Wissen einzuwenden? Es handelte sich nicht einmal um verbotenes Wissen. Die sieben freien Künste wurden in den Klosterschulen gelehrt. Warum sollte es also verwerflich sein, dieses Wissen durch Gebete zu erlangen? Und nebenbei sein Gedächtnis zu stärken und Beredsamkeit zu erlangen?
Das grundlegende Problem war die Art und Weise, wie die Ars Notoria vorging. Es beginnt damit, dass diese Gebete an bestimmte Mondphasen gebunden sind und somit offensichtlich astrologisch beeinflusst werden sollen. Auch sind sie nur im Zusammenhang mit den »notae«, Zeichnungen, wirksam, denen die Ars Notoria ihren Namen verdankt. Daneben benützten verschiedene Versionen der Ars Notoria »verba ignota«, Worte von obskurer Bedeutung und unbekannten Ursprungs, um ihr Ziel zu erreichen.
Hinzu kam, dass zumindest manche Bücher der Ars Notoria den Untertitel »Offenbarung Salomons« mit mehr Berechtigung trugen als verschiedene andere Werke: weil die Ars Notoria von der jüdischen Kabbala beeinflusst war. Eine Ausgabe des sogenannten »Liber sacer«, des »Heiligen Buches«, einem gewissen

Honorius von Theben zugeschrieben, benützt sogar den hebräischen Ausdruck für den nicht auszusprechenden Namen Gottes, Schemhamphoras.
Dieses Liber sacer war trotz seines Namens das verrufenste der Ars-Notoria-Traktate. Das erkennt man daran, dass nur mehr sechs Exemplare erhalten sind, auf verschiedene Bibliotheken verstreut, und keines vollständig ist. Bei einem Buch, das bereits im 13. Jahrhundert erwähnt wird und das noch im 17. Jahrhundert verbreitet war – John Dee[45] habe es in seiner Bibliothek gehabt –, ist dies erstaunlich.
Nur ist unschwer zu verstehen, warum es solchen Anstoß erregte. Der besagte Honorius drehte nämlich den Spieß des kirchlicherseits gegen die Ars Notoria geäußerten Verdachts, dass es sich um unerlaubte magische Praktiken und dämonische Einflüsse handle, kurzerhand um. Die Beschwörung von Geistern sei eine legitime Sache und zum Nutzen und Frommen des Menschen, der sich dadurch keinesfalls diesen Geistern unterwerfen würde. Es sei vielmehr das Vorgehen der Kirche gegen die Magie, welches von den Dämonen gesteuert werde. Die Tatsache, dass dieses Liber sacer von einem Kleriker stammen musste – es verrät eine tiefgehende Kenntnis der Liturgie der Kirche –, war dazu geneigt, es noch verdächtiger erscheinen zu lassen. Auch in seiner Absicht ging das Liber sacer über andere Bücher seiner Art hinaus. Es begnügte sich nicht mit dem Erwerb von Wissen, sondern zielte auf die Schau Gottes selbst ab.
Bestimmt färbte der schlechte Ruf des Liber sacer auf die anderen Bücher zur Ars Notoria ab. Aber natürlich galten nicht alle als so gefährlich, wenn die Ars Notoria auch generell zu den abergläubischen Praktiken gezählt wurde. Auch lag die eigentliche Gefahr nicht einmal in dem Punkt, der Thomas von Aquin dazu veranlasste, die Ars Notoria zu verurteilen: weil sie unbekannte Wesenheiten beschwöre.
Der Grund für die Ablehnung der Ars Notoria war vielmehr ihr hintergründiger Zweck. Die Erlangung von Wissen war nämlich lediglich die Art, wie diese Absicht sich auswirkte. Das Ziel der Ars Notoria war die Überwindung des Sündenfalls. Dieser habe die Menschheit ihres Gedächtnisses beraubt. Der christlichen Lehre zufolge musste Jesus am Kreuz sterben, um die Folgen dieses Sündenfalls für die Menschen rückgängig zu machen. Es ist unschwer einzusehen, dass die Kirche nicht zusehen konnte, wie die Vertreter der Ars Notoria dies auf eigene Faust versuchten. Mit dem gleichen Argument, dass es nicht statthaft sei, als Mensch die Folgen des Sündenfalls zu überwinden, wurde noch Königin Viktoria von England (1819-1901) angegriffen, als sie sich bei ihrer Niederkunft 1853 das kurz zuvor entdeckte Chloroform verabreichen ließ. In der Bibel stehe, dass eine Frau aufgrund des Sündenfalls in Schmerzen ihre Kinder gebären solle (Gen 3:16), und daran zu rütteln sei Frevel.
Bezeichnend ist, dass einer der eifrigsten Apologeten der Ars Notoria, der selbst entsprechende »notae« erfunden hatte, Giordano Bruno war (1548-1600). Dieser wurde von der Kirche als Ketzer verbrannt, obwohl er die Priesterweihe empfangen hatte. Natürlich erfolgte seine Verurteilung nicht aufgrund der Ars Notoria. Dennoch

[45] Er starb 1608. Wir kommen auf ihn noch zurück.

ist es symptomatisch, wie eng die Ars Notoria hier mit einem anerkannten Ketzer liiert ist.
Merken wir uns diesen Zusammenhang der Ars Notoria und letztendlich der Magie mit dem Sündenfall beziehungsweise seiner Überwindung. Wir kommen in einem anderen Zusammenhang noch darauf zurück.

Albert der Große

Ein Heiliger als Taufpate für magische Bücher?

Der Titel des »Großen Albert« ist im Prinzip ein Wortspiel: weil der Mann, dem dieses Buch zugeschrieben wird, Albert von Lauingen, als »Albertus Magnus«, Albert der Große, bezeichnet wird. Jedoch erweitern manche dieses Wortspiel dahingehend, dass sie fragen, ob nicht bereits dieser Name ein Wortspiel darstelle, ob es nicht ursprünglich »Albertus Magus« hieß: Albert der Magier.
Wie kam Albert von Lauingen zu dieser Bezeichnung? Schließlich handelte es sich um einen Dominikanermönch, geboren vermutlich 1205,[46] gestorben 1280, seliggesprochen 1637, kanonisiert 1931, Lehrer von Thomas von Aquin (1226-1274), gleichfalls heiliggesprochen. Nur haben wir bereits im Zusammenhang mit Giordano Bruno konstatieren müssen, dass die Mitgliedschaft in einem kirchlichen Orden nicht unbedingt vor dem Verdacht des Ketzertums schützte.
Bei genauerer Untersuchung stellt man bereits in der Biographie Alberts verdächtige Hinweise fest. So habe er sich schon als Jugendlicher für die Natur interessiert. Nachdem er 1222 seine Studien in Padua beendet hatte, trat er 1223 in den Orden der Dominikaner ein und begann ein Theologiestudium.
Allerdings tat er sich dabei ursprünglich nicht sehr hervor. Er muss solche Schwierigkeiten mit dem Lehrstoff gehabt haben, dass er bereits kurz davor stand, das Unternehmen wieder aufzugeben. Nur erschien ihm in diesem entscheidenden Moment im Traum die Jungfrau Maria, welche ihm auf seine Bitten hin das nötige intellektuelle Rüstzeug verlieh. Wir sehen hier deutliche Anklänge an Salomon und seine sprichwörtlich gewordene Weisheit – und an die Ars Notoria, speziell »Das Buch der Visionen«. Ab diesem Moment habe Albert seine Umgebung durch sein Gedächtnis und seine Sprachgewandtheit beeindruckt.
Er zeigte sich so begabt, dass er unmittelbar nach Abschluss seines Theologiestudiums im Jahre 1234 selbst Dozent für seinen Orden wurde. Albert galt als einer der brillantesten Köpfe seiner Epoche. Er stieg bis zum Bischof auf, beschäftigte sich innerhalb seines Ordens mit Verwaltungsaufgaben und wurde in der Politik als Schiedsrichter angerufen. Aber seine wahre Liebe galt nach wie vor der Wissenschaft. Er war ständig bemüht, dazuzulernen und das Gelernte weiterzugeben. Sein Privatvermögen erlaubt ihm die Anschaffung von Apparaten für wissenschaftliche Experimente.

---

[46] Es gibt Quellen, die behaupten, er sei 1193 geboren worden. Nur ist dies schwer zu vereinbaren mit der Tatsache, dass er seine Studien 1222 beendet haben soll. Das Universitätsstudium begann damals wesentlich früher und war auch früher beendet. Ewige Studenten, die erst nach zwanzig Jahren ihr Examen ablegten, gab es damals nicht.

Seine Kurse in Paris waren so populär, dass er sie ins Freie verlegen musste, auf die nach ihm benannte Place Maubert.[47] Bestimmt spielte dabei die Tatsache mit, dass er es wagte, die Lehren des griechischen Philosophen Aristoteles (384-322 v. Chr.) zu verbreiten. Das hatte nämlich ein Konzil gerade in Paris 1210 verboten, und das Verbotene reizt immer.

Als Albert 1280 nach längerer Krankheit starb, hinterließ er ein ungeheuer umfangreiches Werk. Die von ihm bearbeiteten Themen erstreckten sich von der Theologie über die Philosophie und die Naturwissenschaften bis zur Magie. Nicht alle Schriften sind erhalten. Die Ergebnisse seiner mathematischen Forschungen seien verschwunden. Das lässt die Vermutung zu, dass damit eventuell astrologische Studien gemeint waren. Denn, wie bereits einmal angedeutet, Mathematik und Astrologie waren damals Synonyme.

Das war bestimmt einer der Gründe, warum Albert schon bald als Magier betrachtet wurde. Dieser Ruf sorgte dafür, dass seine Biographie prompt entsprechend ausgeschmückt wurde. Einer Anekdote zufolge habe er 1249 vor dem Kaiser mitten im Winter einen sommerlichen Garten erblühen lassen. Natürlich könnte man diese Geschichte für apokryph halten. Aber sie kann schriftlich bis ins Jahr 1320 zurückgeführt werden, existierte also bereits vierzig Jahre nach seinem Tod. Genau der gleiche Zeitraum, nämlich etwa vierzig Jahre, liegt zwischen dem Tod Jesu und der Abfassung der ersten Evangelien.

Die Geschichte, dass Albert einen sprechenden Kopf aus Metall besaß, den sein Schüler Thomas von Aquin als Teufelswerk vernichtete, ist hingegen relativ neu. Albert soll mit Dampfkraft gearbeitet haben; vielleicht hatte er tatsächlich einen beweglichen Apparat konstruiert, welcher zu der Legende Anlass gab. Vielleicht ist dieser Kopf auch lediglich eine falsche Interpretation von »Caput mortuum«, dem »Totenkopf« der Alchemie: der ersten Stufe des Großen Werkes zur Herstellung des Steins der Weisen, der den Alterungsprozess aufhalten und unedle Metalle in Gold verwandeln soll.

Noch ein weiterer Punkt machte Albert suspekt. Seine intellektuellen Fähigkeiten, welche jahrzehntelang seine Umgebung verblüfft hatten, sollten ihn auf einen Schlag wieder verlassen, genauso überraschend, wie sie sich einst manifestiert hatten. Er verlor im Jahre 1279 mitten in einer Vorlesung das Gedächtnis und verbrachte das Jahr, das er noch leben sollte, in einer Art Dämmerzustand. Kein Wunder, dass sich daraufhin das Gerücht verbreitete, er habe seine Seele dem Teufel verschrieben gehabt und dieser habe ihn auch prompt nach Ablauf der vereinbarten Zeit geholt.

---

[47] Manche interpretieren den Namen dieses Platzes als Zusammenziehung von »Mauvais Albert«, dem »bösen Albert«, und als Hinweis auf seinen schlechten Ruf: als Magier.

Der »Große« und der »Kleine Albert«

Dem modernen Leser dieser Bücher erscheinen die darin enthaltenen »Geheimnisse« reichlich banal. Warum standen sie einerseits auf dem Index und erfreuten sich andererseits jahrhundertelang solcher Beliebtheit?

Genauso wie der Ruf Alberts als Magier lässt sich auch der ihm zugeschriebene sogenannte »Große Albert« zumindest teilweise zurückführen bis ins 13. Jahrhundert. Von seiner Popularität zeugt, dass er nach der Erfindung des Buchdrucks, also nach 1450, umgehend vom Lateinischen auch in andere Sprachen übersetzt und weiter verbreitet wurde.

Speziell die kirchlichen Biographen Alberts wehren sich vehement gegen die Zumutung, dass Albert für Texte dieser Art verantwortlich gemacht werde. Jedoch ist unbestreitbar, dass zumindest ein Teil von Buch II – es trägt den Titel »Liber Aggregationis«, Zusammenfassung –, nämlich die Eigenschaften bestimmter Steine, sich in leicht abgewandelter Form tatsächlich in seinen authentischen Werken wiederfindet. Auch die anderen Teile des »Liber Aggregationis«, die Eigenschaften von Pflanzen und Tieren, sind höchstwahrscheinlich auf eine von Albert zumindest eigenhändig begonnene Kompilation zurückzuführen. Die Bücher III und IV des »Großen Albert« stellen eine Sammlung von Ratschlägen aus allen möglichen Bereichen und magischen Tipps dar. Diese erstrecken sich von der Pflege von Metallen über den Einsatz von Exkrementen in der Medizin, der Zusammenstellung von Planetenduftstoffen und der Herstellung der berüchtigten »Ruhmeshand«[48] bis zur Charakterkunde anhand des Körperbaus. Ratschläge dieser Art tauchten damals in allen möglichen Traktaten auf und lassen sich teilweise zurückführen bis auf den römischen Autoren Plinius Secundus und somit das 1. Jahrhundert n. Chr.

Aber der umstrittenste Teil des »Großen Albert« ist Buch I, genannt »Frauengeheimnisse«. Dieses Buch setzte die katholische Kirche 1604 auf den beim Konzil von Trient und somit weniger als zwei Generationen vorher eingeführten Index verbotener Bücher. Und genau dieses Buch gehört zu den ältesten Passagen des »Großen Albert«. Wie das »Liber Aggregationis« lässt er sich zurückführen bis Anfang des 14. beziehungsweise sogar Ende des 13. Jahrhunderts.

Die anderen Teile durften nach wie vor veröffentlicht werden. In den Ländern, welche die Autorität des Papstes nicht anerkannten, wurde der »Große Albert« weiterhin vollständig gedruckt – und bisweilen heimlich in die Länder geschmuggelt, in denen Bücher auf dem Index tatsächlich nicht gedruckt werden durften. Die »Frauengeheimnisse« des »Großen Albert« waren nicht der einzige Text, welcher unter der Hand verbreitet wurde. Französische Buchhändler ließen eine ganze Reihe von Büchern im Ausland herstellen und dann heimlich nach Frankreich schaffen.

---

[48] Die Ruhmeshand war die abgeschnittene Hand eines Gehenkten. Man musste sie auf bestimmte Weise trocknen und eine aus dem Leichenfett des Gehenkten hergestellte Kerze in sie stecken. Solange diese Kerze brannte, sollten sich die Menschen in der Umgebung – außer denen, welche für den Zauber verantwortlich waren – nicht bewegen können. Diese Hand war deshalb bei Einbrechern sehr beliebt.

Als die Zensur 1759 in Frankreich aufgehoben worden war, entstanden auch hier prompt wieder vollständige Ausgaben des »Großen Albert«. Von der Popularität des »Großen Albert« zeugt weiterhin, dass der Titel umgehend von neueren Autoren usurpiert wurde, welche Schriften ähnlichen Inhalts unter dieser Bezeichnung herausbrachten.

Ein weiterer Effekt dieser Beliebtheit war, dass eine Art Folgeband vorgestellt wurde, genannt »Der Kleine Albert«. Dieser Text berief sich auf das Manuskript eines gewissen Albertus Parvus Lucius – Albertus Parvus heißt in der Tat »Kleiner Albert«. Nur handelte es sich dabei um keinen sehr originellen Text, sondern wiederum eine Sammlung magischer Rezepte, aus verschiedenen Quellen. So können Teile auf Paracelsus und Agrippa von Nettesheim zurückgeführt werden. Zudem enthalten nicht alle Ausgaben die gleichen Texte.

Die älteste erhaltene gedruckte Ausgabe des »Kleinen Albert« stammt aus dem Jahre 1706. Mitte des 19. Jahrhunderts hatten sich »Kleiner« und »Großer Albert« einander in der öffentlichen Meinung so angenähert, dass sie nunmehr gemeinsam herausgegeben wurden.

Dem modernen Leser erscheinen die »Geheimnisse« des »Großen« und »Kleinen Albert« mit Sicherheit banal. Vielleicht fragt er sich sogar, warum Teile hiervon zeitweise auf dem Index standen – und worin andererseits die jahrhundertelange Anziehungskraft dieser Bücher liegt. Die Antwort ist in beiden Fällen die gleiche. So primitiv und abergläubisch und irrational die »Frauengeheimnisse« uns heute erscheinen mögen, sie vermittelten damals Wissen über ein Thema, das tabu war: Zeugung, Schwangerschaft und Geburt. Und wenn Hausierer mit den anderen Rezepten und sogenannten Geheimnissen noch bis ins 19. Jahrhundert auf dem Land gute Geschäfte machten, dann eben deshalb, weil den Menschen keine besseren Informationen zur Verfügung standen. Solche Bücher gaben ihnen das Gefühl, ihr Schicksal wenigstens einigermaßen in der Hand zu haben. Autoren, welche das Leben der französischen Landbevölkerung kurz vor und nach dem Ersten Weltkrieg schildern, berichten, wie ihre Besitzer diese Bücher in Ehren hielten, als ob sie bereits Fetischcharakter angenommen hätten.

Weitere Zauberbücher

Je komplizierter, desto besser?

Man könnte noch weitere Grimoires besprechen. So den sogenannten »Kleineren Schlüssel Salomoni«, auch »Lemegeton« genannt. Der Name ist etwas irreführend, schließlich bedeutet »Clavicula« gleichfalls »Schlüsselchen«. Insofern wäre das Lemegeton lediglich eine weitere Version der Claviculae. Dieses Buch wird auch schlicht als »Goetia« bezeichnet, was jedoch nicht zutreffend ist, da dieses Wort eigentlich eine generische Bezeichnung für dunkle Magie ist.

Das Lemegeton liefert eine Aufstellung von zweiundsiebzig Geistern, eventuell Halbdekane,[49] welche schon von Salomon angerufen worden seien. Jeder von ihnen

[49] Also Herrscher über jeweils 5 Grade des Zodiakkreises von 360 Grad.

hat ein bestimmtes Siegel. Jedoch ging dem Verfasser offensichtlich aufgrund der Fülle von Namen der Stoff aus. Die Beschreibungen, auf was sich jeder einzelne Geist spezialisiert hat, ufern völlig aus. Die Geister, die zum Beispiel für Liebesbelange zuständig sind, haben noch eine ganze Reihe weiterer Funktionen. Bestimmt hatte mancher Ratsuchende die Qual der Wahl, weil er nicht wusste, wo er sein Anliegen vorbringen sollte. Und wenn er glaubte, bei den zehn Gottesnamen Zuflucht finden zu können, so stellte er fest, dass diese zwar denen in anderen Grimoires ähneln, aber nicht hundertprozentig übereinstimmen: Adonai, El, Elohim, Elohi, Ehyeh Ascher Ehye, Zabaoth, Elion, Iah, Tetragrammaton, Schaddai.

Es verbliebe die Möglichkeit, die Geister selbst um die nötige Erkenntnis zu bitten. Nur haben sie die verschiedenen Bereiche des Wissens so untereinander aufgeteilt, dass es auch hier schwierig sein dürfte, den Zuständigen zu finden. Was für einen Sinn hat es, auf magische Weise Probleme lösen zu wollen, wenn man wie bei einer Behörde von einem Schalter zum anderen geschickt wird?

Ein weiteres bekanntes Buch ist das von Abramelin dem Magier. Es soll die Kommunikation mit dem eigenen Schutzengel vermitteln. Nur scheint dies eine recht komplizierte Angelegenheit zu sein. Abramelin schreibt jeden einzelnen Schritt bis ins Detail vor. Die Vorbereitungen erfordern zudem einen großen Aufwand an Zeit. Genauso ist offensichtlich, dass der Text, der aus dem 15. Jahrhundert stammen soll, von späteren Einschüben durchsetzt ist.

Wenn Abramelin überhaupt diesen Bekanntheitsgrad hat, dann dank der Übersetzung von Samuel Liddell MacGregor Mathers ins Englische. Die meisten, wenn nicht alle heute umlaufenden Texte berufen sich auf ihn. Er war der Mitbegründer und Leiter der Golden Dawn, auf die wir bereits im Zusammenhang mit dem Tarot zu sprechen gekommen sind: weil die Interpretation der Golden Dawn von der von Papus abweicht. Nur habe ich erläutert, warum ich der Interpretation der Golden Dawn nicht zustimme: weil sie weniger überzeugend als die von Papus ist.

Auch das Buch Abramelin überzeugt mich nicht. Ich bin nicht die Einzige. Die Versuchung ist groß, die komplizierten Anweisungen zu umgehen und direkten Kontakt über ein Medium zu suchen.

Und der Teufelspakt?

Die Grimoires beschreiben die Bedingungen für die Beschwörungen von Geistern, erwähnen aber keinen Pakt mit ihnen.

Damit sind wir am Ende unserer Liste mit den wichtigsten Grimoires angelangt.

Angesichts der Bedeutung, welche der Teufelspakt während der Hexenverfolgung in den Annalen der Inquisition hatte, mag sich der Leser wundern, dass sich in den bislang besprochenen alten Grimoires keine Details über die Vorgehensweise finden. Die Diskussion geht maximal darum, ob es erlaubt ist, überhaupt Geister zu beschwören, und wenn ja, ob man sich auf gute Geister beziehungsweise Engel beschränken müsse oder ob es zulässig sei, auch Dämonen anzurufen, wenn der Zweck ein guter sei.

Und wenn diese letztgenannte Möglichkeit zugestanden wird, dann warnen die entsprechenden Grimoires nachdrücklich davor, etwas zu unterschreiben, sich auf einen Pakt einzulassen. Der Magier dürfe den Dämon nicht als Gleichgestellten behandeln. Wenn er sich auf eine Stufe mit ihm stelle, werde der Dämon sich umgehend zu seinem Herrn aufschwingen. Der Magier müsse vielmehr zu jeder Zeit das Heft in der Hand behalten; der Dämon müsse gehorchen. Sogar vor dem direkten Kontakt wird gewarnt. Das Grimoire des Honorius empfiehlt nicht umsonst, auch die Ringe und Edelsteine, die einem der Dämon nach seiner Beschwörung zu überreichen gezwungen ist, nicht unmittelbar aus seiner Hand entgegenzunehmen. Man solle dem Dämon vielmehr befehlen, sie auf die ihm entgegengehaltene Schwertspitze zu stecken.

Im Zusammenhang mit den Claviculae habe ich allerdings erwähnt, dass es eine Version geben muss, in welcher der Teufelspakt explizit beschrieben wird. Die mir vorliegenden Versionen beschränken sich, wie gesagt, auf eine kurze Vorstellung der höllischen Geister: Luzifer, König der Unterwelt, unterstützt von den Höllenfürsten Belzebuth und Astaroth, und unter ihnen die sieben wichtigsten Würdenträger: Lucifugo, Atanakia, Agliaretph, Fleurety, Sargatanas, Nebirus, Masabakes.

Diese mir nicht im Detail vorliegende Version der Claviculae mit dem Teufelspakt – ich kenne sie nur aus Auszügen im »Roten Drachen« – soll diese Aufstellung durch achtzehn weitere Namen ergänzen: Bael, Agares, Marbas, Pruslas, Aamon, Barbatos, Buer, Gusoyn, Botis, Bathim, Hursan, Eligor, Loray, Valefar, Farai, Ayperos, Naberus, Glorialabolas.

Unter diesen ist offensichtlich Lucifugo, wörtlich »der Lichtscheue«, für Pakte zuständig. Er wird unter dem Namen Lucifugo Rocofale angerufen. Offensichtlich lesen die Höllenfürsten keine Grimoires, sonst müsste der gute Lucifugo nämlich wissen, dass der Anrufende ihn übers Ohr hauen möchte. Denn der Pakt, den Lucifugo Rocofale vorschlägt, lautet auf Überantwortung von Körper und Seele des Anrufenden nach einem Zeitraum von zwanzig Jahren. In der Anweisung zum Teufelspakt wird er jedoch heruntergehandelt auf eine Münze am Monatsersten und die Bedingung, dass Lucifugo nur einmal pro Woche gerufen werden darf, zwischen 22.00 Uhr nachts und 02.00 Uhr morgens. Erst wenn der Magier diese Bedingungen nicht einhält, verwirkt er seine Seele.

Selbst wenn der Magier aus Unkenntnis oder Gier einen Pakt abgeschlossen hat, ist noch nicht alles verloren. Der »Rote Drache« kennt nämlich Exorzismen, mit denen der Magier einseitig den Pakt widerrufen kann, also den Teufel zwingt, das kompromittierende Schriftstück wieder herauszugeben.

Dieses Bild des Teufels befremdet, wenn man es mit dem herkömmlichen der Kirche beziehungsweise der Inquisitoren vergleicht. Die entsprechenden Standardwerke der kirchlichen Dämonologie warnen davor, den Versprechungen des Teufels Glauben zu schenken, er arbeite nur mit Lug und Trug. In Büchern über den Teufelspakt hingegen hält er offensichtlich seine Zusagen immer ein und bleibt trotzdem stets der Düpierte.

Aber um das zu demonstrieren, müssen wir in das unangenehme, aber leider unumgängliche Thema der Hexenverfolgung generell einsteigen.

Die Hexe – Nach einem Holzschnitt von Albrecht Dürer (um 1500)

Die Ära der Hexenprozesse

Der »Canon Episcopi« und seine Hintergründe

Ohne Teufel kein Teufelspakt.

Überspitzt könnte man sagen, dass der Teufelspakt in den Grimoires genau gleich wenig Raum einnimmt wie der Teufel im Alten Testament.

Wir haben konstatiert, dass die Teufelsvorstellung des Mittelalters nicht aus dem Alten Testament stammt. Dort ist der Teufel Gott eindeutig untergeordnet. Jede einzelne Tat vollführt er mit der Genehmigung, wenn nicht sogar im Auftrag Gottes. Genauso haben wir gesehen, dass das römische Reich, wo sich das Christentum entwickelte, zwar die Macht der Hexen als gegeben anerkannte, aber dafür ohne den Teufel leben konnte. Die Gesetzgebung dieser Zeit enthielt entsprechende Strafandrohungen für Hexen und Dämonenbeschwörer. Aber die heidnischen Gottheiten, von denen das Christentum die Attribute seiner Teufelsvorstellung entlieh, wie Hörner, Schwanz und Bocksfüße, waren keinesfalls teuflisch. Der bocksbeinige Pan verkörperte lediglich die Natur. Und die Strafen galten in erster Linie für Schadzauber. Denn, wie erläutert, vieles von dem, was für uns heute Magie ist, gehörte damals zur Religion.

Für die Kirche waren die religiösen Praktiken der Heiden von vornherein Dämonendienst. Wir haben gesehen, dass sich diese Einstellung zurückführen lässt bis in die Zeit des heiligen Paulus (1 Kor 10:20-21). Die Kirche verbot den Gläubigen, daran teilzunehmen. Genauso wenig war sie bereit, den Hexen die Macht einzuräumen, die sie in der Antike gehabt hatten. Tertullian (ca. 160-220) und Augustinus (354-430) stellten sogar den biblischen Bericht von der Beschwörung Samuels durch die Hexe von Endor in Frage (1 Sam 28:7-22). Es habe sich lediglich um die Erscheinung eines Dämons gehandelt.

Nach dem Untergang des römischen Reiches setzte sich die Meinung durch, dass diejenigen, die sich als Hexen ausgaben, in Wirklichkeit keinerlei magischen Fähigkeiten besaßen. Es handle sich um verwirrte Gemüter. Der Teufel könne ihnen höchstens eingeflüstert haben, dass sie dank seiner Hilfe Macht über das Wetter und andere Menschen erlangen könnten. Bestraft wurden nunmehr nicht mehr die Hexen, sondern diejenigen, welche sie für bestimmte Aufgaben gewinnen wollten und somit auf ihre Macht vertrauten. Der Christ dürfe sich nur auf Gott und die ihm ergebenen Engel verlassen, alles andere sei Aberglaube und somit Sünde.

Diese Einstellung schlug sich in fränkischer Zeit im sogenannten »Canon Episcopi« nieder, wörtlich »Bischofskanon«.[50] Sie erschien im frühen Mittelalter sehr opportun. Denn laut den erhaltenen Unterlagen beriefen sich die Hexen damals auf heidnische Gottheiten wie Diana und Hekate. Wenn man ihnen zugestand, dass sie mit deren Hilfe tatsächlich Unwetter, Unfruchtbarkeit oder Krankheit bewirkten, hätte man diesen alten Göttern zu viel Macht eingeräumt.

---

[50] Die Berufung auf ein lokales Konzil in Ancyra, dem heutigen Ankara, im Jahre 314 n. Chr. ist vermutlich apokryph.

Hätte sich die Kirche jedoch an diesen Kanon gehalten, hätte theoretisch nie auch nur eine einzige Hexe verbrannt werden dürfen. Im Gegenteil: Die Inquisitoren hätten wegen Aberglaubens bestraft werden müssen. Wie kam es also zu einer Hexenverfolgung im großen Stil?
Eine Theorie behauptet, dass die Kirche die Magie als Konkurrenz betrachtete.

Magie, Aberglaube oder volkstümliche Frömmigkeit?

Wo ist der Unterschied zwischen Glaube und Aberglaube?

In Mesopotamien, wo die Magie entstand, gab es keine Grenze zwischen Magie und Religion. Es waren nicht nur die Namen von Geistern, sondern auch die Namen von Göttern, die bei Beschwörungen angerufen wurden. Und auch später, im alten Rom, wurde nicht zwischen magischen Praktiken wie der Wahrsagung und der Religion unterschieden, sondern bestenfalls zwischen öffentlicher und privater Religion.
Die Trennung zwischen Gebet und Beschwörung, dass Ersteres die Gottheit demütig bitte und Letztere göttliche Wesen zu etwas zwingen wolle, ist nicht unumstritten und zudem keinesfalls christlich. Schon die beiden Neuplatoniker Porphyrius (ca. 232-305) und Jamblichus (ca. 250-330) debattierten, ob und wann die Anrufung höherer Wesen statthaft sei. Einig waren sie sich nur in ihrer Ablehnung des Christentums.
Die Unterscheidung zwischen Gebet und Magie ist schon deshalb hinfällig, weil der Magier keinesfalls den höchsten Gott beschwört, sondern Wesenheiten, die zwischen der göttlichen und der menschlichen Ebene angesiedelt sind. Gegenüber diesen empfiehlt auch das Christentum Strenge, zum Beispiel in den Ritualen des Exorzismus.
Die Versuche, zwischen Magie und Religion zu unterscheiden, sind zum Scheitern verurteilt. Sie versuchen eine Grenze zu ziehen, wo effektiv keine ist.
Sowohl das magische Weltbild als auch die Religion, speziell die katholische, glauben nicht nur an die Realität von übernatürlichen Ereignissen, sondern auch an die Möglichkeit, durch übernatürliche Mittel auf die Realität Einfluss zu nehmen.
Aber während sich die Protestanten hier auf das Gebet verlassen müssen, haben die Katholiken vielfältige Möglichkeiten, die Kraft des Gebetes zu verstärken. Zum Beispiel durch sogenannte Sakramentalien wie das Weihwasser. Neben dem Eingang jeder katholischen Kirche befindet sich heute noch ein Weihwasserbecken, in das der Gläubige andächtig seine Finger taucht, um sich dann zu bekreuzigen. Andere verspritzen einige Tropfen auf dem Boden und gedenken dabei der Armen Seelen, welche dadurch gelabt werden.
Bevor ich mich als »Nestbeschmutzer« beschimpfen lasse, möchte ich darauf hinweisen, dass ich solche Praktiken keinesfalls verurteile. Im Gegenteil, ich sehe sogar einen tiefen Sinn dahinter. Es handelt sich um eine Läuterungszeremonie mit Schutzwirkung. Nur ist diese eben in meinen Augen magisch.
Nicht nur ich habe die größten Schwierigkeiten, den Unterschied zwischen einem Fetisch oder Totem der Naturreligionen und dem von einem Priester geweihten Rosenkranz zu erkennen. Ich weiß von einem aus Afrika stammenden katholischen Priester, der Anfang der siebziger Jahre, also kurz nach dem Zweiten Vatikanischen

Konzil, in Europa Theologie studiert hatte. Nach Beendigung seines Studiums verschlug ihn der Wille seiner Kirchenoberen ins Allgäu. Das Experiment schien, verschiedenen Unkenrufen zum Trotz, hervorragend zu funktionieren. Der junge Geistliche stürzte sich mit Elan auf seine seelsorgerischen Aufgaben, und die Gemeinde gratulierte sich zu ihrem dynamischen Priester.

Und als es zu einem Zusammenprallen der unterschiedlichen Mentalitäten kam, war das Problem völlig anders geartet, als die Skeptiker prophezeit hatten. Der örtliche Trachten- und Schützenverein stellte an den Priester das Ansinnen, im Rahmen eines Heimatfestes die neue Fahne zu weihen. Der Ärmste fiel im wahrsten Sinne des Wortes beinahe von seinem Glauben ab. Er war der Meinung, damit einen Fetischismus zu unterstützen, dessen Bekämpfung sich die Kirche in Afrika verschrieben hatte. Wie konnte man dann in Deutschland von ihm verlangen, diesen zu fördern? Ich weiß nicht, wie dieses Problem schließlich gelöst wurde.

Ähnlichen Schwierigkeiten steht der Katholik gegenüber, wenn er gefragt wird, warum die Jungfrau Maria jemandem, der sich einen Besuch in Lourdes leisten kann, mehr Aussicht auf Heilung zugestehe als einem anderen, dem die Mittel zu einer solchen Reise fehlen.

Bis zu einem bestimmten Grad kann diesem Mangel abgeholfen werden. Schließlich werden dem Wasser von Lourdes auch noch fern seiner Quelle Heilkräfte zugeschrieben. Nicht umsonst füllen die Gläubigen Kanister um Kanister, um sie mit nach Hause zu nehmen. Auch in dem italienischen Wallfahrtsort San Damiano versäumen es die Pilger nicht, Wasser mitzunehmen. Nur tun die Pilger in Mekka meines Wissens nach ein Gleiches.

An anderen Wallfahrtsorten werden gleichfalls Devotionalien jeder Art angeboten. Dieser Brauch lässt sich bis ins Mittelalter zurückführen. In Canterbury wurden Phiolen mit dem verdünnten – sehr verdünnten! – Blut des Märtyrers Thomas Becket (1118-1170) verkauft. Aus Santiago de Compostela pflegten die Pilger Muscheln mitzubringen. Oft hatten sie auf dem Weg im französischen Rocamadour Station gemacht und dabei auch die »Sportelle« erworben, eine Medaille mit der Jungfrau und dem Jesuskind.

Es sind nicht einmal alle wundertätigen Devotionalien an Wallfahrtsorte gebunden. Noch heute bringen fromme – oder abergläubische? – Autofahrer Medaillen mit dem Bild des heiligen Christophorus in ihrem Fahrzeug an: weil sein Anblick vor einem jähen Tod bewahren soll.

Die Karmeliter berufen sich auf eine Marienerscheinung des 13. Jahrhunderts, welche das Tragen des sogenannten braunen Skapuliers als Schutz vor dem Höllenfeuer empfahl.[51] Und wer glaubt, dass sich solche Praktiken auf das Mittelalter beschränken, der irrt sich.

---

[51] Ein Skapulier ist der ponchoartige Überwurf mancher Ordenstrachten, also seitlich und am Kopf offen. Im Laufe der Jahrhunderte verkleinerte sich das braune Skapulier, bis es zum Schluss zu zwei kleinen Stoffvierecken wurde, verbunden durch zwei Schnüre, von denen eines auf der Brust und eines auf dem Rücken lag.

Noch heute werden Drittordens-Franziskaner – also Laien, die sich diesem Orden angeschlossen haben, aber ohne die mönchischen Gelübde abgelegt zu haben – in Ordensgewändern bestattet. Als der Brauch aufkam, galt er als unfehlbare Abkürzung zum Himmel.
Eine wundersame Medaille, zurückzuführen auf eine Marienerscheinung in Paris, im Jahre 1830, wird heute noch mit kirchlichem Segen allenthalben verbreitet.
Mitte des 20. Jahrhunderts propagierten fromme Kreise ein neuartiges Gnadenbild von Jesus. In Verbindung mit einem bestimmten Gebet stelle es einen absoluten Schutz dar, sogar vor dem Zorn Gottes selbst. Sie beriefen sich auf die Visionen einer Nonne namens Faustina Kowalska (1905-1938). Jesus wünsche im Zusammenhang mit diesem Gnadenbild ein neues Fest, das der göttlichen Barmherzigkeit.
Hätte mir jemand diesen Fall geschildert, ohne dass ich die spätere Entwicklung gekannt hätte, so hätte ich als katholische Theologin geschlossen, dass diese Visionen keinerlei Aussicht auf Anerkennung hätten, dass es sich vielmehr um Aberglauben, wenn nicht sogar um Ketzertum handelte. Ich hätte mich geirrt. Faustina Kowalska wurde 2000 heiliggesprochen, das Fest der göttlichen Barmherzigkeit steht inzwischen im Kirchenkalender. Es wird gefeiert am Sonntag nach Ostern.
Religionswissenschaftler haben bereits auf die verblüffenden Übereinstimmungen zwischen dem klassischen Kult der Heroen und dem der christlichen Heiligen hingewiesen. Die Überreste der vergöttlichten Helden wurden genauso verehrt wie später die Reliquien christlicher Heiliger. Wobei die Reliquienverehrung sich nicht einmal auf den Ort der Bestattung beschränkt. Sogenannte tertiäre Reliquien werden lediglich mit Gegenständen in Berührung gebracht, welche dem Heiligen gehörten. Je volkstümlicher ein Heiliger ist, desto beliebter sind auch solche tertiären Reliquien. Ich besitze ein Bild des 2002 heiliggesprochenen Pater Pio, alias Francesco Forgione (1887-1968), auf das ein winziges Stück eines Tuches als tertiäre Reliquie geklebt ist.
Genauso haben die Religionswissenschaftler nachgewiesen, dass die Verehrung bestimmter heidnischer Götter nahtlos in die Verehrung von Heiligen beziehungsweise der Jungfrau Maria überging, dass die Attribute, bisweilen sogar die Namen, beibehalten wurden.[52]
Es ist eindeutig, dass sowohl die Reliquienverehrung als auch die katholischen Sakramentalien und Devotionalien magische Anklänge haben. Vermutlich entstanden verschiedene typisch katholische Bräuche bei der Bekehrung der Heiden in Nordeuropa genau dadurch, dass der volkstümlichen Magie eine christliche entgegengesetzt wurde. Heilige Quellen und andere Kultorte blieben erhalten und wurden lediglich nach Heiligen neu benannt. Das war kein eigenmächtiges Vorgehen der christlichen Missionare. Sie folgten damit einer Empfehlung von Papst Gregor dem Großen aus dem Jahre 607. Er wies die Missionare in England an, nur die Götzen in den Tempeln zu zerstören, nicht die Tempel an sich.
Und genau so geschah es auch – nicht nur in England.

---

52 Dieses Thema würde ein eigenes Buch rechtfertigen, das ich auch in nächster Zeit zu schreiben gedenke.

Seitdem sind vierzehnhundert Jahre vergangen. Aber nach wie vor verurteilt die Kirche bestimmte Praktiken außerhalb des von ihr gesetzten Rahmens als Aberglauben, während sie die gleichen Praktiken in ihrem Schoße als Manifestation volkstümlicher Frömmigkeit duldet, wenn nicht sogar fördert. Sie ist inzwischen sogar großzügiger als früher. Der Besuch von Orten, wo eine nicht anerkannte Marienerscheinung stattgefunden haben sollte, war bis zum Zweiten Vatikanischen Konzil (1962-1965) wesentlich strenger reglementiert als heute.

Der Homunkulus und die Empfängnisverhütung

Wie sich das magische Weltbild der Kirche auf ihre Einstellung gegenüber der Empfängnisverhütung auswirkt.

Katholiken, die sich selbst als aufgeklärt betrachten, sind der Meinung, dass sich solche Relikte des Mittelalters irgendwann verlieren werden. Andere meinen, dass genau diese Praktiken einen Teil des Zaubers ausmachen, der dem Katholizismus anhafte. Sie verweisen darauf, dass die beim Zweiten Vatikanischen Konzil abgeschaffte lateinische Messe inzwischen wieder fröhliche Urständ feiert.

Jedoch manifestiert sich das magische Weltbild der Kirche auch in einem Bereich, der nichts mit Nostalgie zu tun hat, sondern für alle Katholiken von vitaler Bedeutung ist: der kirchlichen Einstellung gegenüber der Empfängnisregelung.

Kurz vor dem Zweiten Vatikanischen Konzil wurde die Pille entdeckt. Viele Katholiken, welche sich pflichtgemäß an das kirchliche Verbot der mechanischen Empfängnisverhütung gehalten hatten, also keine Präservative und Scheidenpessare benutzten, witterten Morgenluft. Die Pille wurde von früheren Verboten nicht berührt, die Kirche hätte sie somit zulassen können, ohne sich etwas zu vergeben. Sehr viele Katholiken waren äußerst enttäuscht, als die sogenannte Pillenenzyklika, offiziell »Humanae vitae«, 1968 den alten Standpunkt der Kirche wiederholte: Empfängnisverhütung sei nicht statthaft, egal, in welcher Form. Mehr noch, sie sei in gleichem Maße zu verurteilen wie Abtreibung.

Die katholische Welt war schockiert. Gerade diejenigen, welche ein Verbot der Abtreibung befürworteten, weil sie diese nun einmal mit Mord gleichsetzten, konnten diese Gleichung, Verhütung gleich Abtreibung gleich Mord, nicht verstehen.

Die Frage der Mittel zur Empfängnisverhütung wurde noch akuter nach der Entdeckung von AIDS. Kondome sind ein Mittel, Ansteckung zu verhindern. Selbst Katholiken, welche außerehelichen Geschlechtsverkehr und Empfängnisverhütung aus moralischen Gründen ablehnten, waren der Meinung, dass hier das kirchliche Verbot nicht zutreffen könne. Wenn ein Ehepartner HIV-positiv war, vielleicht nicht einmal durch eigene Schuld, also nach außerehelichem Sex, sondern schlicht durch eine infizierte Blutkonserve, war es dann nicht seine Pflicht, den gesunden Partner zu schützen, indem er hinfort ein Kondom benützte? Kam ein diesbezügliches Versäumnis nicht im Prinzip Mord gleich?

Während eines internationalen Kongresses für Moraltheologen in Rom im November 1988 wurde genau dieser hypothetische Fall diskutiert und um eine kirchliche Stellungnahme gebeten. Carlo Caffarra, der Leiter des päpstlichen Instituts für Ehe-

und Familienfragen, übermittelte die Antwort des Papstes: Auch in diesem Falle seien Kondome eine Form der Verhütung und deshalb nicht statthaft. Das treffe sogar dann zu, wenn die Frau bereits jenseits des Klimakteriums stehe.[53]
Diese Einstellung ist den meisten Katholiken unverständlich: weil sie den Hintergrund nicht kennen. Dieser ist magischer Art. Der katholische Standpunkt zur Empfängnisverhütung basiert nach wie vor auf den Vorstellungen der Scholastik: dass der weibliche Schoß beziehungsweise das Menstruationsblut lediglich den Nährboden für den Samen darstelle. Auch Paracelsus hatte die Theorie vertreten, dass es bei Einhaltung der richtigen Temperatur möglich sei, aus dem Samen eines Mannes einen kleinen Menschen zu erschaffen, den Homunkulus.
Wenn diese Theorie stimmen würde, dann fielen Masturbation, homosexuelle Betätigung und die Verwendung von empfängnisverhütenden Mitteln aller Art im Prinzip tatsächlich in die gleiche Kategorie wie Abtreibung. Nur trifft diese Voraussetzung eben nicht zu. Allerdings weiß man das erst sicher seit 1827, als das weibliche Ei entdeckt wurde. Hundert Jahre später, 1930, gab die anglikanische Kirche den Widerstand gegen die Empfängnisverhütung auf.
Bestimmt wäre auch Paracelsus, würde er heute noch leben, schon längst von seiner Homunkulus-Theorie abgekommen.
Die katholische Kirche hat den richtigen Zeitpunkt verpasst. In der Zwischenzeit hat sie sich durch verschiedene weitere päpstliche Verlautbarungen so festgenagelt, dass sie nunmehr wirklich kaum mehr zurück kann.

Magie – Konkurrenz für die Sakramente?

Das Einzige, was die Sakramente von der Magie trennt, ist die Tatsache, dass die äußeren Bedingungen wichtiger sind als die innere Einstellung.

Bei näherer Untersuchung haftet sogar den Sakramenten ein zutiefst magischer Charakter an. Nicht umsonst assoziiert Eliphas Lévi jedes einzelne der sieben Sakramente mit einem der Planetengeister.[54] Untersuchen wir als Erstes das spezifisch katholische Element der Heiligen Messe: die sogenannte Wandlung.
Sie heißt Wandlung, weil der katholischen Lehre zufolge Brot und Wein in Leib und Blut Christi verwandelt werden. Der Ausdruck, der nach langen Diskussionen hierfür im 13. Jahrhundert sanktioniert wurde, ist »Transsubstantiation«: die Substanz wandle sich, während die äußere Gestalt von Brot und Wein bleibe. Der Glaube an die

---

53 Uta Ranke-Heinemann, S. 309.

54 Sein System hat durchaus eine gewisse Logik. Die Entsprechungen sind wie folgt:

Sakrament:	Planet:	verbindendes Element:
Taufe	Mond	Wasser
Bußsakrament	Mars	Strenge
Konfirmation	Merkur	Kommunikation, Verständnis
Eucharistie	Jupiter	Letztes Abendmahl (Gründonnerstag!)
Ehe	Venus	Liebe
Letzte Ölung	Saturn	Tod
Priesterweihe	Sonne	strahlendstes Gestirn

Transsubstantiation ist in der katholischen Kirche seit 1215 ein unabdingbares, wenn auch umstrittenes Dogma. Für andere christliche Kirchen hat das Abendmahl lediglich Erinnerungs- beziehungsweise Symbolcharakter: Es demonstriere die kontinuierliche Anwesenheit Christi in seiner Kirche. Die Anglikaner stellen den Glauben an die Transsubstantiation im Sinne von körperlicher Wandlung der Elemente frei.

In der katholischen Kirche sind die Bedingungen für die Transsubstantiation folgende: Erstens, es muss sich um ungesäuertes Weizenbrot und Wein handeln. Zweitens, es müssen die vorgeschriebenen Konsekrationsworte ausgesprochen werden. Drittens, derjenige, der sie ausspricht, muss ein geweihter Priester sein.

Würde eine gleiche Zeremonie in einem magischen Ritual beschrieben, müsste man die Bedingungen erweitern: Einerseits müsste der Offiziant sich vorher körperlich und geistig vorbereitet und geläutert haben, durch Waschungen, Fasten und sexuelle Enthaltsamkeit, und andererseits wäre die Zeremonie sinnlos, wenn er nicht fest von der Realität der Transsubstantiation überzeugt wäre.

Auf diese beiden Bedingungen verzichtet die katholische Kirche. Der zelebrierende Priester kann geradewegs aus dem Bordell kommen und die Lehre von der Transsubstantiation für baren Unsinn halten. Sie finde trotzdem statt. Voraussetzung ist lediglich, dass der Priester die Absicht hat, das zu tun, was die Kirche für die Transsubstantiation verlangt. Und diese Absicht muss er haben, sonst würde er die Messe schließlich gar nicht feiern.

Für Kritiker des Katholizismus hat die Lehre von der Transsubstantiation magischen Charakter. Die Gegenwart Gottes in Brotgestalt werde erzwungen. Die katholische Kirche bestreitet dies. Jesus habe die Eucharistie eingesetzt und wolle ausdrücklich die Wirksamkeit dieser Handlungen. Nur aus diesem Grund finde die Wandlung statt, der Priester erzwinge nichts.

Die Kritiker finden es in diesem Fall seltsam, dass die Bedingungen für das Stattfinden der Transsubstantiation rein äußerlicher Art sind. Wird statt ungesäuertem reinem Weizenbrot normales Brot verwendet, findet die Wandlung nicht statt, hat der Priester sich gerade an einem minderjährigen Ministranten vergangen, sehr wohl. Können die Wege des Herrn wirklich so unerforschlich sein?

Noch befremdender mutet an, dass die Präsenz Gottes in Brotgestalt in jedem Fall erhalten bleibt, bis sich die Hostie aufgelöst hat. Natürlich schließt die Kirche beim Empfang der Kommunion durch einen notorischen Sünder die positive Wirkung aus. Aber ohne die Präsenz Jesu in der Hostie in Abrede zu stellen. Meines Wissens hat die Kirche nicht einmal bestritten, dass diese Präsenz im Falle einer Schändung des Altarsakraments erhalten bleibt: beim Verwenden einer Hostie für eine sogenannte schwarze Messe.

Das einzige Argument, das für die katholische Auslegung spricht, ist das seelsorgerische. Bestimmt verleiht der Glaube an die Präsenz Gottes ungeachtet der äußeren Umstände der Frömmigkeit derjenigen, die vor dem ausgesetzten Altarsakrament beten, eine besondere Innigkeit. Und müsste der Gläubige angesichts des Lebenswandels seines Priesters daran zweifeln, dass die Wandlung tatsächlich

stattgefunden hat, hätte dies negative Auswirkungen auf seine Seelenruhe. Das gilt speziell für einen Sterbenden.
Allerdings kann genau dieses Beharren auf der Einhaltung äußerer Vorschriften die gegenteilige Wirkung haben, sich seelsorgerisch negativ auswirken. Das ersehen wir bei der Untersuchung eines weiteren Sakraments, der Taufe.
Noch bis in die jüngste Zeit galt sie als unabdingbare Voraussetzung, um das ewige Seelenheil zu erlangen. Es leben noch genügend Frauen, die eine jahrelange Agonie durchmachten, weil sie ihr totgeborenes oder während der Geburt gestorbenes und deshalb ungetauft und ohne kirchlichen Segen bestattetes Kind im Höllenfeuer schmoren sahen. Mütter, die nach der Geburt eines solchen Kindes selbst starben, quälten sich in ihren letzten Minuten mit dem Gedanken, dass dieses Kind nicht an ihrer Seite bestattet würde, sondern außerhalb des geweihten Areals begraben würde. In manchen Gegenden wurde sogar eine Schwangere, die vor der Geburt ihres Kindes starb, gleichfalls außerhalb des eigentlichen Friedhofs beigesetzt, mit der Begründung, dass sie schließlich ein ungetauftes Kind in ihrem Leib trug.
Angesichts dieser immensen Bedeutung der Taufe ist es erstaunlich, dass sie das einzige Sakrament ist, für das kein Priester erforderlich ist. Alle anderen Sakramente werden von einem Priester (Messopfer, Bußsakrament, Krankensalbung) oder sogar einem Bischof (Priesterweihe, Konfirmation) gespendet, oder der Priester muss zumindest anwesend sein. Letzteres gilt für das Sakrament der Ehe, das sich die Partner in Gegenwart des Priesters selbst spenden.
Nicht so bei der Taufe. Derjenige, der die Taufe durchführt, muss nicht einmal ein Christ sein. Sollte nach einer schwierigen Geburt eine katholische Mutter mit dem unmittelbar bevorstehenden Ableben ihres Neugeborenen rechnen, darf sie ohne weiteres den moslemischen Arzt oder die hinduistische Krankenschwester bitten, nach ihren Anweisungen eine Nottaufe vorzunehmen. Solange die Formel stimmt – dass die Taufe im Namen des Vaters, des Sohnes und des Heiligen Geistes gespendet wird – und die Flüssigkeit Wasser ist, gilt das Kind als getauft. Sollte aus irgendwelchen Gründen hingegen kein Wasser zur Verfügung stehen, hat es Pech gehabt. Eine andere Flüssigkeit gilt nicht.
Wie gesagt, die Kirche geht heute zum Glück nicht mehr davon aus, dass ein ungetauft gestorbenes Kind für den Rest der Ewigkeit auf dem Boden der Hölle herumkriechen muss. Aber sicher ist ihm die ewige Seligkeit keinesfalls, man darf bestenfalls auf die göttliche Barmherzigkeit hoffen.[55] Denn mit der Erbsünde behaftet ist es nach wie vor. Aber zumindest eine Seelenmesse dürfen die Eltern ihm heute lesen lassen.

[55] Genau diese These hatte Eliphas Lévi bereits Mitte des 19. Jahrhunderts vertreten.

Hexenverfolgung im Protestantismus

Die protestantischen Kirchen konnten die Magie nicht als Konkurrenz für ihre Sakramente betrachten. Warum verfolgten sie trotzdem gleichermaßen Hexen?

Insofern ist es verständlich, dass die katholische Kirche nicht umhin konnte, die Magie ganz und gar abzulehnen. Sie musste unter allen Umständen verhindern, dass Vergleiche gezogen wurden.

Die Reformation wandte sich gegen die magischen Elemente der katholischen Kirche. Sie reduzierte die Anzahl der Sakramente radikal und änderte den Charakter der noch verbleibenden. Sie machte weiterhin Schluss mit den Sakramentalien, den unverständlichen lateinischen Gebeten, der Heiligen- und Reliquienverehrung. Das Wort Gottes sollte wieder in den Vordergrund gestellt werden, ohne magische Verbrämungen.

Nur stand der Protestantismus dem Problem gegenüber, dass sich magische Praktiken auch im Neuen Testament wiederfinden. Die Apostelgeschichte verurteilt auf der einen Seite die Magie (Apg 8:9-13, 13:6-12, 19:13-19), aber nur, um auf der anderen Seite zu berichten, wie Tücher, welche der Apostel Paulus berührt hat, Kranken oder Besessenen gegeben werden und zu deren Heilung führen. Das ist nichts anderes als Sympathiezauber von der Art, wie ihn die katholische Kirche für ihre Reliquienverehrung in Anspruch nimmt.

Als einziger Ausweg blieb, die biblischen Wunder strikt von allen späteren, auf welche sich die katholische Kirche beruft, zu trennen.

Es war vermutlich aufgrund der Wunder, dass für viele Protestanten das Hexenwesen einen typisch katholischen Charakter hatte. In England wurden Menschen als Hexen angeklagt, weil sie ihre Gebete nach alter Gewohnheit in lateinischer Sprache aufgesagt hatten. Weil dies prompt den Verdacht aufkommen ließ, dass sie in Wirklichkeit Verwünschungen murmelten.

Würde man insofern nicht erwarten, dass die Protestanten mit dem Glauben an die Magie als solche auch die Macht der Hexen verächtlich zurückweisen würden?

Leider trifft dies nicht zu. Es gab zwar einige wenige, welche in der Tat nicht nur die Magie, sondern auch die Hexenverfolgung als papistisch brandmarkten. Aber ansonsten wurden in protestantischen Ländern genauso Hexen verfolgt wie in katholischen. Katholische Engländer verweisen sogar gerne darauf, dass in ihrem Land die Hexenverfolgung erst nach der Reformation begann. Protestanten können dem entgegenhalten, dass in England zwischen 1559 und 1736 lediglich etwa tausend Personen konkret wegen Hexerei hingerichtet wurden, eine verschwindend geringe Anzahl, verglichen mit den Opfern auf dem größtenteils katholischen Kontinent im gleichen Zeitraum.

Nur herrschte im Gegenzug im kalvinistischen[56] Schottland eine ähnliche Hexenhysterie wie auf dem Kontinent. Experten sind der Meinung, dass die Lage in

[56] John Calvin, beziehungsweise, um ihm seinen richtigen Namen zu geben, Jean Cauvin (1509-1564), war ein schweizerischer Reformator, dessen Thesen in einigen Punkten von denen Martin Luthers abwichen beziehungsweise darüber hinausgingen.

England nicht anders ausgesehen hätte, wenn die kalvinistischen Presbyterianer sich dort gleichfalls durchgesetzt hätten.
Es ist somit eine traurige, aber wahre Tatsache, dass sich Katholiken und Protestanten zwar gegenseitig als Ketzer verbrannten, aber in trauter Einigkeit Hexen verfolgten. Warum?

Die Macht der Dämonen

Der Beginn der Hexenverfolgung fiel mit verschiedenen Katastrophen zusammen, für die man einen Sündenbock benötigte.

Des Rätsels Lösung ist vermutlich darin zu suchen, dass die Protestanten genauso an die Macht des Teufels glauben wie die Katholiken. Martin Luther (1483-1546) war so felsenfest nicht nur von seiner Existenz, sondern sogar von seiner Möglichkeit, sich zu manifestieren überzeugt, dass er sein Tintenfass nach ihm geworfen haben soll.
Gerade der Grundsatz der Protestanten, dass nur die Heilige Schrift gilt, zwingt sie sogar, an den Teufel und andere böse Geister zu glauben. Schließlich geht dessen Existenz und sein Schalten und Walten aus zahlreichen Passagen des Neuen Testaments hervor (Mt 12:43, Mk 16:17-18, Lk 9:1, Apg 19:11-20, Eph 6:11-16 u. v. a.).
Und der Teufel gilt nun einmal als untrennbar mit der Macht der Hexen verbunden. Das zeigte sich erst wieder vor einigen Jahren, angesichts des Erfolges der »Harry-Potter«-Serie. Obwohl die Autorin weder auf Gott noch die Religion eingeht und die Kraft der Hexen auf Vererbung oder Mutation schiebt, sehen strenggläubige Christen sowohl auf katholischer als auch auf protestantischer Seite die Gefahr einer Einladung zu okkulten Praktiken und schwarzen Messen.
Dahinter steht der Glaube, dass hinter übernatürlichen Ereignissen entweder Gott oder der Teufel stehen muss, dass es kein Mittelding gibt. Das hingegen ist vermutlich wiederum auf die Vorstellung zurückzuführen, dass es bei der Rebellion der Engel keine neutralen gab, dass sich alle entweder Gott oder dem späteren Höllenfürsten anschlossen. Dass diese Rebellion, wie bereits untersucht, nicht aus dem Alten Testament hervorgeht, steht auf einem anderen Blatt.
Nur könnte man natürlich die Frage stellen, warum sich dieser Glaube an die Hexen als Helfershelfer des Teufels gerade Ende des 15. Jahrhunderts zu manifestieren begann.
Hierfür sind vermutlich schlicht äußere Umstände verantwortlich. Ende des 15. Jahrhunderts brach die metaphysische Sicherheit des Mittelalters endgültig zusammen, unter anderem aufgrund der Entdeckung Amerikas durch Kolumbus 1492, welche nachdrücklich demonstrierte, dass die Erde eine Kugel war. Astronomen wie Kopernikus (1473-1543) und Galilei (1564-1642) bewiesen, dass sie sich um die Sonne drehte.
Jedoch waren diese Ereignisse nur der Endpunkt einer Entwicklung, welche Anfang des 14. Jahrhunderts eingesetzt hatte. Das Heilige Land war endgültig von den Sarazenen erobert worden. Diese hatten sogar große Teile Spaniens an sich gerissen. War Gott mit den Ungläubigen? Das 14. Jahrhundert sah weiterhin eine Reihe von

katastrophalen Missernten und Pestepidemien. Diese waren noch nicht zu Ende, als in Frankreich der Hundertjährige Krieg (1339-1453) wütete. Kaum zurückgekehrt, zerfleischten sich die siegreichen Engländer in den sogenannten Rosenkriegen (1455-1485).
Im festen Glauben an die Allgegenwart und Allmacht Gottes suchten die Menschen in zu versöhnen. Schon in der zweiten Hälfte des 13. Jahrhunderts hatten sich die ersten Flagellantengruppen zusammengeschlossen. Sie zogen in öffentlichen Prozessionen durch die Straßen, indem sie sich selbst geißelten. Nach der ersten Pestwelle erstanden sie von neuem. Nur half es nichts. Offensichtlich waren die Sünden der Menschheit größer als erwartet.
Oder sollte man den Teufel für die gesamte Misere verantwortlich machen? Nur warf dies die unangenehme Frage auf, warum Gott sein Wirken zuließ. Irgendwann wurden vermutlich alle Elemente zusammengefasst: Der Teufel agierte nicht direkt, sondern über seine Helfershelfer, die Hexen. Dass die anderen Menschen das zuließen, war eine Beleidigung Gottes. Seine Reaktion: Er ließ den Hexen freie Hand, in der Erwartung, dass sein Volk selbst den Umtrieben der Hexen Einhalt gebot.
Erst dann würde er wieder die Sonne seiner Gnade leuchten lassen. So begann die Hexenverfolgung.

Die Entstehung der Inquisition

Die Verfolgung der Ketzer ging ganz allmählich in die Hexenverfolgung über.

Hinzu kam vermutlich, dass die Kirche hierfür bereits ein entsprechendes Instrument hatte. Obwohl der Einsatz in der Hexenverfolgung zu dem Zeitpunkt, als dieses Instrument geschaffen wurde, noch gar nicht abzusehen war. Denn die Inquisition wurde, wie im Zusammenhang mit dem Grimoire des Honorius angedeutet, als Instrument der Ketzerverfolgung gegründet. Konkret: während des sogenannten Katharerkreuzzugs in Südfrankreich (1208-1244). Die Bewegung der Katharer war vermutlich aus dem Balkan nach Südfrankreich gelangt, hatte jedoch auch in anderen Ländern Anhänger, in Deutschland zum Beispiel im Raum Köln. Die Katharer griffen die Frage auf, welche schon die frühchristlichen Gnostiker bewegt hatte: Wenn Gott allein das Gute verkörpert, wie die Kirche behauptet, woher kommt dann das Böse? Die Antwort der Kirche, dass das Böse allein vom Menschen – sprich: vom Sündenfall – komme, leuchtete ihnen nicht ein. Genauso wenig die weitergehende These, dass das Böse gar keine eigentliche Existenz habe, sondern lediglich ein Fehlen des Guten sei, wie die Kirche seit der Zeit des heiligen Augustinus behauptet. Speziell in Südfrankreich sahen sie das Böse sogar in der Kirche verkörpert. Dass die seelsorgerischen Zustände dort desolat waren, gab selbst der Papst zu, der zum Katharerkreuzzug aufrufen sollte: Innozenz III. (Pontifikat 1198-1216).
Auch die Antwort, welche die Katharer schließlich auf ihre Frage fanden, entspricht der Schlussfolgerung der Gnostiker: Das Böse ist der Materie verhaftet. Ein Körper empfindet Schmerzen und ist letztendlich ein Opfer von Tod und Fäulnis. Nur das Geistige zählt und überlebt.

Die logische Folgerung daraus ist, dass der Schöpfungsakt, mit dem das Alte Testament beginnt, etwas Schlechtes darstellte. Genau zu diesem Ergebnis kamen sowohl die Gnostiker als auch die Katharer. Nur ergibt sich aus diesem Schluss weiterhin, dass auch der Schöpfer an sich schlecht sein musste. Und das war für die Kirche natürlich Gotteslästerung. Wobei die Katharer keinesfalls die Existenz eines wahrhaft guten Gottes abstritten. Nur hatte dieser eben mit der Materie nichts zu tun, er war absolut transzendent, unbegreiflich und abgehoben. Die Kirche konnte die Verbreitung dieser Ansicht nicht dulden. Der Effekt war der Katharerkreuzzug. Im Rahmen dieses Kreuzzugs wurde die Inquisition den Dominikanern anvertraut und der Einsatz der Folter gestattet.

Manche sehen sogar eine direkte Verbindung zwischen Katharern und Hexen. Einige gehen so weit, dass sie behaupten, der Hexenkult habe später Komponenten der katharischen Lehre übernommen.[57] Oder zumindest seien die Fragen der Inquisitoren der Hexenprozesse von den Erfahrungen des Katharerkreuzzugs geprägt worden. Es sei kein Zufall, dass der Hexensabbat zum ersten Mal in den Protokollen gerade der Inquisition von Carcassonne und Toulouse auftauche, Hochburgen der Katharer, und zwar um 1330 oder 1340, also hundert Jahre nach dem Kreuzzug gegen die Katharer.

Der Hexensabbat

Der Flug zum Hexensabbat ist im Prinzip eine Erfindung zweier deutscher Inquisitoren.

Ein weiterer Meilenstein in der Entwicklung des Hexenglaubens beziehungsweise der Hexenverfolgung war der Prozess gegen den im Zusammenhang mit dem Buch Arbatel bereits erwähnten Orden der Tempelritter. Dieser Orden von Rittern, welche als Mönche zusammenlebten, war 1118, also kurz nach dem ersten Kreuzzug ins Heilige Land, gegründet worden. Offiziell unterstand er allein dem Papst. Was den französischen König Philipp den Schönen 1307 nicht davon abhielt, alle Tempelherren, deren er in seinem Reich habhaft werden konnte, verhaften zu lassen. Sein offensichtliches Ziel war, den Reichtum der Templer, bei denen er selbst hoch verschuldet war, in seine Hand zu bekommen. Er übte so lange Druck auf den Papst aus, bis dieser sein Vorgehen nachträglich guthieß und der Prozess gegen die Templer anlief.

Der wichtigste Punkt der Anklage lautete, sie seien von den Glaubenssätzen der Kirche abgefallen, und zwar insgesamt, als Orden. Mittels dieses legalen Kunstgriffes versuchte der König den Eindruck zu erwecken, dass es sich nicht mehr um einen kirchlichen Orden handelte und die Templer somit auch nicht mehr dem Papst unterstanden. Parallel hierzu bemühte sich der König aber dennoch weiterhin um den Rückhalt des Papstes.

[57] Diese Ansicht kann allerdings nur aufrechterhalten werden, wenn man davon ausgeht, dass die Hexen tatsächlich nur zerstörerisch wirkten und deshalb genauso leibfeindlich wie die Katharer waren. Mit einem orgiastischen Fruchtbarkeitskult – und als solcher wird das Hexentum heute eher interpretiert – lässt sich diese Theorie nicht vereinbaren.

Für unser Thema ist speziell interessant, dass der Prozess gegen die Templer die Vorwürfe, welche später den Hexen gemacht wurden, vorwegnahm:[58] Sie verunglimpften das Kreuz Christi, sie beteten einen Götzen an, sie töteten bei ekelerregenden Zeremonien Kinder, die sie selbst gezeugt hatten. Sogar einer der beliebtesten Vorwürfe, welche später den Hexen gemacht wurden, taucht bereits im Templerprozess auf: Sie würden Homosexualität nicht nur dulden, sondern sogar empfehlen. Diese Anklage der Unzucht »contra naturam«, wider die Natur, allein hätte bereits das Eingreifen der Inquisition gerechtfertigt. Denn sie galt – und gilt weiterhin – als eine der schlimmsten Sünden überhaupt.

Eigentlich mussten die Hexenprozesse sogar auf diesen Vorwurf zurückgreifen: Sonst wäre es schwierig geworden, auch Männer des Teufelspaktes zu bezichtigen. Denn eine neue Hexe sollte sich körperlich mit dem Teufel vereinigen, und der Teufel galt als männlich. Sogar der »infame Kuss«, mit dem diese Zeremonie beginnt, lässt sich bis in den Templerprozess zurückführen.

Als der »Erfinder« des Teufelsmales, das den Hexen dabei verabreicht wurde, gilt der Dominikanermönch Nicolas Jacquier, dem die Inquisition in Nordfrankreich unterstellt war. Er veröffentlichte 1458 das Buch, welches die Ketzerprozesse mehr oder weniger offiziell in die Hexenprozesse überleitete: die sogenannte »Ketzergeißel«, oder, genauer, »Flagellum haereticorum fascinariorum«: die Geißel der ketzerischen Banden. Schon der Titel drückt aus, dass seiner Ansicht nach ein Ketzer nie allein agierte. Das rechtfertigte seine erbarmungslose Folterung, um auch die Namen seiner Kumpane in Erfahrung zu bringen. Laut Jacquier erhielten die Ketzer vom Teufel die Mittel, um Schadzauber durchzuführen. Die Ketzer waren damit zu Hexen geworden. Wobei allerdings das Neue Testament diese Entwicklung schon vorweggenommen hatte: Simon der Zauberer ist gleichzeitig ein Ketzer, weil er glaubt, man könne die Gaben des Heiligen Geistes kaufen (Apg 8:9-25).

Aber die eigentliche theologische Grundlage der Hexenverfolgung wurde die sogenannte Hexenbulle von Papst Innozenz VIII., aus dem Jahre 1484. Sie trägt den offiziellen Titel »Summis desiderantes affectibus« (Von innigsten Wünschen bewegt).[59] Mit dieser Bulle gab der Papst den Dominikanermönchen Heinrich Krämer, auf Lateinisch Institor, und Jakob Sprenger die Befugnis, in Deutschland als Inquisitoren tätig zu sein.

Man muss dem Papst zugutehalten, dass in dieser Bulle genau die Anklagepunkte fehlen, welche später als typisch für das Hexenunwesen gelten sollten: der Hexensabbat, bei dem es zur körperlichen Vereinigung zwischen den Hexen und dem Teufel kommen sollte, und der Flug zu diesem Hexensabbat. Den letzten Punkt hatte der Papst schlicht deswegen nicht aufgenommen, weil er eindeutig dem »Canon

---

58 Als Kuriosität sei noch angemerkt, dass einer Version zufolge der alte Aberglaube, Freitag der Dreizehnte bringe Unglück, mit den Tempelrittern zusammenhängt. Weil der Tag, an dem die Verhaftungen in Frankreich begannen, ein Freitag und ein Dreizehnter war: der 13. Oktober 1307.

59 Päpstliche Bullen sind in lateinischer Sprache gehalten und tragen als Titel die einleitenden Worte. In diesem Fall beziehen sich die Wünsche des Papstes darauf, dass der katholische Glaube blühen und gedeihen möge und die ketzerische Bosheit zurückgedrängt werde.

Episcopi« zuwiderlief, welcher bestritt, dass die Hexen übernatürliche Kräfte besaßen.
Aus diesem Grund müssen wir klar hervorheben, dass die besagten Dominikanermönche, Heinrich Institor und Jakob Sprenger, über die päpstliche Bulle hinausgingen, als sie 1486 in ihrem berüchtigten »Malleus Maleficarum«, dem »Hexenhammer«, genau diese beiden Punkte postulierten. Obwohl sie sich in Bezug auf den Flug zum Hexensabbat sogar auf eine biblische Vorlage stützen konnten: den Brief des heiligen Paulus an die Epheser. Dieser Brief sucht nämlich die bösen Geister in den Lüften und macht den Teufel zum Herrn des Luftraumes (Eph 2:2, 6:12). Als solcher konnte er seinen menschlichen Anhängern diesen Luftraum zugänglich machen.
Noch in einem weiteren Punkt ging der »Hexenhammer« über die päpstliche Vorlage hinaus. Seine Autoren gaben nämlich auf eigene Faust kund, dass Hexen in erster Linie Frauen seien, da diese nun einmal den Verführungskünsten des Teufels am ehesten erlagen. Diese Einstellung schlug sich bereits im Titel nieder.[60]

Warum meist Frauen?

Warum wurden hauptsächlich Frauen angeklagt und hingerichtet?

In der von J. K. Rowling in »Harry Potter« erschaffenen Welt der Magie hat, mit wenigen Ausnahmen, jeder, der in eine Hexenfamilie hineingeboren wird, magische Fähigkeiten. Das heißt, der Prozentsatz von männlichen und weiblichen Hexen ist ausgewogen.
In diesem Punkt weicht J. K. Rowling von der Tradition ab. Denn im Volksglauben gilt die Hexerei als eine eher weibliche Domäne, was sich im Deutschen zum Beispiel schon in der Bezeichnung »die Hexe« niederschlug. »Hexer« klingt irgendwie falsch, »Hexenmeister« ist sachlich nicht richtig, weil es sich ja nicht um einen Meister der Hexen handelt, sondern schlicht eine männliche Hexe. Weiterhin erkennt man die volkstümliche Hexe daran, dass sie alt und bucklig ist und eine Hakennase hat. Offensichtlich konzentrierte sich die Hexenverfolgung großen Stils tatsächlich ursprünglich auf Frauen, speziell alleinstehende – und somit in der Regel alte – Frauen. Dass solche tatsächlich häufig unter Deformationen der Wirbelsäule litten, illustriert der volkstümliche Ausdruck »Witwenbuckel«.
Mit solchen Frauen zu beginnen bedeutete, den Weg des geringsten Widerstandes einzuschlagen. Sie hatten keine Lobby. Im Gegenteil: Aus erhaltenen Protokollen in Spanien geht sogar hervor, dass es oft genug die eigene Familie war, welche sich durch eine Anzeige einer lästigen Mutter oder Schwiegermutter entledigte. Als der Durchbruch einmal geschafft war, konnte sich die Verfolgung ausdehnen.
Der genaue Anteil von Männern und Frauen unter den Opfern der Hexenverfolgung ist genauso umstritten wie die Gesamtzahl dieser Opfer. Die einen behaupten, nach dem Abzug der Inquisitoren sei in manchen Dörfern kaum mehr eine Frau übrig geblieben, die anderen gehen von einem ausgewogenen Verhältnis aus – soweit man

---

60 Das Wort »maleficarum« ist der Genitiv Plural des Wortes »malefica«, die Hexe. Die männliche Form würde »maleficus« beziehungsweise »maleficorum« lauten.

in einem solchen makaberen Zusammenhang von einem ausgewogenen Verhältnis reden kann.
Vermutlich gab es regional starke Abweichungen. In einigen erhaltenen Protokollen der Inquisition von Navarra (Spanien) überwiegt sogar der Anteil an Männern, speziell unter den Gebildeten, oft Klerikern, in den Städten.
Und natürlich waren auch die großen Magier beziehungsweise diejenigen, von denen der Volksmund munkelte, sie seien mit dem Teufel im Bunde, allesamt Männer: der Abt Trithemius (1462–1516), sein Freund Agrippa von Nettesheim (1486–1535), der legendäre Doktor Faustus (ca. 1480–1540), dessen Schicksal sogar noch Johann Wolfgang von Goethe und Thomas Mann herausfordern sollte. Und natürlich, last not least, der Engländer John Dee (1527–1608).
Aber dennoch ist es vermutlich realistisch, davon auszugehen, dass insgesamt um die achtzig Prozent der Verurteilten Frauen waren.
Nicht nur, weil Sprenger und Institor der Meinung waren, Frauen seien den Einflüsterungen des Teufels leichter zugänglich als Männer, wie schon die Geschichte von Adam und Eva beweise. Wobei, wie gesagt, das Buch Genesis die Schlange keinesfalls mit dem Teufel identifiziert. Der Vorstellung, dass Hexen eher Frauen waren, lag vermutlich die Vermischung der frühchristlichen Hexenvorstellung mit den Erkenntnissen der Scholastik zugrunde, welche gleichzeitig eine Zurückweisung katharischen Gedankengutes erlaubte.
Wir haben besprochen, dass die Hexen des klassischen Altertums sich auf Göttinnen wie Hekate und Diana beriefen. Diese Göttinnen wurden mit dem Mond assoziiert, der in den romanischen Sprachen weiblich ist. Damit nicht genug, entspricht auch die Dauer der vier Mondphasen einem regelmäßigen weiblichen Zyklus der Fruchtbarkeit von achtundzwanzig Tagen. Und gerade der Mond schien auf die nächtlichen Versammlungen der Hexen herab.
Nur sind Nacht und Mond eigentlich nicht von sich aus negativ, sondern lediglich die Gegenpole von Tag und Sonne. Und hier kommt die Scholastik ins Spiel. Diese postulierte nämlich die Lehre von den Transzendentalien. Diese Lehre manifestierte sich auch in der bereits besprochenen These, dass das Böse nicht eigentlich existiere, sondern nur die Abwesenheit des Guten beziehungsweise einen Mangel an diesem offenbare. Dieses Gute wurde auf jeden Fall mit dem Sein identifiziert. Gut und schön kann nur etwas sein, was ist. Der Tod ist das Nicht-Sein und somit schlecht. Der Tod ist dunkel, wie die Nacht. Die Nacht ist somit schlecht – ebenso wie alles, was mit ihr zu tun hat. Und damit waren der Mond und die Frauen gemeint.
Die Lehre von den Transzendentalien basiert auf der Philosophie des Aristoteles (384–322 v. Chr.). Wir haben besprochen, dass diese in erster Linie von Thomas von Aquin im christlichen Abendland verbreitet wurde, nachdem sie lange Zeit von der Kirche angefeindet worden war. Wenn seine Gedanken gerade zu diesem Zeitpunkt ankamen, dann bestimmt auch deshalb, weil sie eine philosophische Widerlegung des katharischen Gedankengutes erlaubten. Denn wenn das Sein gut ist, ist auch die Schöpfung gut. Leider erlaubte die gleiche philosophische Argumentation auch den Umkehrschluss, das der Tod und mit ihm die Nacht, der Mond und die Frauen schlecht sind, wie oben erläutert.

Eine Ansicht, welche von Jakob Grimm (1785-1863) geteilt wurde, schiebt das Zahlenverhältnis auf eine ursprüngliche Epoche eines barbarischen Matriarchats, in der Priesterinnen das Sagen hatten und Männer von der Teilnahme an den Festlichkeiten ausgeschlossen waren. Die kollektive Erinnerung an diese Zeit habe dazu geführt, dass es schon in den Märchen und Sagen mehr weibliche als männliche Hexen gebe.

Interessant ist in diesem Zusammenhang, dass die ersten literarischen Hexen, Circe und Medea, in der Tat Frauen waren, während die bereits erwähnten »defixiones«, die Täfelchen mit Verwünschungen, meist von Männern stammten, genau wie die Bücher über Magie. Manche Autoren wollen deshalb nicht ausschließen, dass Circe und Medea einst Göttinnen waren, deren Ansehen durch die Verbindung mit dem Hexentum beeinträchtigt werden sollte.

Wie dem auch sei, spätestens seit dem »Hexenhammer« war die Assoziation Hexe gleich Frau mehr oder weniger amtlich.

Die Eskalation der Hexenprozesse

Es ist völlig unbekannt wie viele Menschen während der Hexenprozesse zu Tode kamen.

Die Verfolgung jedoch eskalierte infolge der Gleichung Hexe gleich Ketzer. Nunmehr war es für eine Verurteilung wegen Hexerei nicht mehr nötig, ausdrücklich Schadzauber nachzuweisen. Das eigentliche Verbrechen bestand im Abfall vom Glauben durch Praktizieren heidnischer Riten beziehungsweise im Teufelsbund.

Und schon bald war es so weit, dass die Inquisition nicht einmal mehr die Berechtigung der Anklage wegen Aberglaubens und Ketzerei nachweisen musste. Anonyme Denunziationen führten zur Anklage, der Angeklagte wusste weder, wer ihn angezeigt hatte, noch, wessen er genau beschuldigt wurde. Die Inquisition versuchte vielmehr, ihn durch Einschüchterung und Folter dazu zu bringen, »freiwillig« zu gestehen. Da bei den Ketzerverbrennungen immer die Liste der Anklagepunkte beziehungsweise Geständnisse verlesen wurde, wusste im Prinzip jeder, was er zu gestehen hatte. Jeder neue Angeklagte wurde seinerseits gezwungen, weitere Namen zu nennen, was die Inquisition weiter in Gang hielt. Das System funktionierte jahrhundertelang.

Es ist umstritten, wie viele Hexen beziehungsweise vermeintliche Hexen – auf welche Art auch immer – zu Tode kamen. Eine Vermutung geht davon aus, dass es bis zu neun Millionen gewesen sein könnten. Andere halten so hohe Zahlen für maßlos übertrieben. Es gibt sogar Historiker, welche behaupten, effektiv hingerichtet worden seien nur einige tausend Angeklagte. Eine meiner Ansicht nach recht realistische Vermutung geht davon aus, dass die Hexenprozesse zwischen der zweiten Hälfte des 15. und Mitte des 18. Jahrhunderts etwa eine Million Opfer forderten. Das moderne Verständnis mag der Ansicht sein, dass schon ein unschuldig Hingerichteter zu viel ist. Die Inquisitoren hingegen ließen verlautbaren, es sei besser, eine Reihe Unschuldiger hinzurichten, als irrtümlich eine einzige Hexe nicht gefasst zu haben.

Aber wie kann es zu diesen gravierenden Abweichungen bei den Zahlenangaben kommen?
Auf der einen Seite sind nur mehr verhältnismäßig wenige Unterlagen erhalten. Das bedeutet, dass es sich um eine makabere Hochrechung handelt: Wenn nach dem Besuch der Inquisition in einer Stadt mit einer Bevölkerung von soundsovielen Menschen nachweisbar soundsoviele von ihnen verbrannt wurden, wie viele kamen dann in den Nachbarstädten nach dem Besuch der gleichen Inquisitoren um, wenn der Prozentsatz der Verurteilten gleich blieb?
Auf der anderen Seite müssen wir uns vor Augen halten, dass es sich um eine Epoche handelte, welche keine regelmäßig aktualisierten Bevölkerungsstatistiken führte und in der sporadisch auftretende Seuchen immer wieder ganze Landstriche entvölkerten. Auch die Zahlen, wie viele Menschen während der ersten großen Pestwelle um 1350 starben, beruhen auf nachträglichen Berechnungen. Und auch diese sind uneinheitlich, sowohl die absoluten als auch die prozentualen Zahlen. Manche sagen, der Schwarze Tod habe 25 Millionen Menschen hinweggerafft, was einem Viertel der damaligen Bevölkerung Europas entsprochen habe, andere gehen davon aus, dass die Hälfte der Bevölkerung umkam, ohne absolute Zahlen zu nennen.
Missernten und Kriege sorgten für eine weitere Dezimierung. Letztere weniger durch die allfälligen Schlachten als durch Soldateska, welche plünderte und brandschatzte. Vergessen wir nicht, dass in Deutschland zwischen 1618 und 1648 der Dreißigjährige Krieg wütete, also mitten während der Hexenverfolgung.
Wer vermag angesichts dieser Verheerungen noch zu sagen, wie viele Tote genau auf das Konto der Inquisition gingen?
Abgesehen davon war die Hexenverfolgung, wie erläutert, genauso wenig eine rein katholische Angelegenheit wie der Hexenglaube.

Die spanische Inquisition – besser als ihr Ruf?

Die Hexenverfolgung hat einige reichlich kuriose Aspekte. Der Buchdruck lässt den Hexenwahn eskalieren, und die spanische Inquisition wirkt mäßigend.

Der »Hexenhammer« hatte einen ungeheuren Erfolg. Mehr als fünfunddreißig Auflagen seien zwischen 1486 und Ende des 17. Jahrhunderts erschienen. Ironischerweise erwies sich der Buchdruck, um 1450 erfunden und üblicherweise als Instrument des Fortschritts gepriesen, hier als Fluch für die der Hexerei angeklagten Menschen. Denn ohne den Buchdruck hätten die Ideen des »Hexenhammers« nicht mit dieser rasenden Geschwindigkeit um sich greifen können. Unter anderem war es die Verbreitung des »Hexenhammers«, welche dafür sorgte, dass die Menschen sich in eine wahre Hysterie des Hexenglaubens hineinsteigerten.
Es war nämlich durchaus nicht so, dass die Inquisitoren als eine Art verhasste »Besatzungsmacht« betrachtet wurden, zumindest nicht überall und immer. Die Furcht vor den Hexen war genauso weit verbreitet wie die vor dem Teufel, als dessen Helfershelfer sie galten.
Verschiedene noch erhaltene Unterlagen der spanischen Inquisition lassen sich sogar dahingehend interpretieren, als habe die Inquisition in Spanien mäßigend eingegriffen

und den haltlosen Anschuldigungen, welche in anderen Ländern das Schicksal der als Hexen Beschuldigten besiegelten, keinesfalls geglaubt. Zumindest nicht immer.
Diese Zurückhaltung der spanischen Inquisition in Bezug auf die Hexenverfolgung mag erstaunen, gilt doch gerade Spanien infolge seiner zahlreichen Autodafés, der öffentlichen Ketzerverbrennungen, als Land, in dem die Inquisition mit Nachdruck wütete, und das recht lange. Die berüchtigte spanische Inquisition wurde erst 1834 offiziell abgeschafft. Aber gerade in Spanien hatte diese Inquisition noch andere Opfer. Nach der Eroberung der letzten maurischen Bastion in Spanien, Granada, im Jahre 1492, waren Moslems und Juden vor die Alternative gestellt worden, Christen zu werden oder das Land zu verlassen. Es konnte nicht ausbleiben, dass zahlreiche unter ihnen sich zwar taufen ließen, aber heimlich weiter ihre gewohnte Religion pflegten. Das wussten natürlich auch die Inquisitoren.
Genauso hatte sich der spanische König der erbitterten Bekämpfung der Reformation verschrieben. Die Inquisition war somit in Spanien reichlich ausgelastet. Den erhaltenen Akten zufolge entstammten diejenigen, die tatsächlich wegen Hexerei angeklagt wurden, meist der vermögenslosen Bevölkerungsklasse. Diese Prozesse kosteten also die Inquisition Geld, ohne dass der Aufwand durch die Auferlegung von Geldstrafen gedeckt werden konnte. Die Prozesse gegen reiche Handelsherren, welche ihre reformatorischen Ideen infolge ihrer geschäftlichen Beziehungen zum Beispiel mit England »importiert« hatten, waren weitaus ergiebiger.
Zumindest in Spanien war die Inquisition somit zu ihrer traditionellen Aufgabe zurückgekehrt: der Ketzerverfolgung.
Kurz vor Erscheinen des siebten und letzten »Harry-Potter«-Buches wetterten amerikanische Fundamentalisten von neuem gegen diese Serie, unter Hinweis auf das Alte Testament, das Hexen zum Tode verurteilt. Es ist eine exquisite Ironie des Schicksals, dass diese protestantischen Fundamentalisten noch vor weniger als vierhundert Jahren in Spanien die Ersten gewesen wären, die selbst lichterloh gebrannt hätten.

Die Magie der Renaissance

Wie christlich war die Magie in Europa?

Die Gretchenfrage: wie hält die Magie es mit der Religion?

Wir haben gesehen, dass verschiedene Grimoires mit Päpsten oder Klerikern assoziiert werden, sei dies nun zu Recht oder zu Unrecht. Genauso mussten wir konstatieren, dass die darin beschriebenen Praktiken bisweilen lediglich eine konsequente Weiterführung typisch katholischen Brauchtums sind. Insofern könnte der Eindruck entstehen, dass Magie eine spezifisch katholische Angelegenheit ist.

Wir haben weiterhin gesehen, dass einer Theorie zufolge die Kirche die Magie als Konkurrenz für die von ihr angebotenen Sakramentalien und Sakramente sah beziehungsweise eventuell einen allzu genauen Vergleich fürchtete. Jedoch haben wir genauso untersucht, dass ihre Ablehnung der magischen Elemente in der katholischen Kirche die Protestanten nicht davon abhielt, ihrerseits Hexen zu verfolgen.

Kritiker könnten generell einwenden, dass es sich vor der Reformation und somit bis Anfang des 16. Jahrhunderts generell nicht um katholisches, sondern um christliches Brauchtum handelte. Nur müsste man dies umgehend wieder einschränken beziehungsweise auf die westliche Kirche beschränken. Die Ostkirche hatte keine Reformation – und keine Hexenverfolgung.

Was die Hexenverfolgung in Westeuropa betrifft, müsste man eigentlich gleichfalls differenzieren zwischen der volkstümlichen Hexerei, gegen die sich der »Hexenhammer« richtete, und der gehobenen Form der Magie, die mit Namen wie Trithemius, Agrippa von Nettesheim, John Dee und anderen verbunden ist.

Nur konnte »Der Hexenhammer« sich gar nicht gegen Magie neuplatonischer, hermetischer und kabbalistischer Prägung wenden, weil diese sich damals erst zu verbreiten begann. Natürlich wurde auch diese Art von Magie von der Kirche verurteilt und bekämpft. Allerdings erst später, nach dem Konzil von Trient. Es war kein Zufall, dass gerade damals (1557) der Index der verbotenen Bücher eingeführt wurde: die im Zusammenhang mit dem »Großen Albert« erwähnte Liste von Büchern, welche von Katholiken nicht oder nur mit besonderer Genehmigung gekauft oder gelesen werden durften.[61]

Auf den ersten Blick erhält man bei der Untersuchung der hermetischen Magie wiederum den Eindruck, als sei die Magie eine katholische Domäne. Unter den berühmten Magiern war nur ein Protestant, John Dee. Nur trügt dieser erste Eindruck. Die anderen großen Magier waren samt und sonders geboren worden, bevor Luther 1517 seine Thesen an der Kirche von Wittenberg anschlug, waren also als Katholiken aufgewachsen:

Trithemius	1462 – 1516
Pico della Mirandola	1463 – 1494
Agrippa von Nettesheim	1486 – 1535
Paracelsus	1493 – 1541

[61] Der Index wurde 1966 abgeschafft.

John Dee hingegen lebte zwischen 1527 und 1608.
Offensichtlich zog keiner von ihnen eine Verbindung zwischen seiner Zugehörigkeit zu einer bestimmten Kirche und seinem persönlichen Interesse für die Magie. Sie hielten sich allesamt für gute Christen. Die von ihrer Kirche verurteilte teuflische Magie hatte für sie nichts mit der natürlichen Magie zu tun, deren Grundlagen sie selbst untersuchten. Die Magie in Europa war somit nicht konfessionell.
Es wäre sogar ein Irrtum zu glauben, dass die Magie sich auf das christliche Umfeld beschränkte. Denn das klassische Buch über Magie, das noch Agrippa von Nettesheim beeinflusste, obwohl er sich von ihm abgrenzte, stammte aus der Feder eines Moslems. Sein richtiger Name ist nicht bekannt, berühmt werden sollte er als Picatrix. Und diesen Namen trägt auch sein Buch. Picatrix war im 11. Jahrhundert in dem von den Mauren besetzten Teil Spaniens entstanden und wurde gegen 1250 ins Spanische und ins Lateinische übersetzt.
Bedeutet dies, dass die Magie in Europa von moslemischen Quellen geprägt oder zumindest beeinflusst war?
Nur bis zu einem bestimmten Grad. Die Religion spielt nämlich in Picatrix kaum eine Rolle. Der Autor macht sich zwar hin und wieder Gedanken, ob seine Aussagen von strengen Glaubensgenossen missdeutet werden könnten, nur hegten christliche Autoren von Büchern magischen Inhalts die gleichen Bedenken, und nicht zu Unrecht. Wesentlich mehr Einfluss als seiner religiösen Überzeugung gesteht Picatrix verschiedenen heidnischen Philosophen zu, speziell Aristoteles (384-322 v. Chr.) und Plato (427-347 v. Chr.).

Aristoteles – ein Geschenk der Mauren

Ironie des Schicksals: der für die Kirche bedeutsamste heidnische Philosoph wurde gerade von den Moslems weitergegeben.

Wir haben gesehen, dass Aristoteles ab dem 13. Jahrhundert auch im Christentum eine große Rolle spielen sollte, nachdem Albertus Magnus demonstriert hatte, dass seine Philosophie durchaus nicht unvereinbar mit dem christlichen Weltbild war, im Gegenteil. Dank Alberts Schüler Thomas von Aquin (1226-1274) verbreitete sich die Philosophie des Aristoteles noch rascher. Thomas pflegte Aristoteles lediglich als »den Philosophen« zu bezeichnen, in der Erwartung, dass sein Leser wusste, dass es für ihn nur einen gab. Anders als der Universalgelehrte Albert war Thomas von Aquin in erster Linie Theologe. Der Einfluss des Aristoteles wirkte sich somit direkt auf die Theologie der Scholastik[62] aus.
Nur zog sich dieser Einfluss des Aristoteles keinesfalls ununterbrochen vom klassischen Altertum bis ins christliche Mittelalter. Im Gegenteil. Die Ironie des Schicksals will es, dass das Abendland die Einführung der aristotelischen Philosophie ausgerechnet den Menschen verdankte, welche eigentlich als die Feinde des christlichen Abendlandes galten: die moslemischen Araber.

---

62 Scholastik leitet sich ab von »schola«, dem lateinischen Wort für Schule. Mit diesen Schulen waren die Universitäten gemeint, die damals in kirchlicher Hand waren.

Der Islam bereitete sich schon zu Lebzeiten Mohammeds (ca. 570-632) mit rasender Geschwindigkeit im Vorderen Orient und Nordafrika aus. 711, also nur drei Generationen nach dem Tod Mohammeds, fielen die Araber in Spanien ein und setzten sich dort fest. Die letzten Mauren, wie man sie nannte, wurden erst 1492 aus Spanien vertrieben.

Es war über Spanien und in Gestalt von Übersetzungen aus dem Arabischen, dass die Philosophie des Aristoteles nach Europa eindrang. Der in Andalusien geborene moslemische Philosoph Averroes (1126-1198) gilt als der beste Kommentator von Aristoteles. Bestimmt war es auch auf diesen arabischen Hintergrund zurückzuführen, dass die Kirche sich lange Zeit verbissen gegen den zunehmenden Einfluss des Aristoteles gewehrt hatte. Was von den Moslems übersetzt, weitergegeben und kommentiert worden war, musste ihrer Ansicht nach ganz einfach der christlichen Kultur widersprechen.

Während der Kreuzzüge gelangten dann auch griechische Abschriften der Werke des Aristoteles nach Europa. Aber der Impuls war von den Arabern ausgegangen.

Thomas von Aquin wurde 1323 heiliggesprochen und 1567 zum Kirchenlehrer erklärt. Und nachdem es eine Zeitlang so ausgesehen hatte, als würde sein Einfluss schwinden, wurde Thomas von Aquins Theologie vom Ersten Vatikanischen Konzil 1871 wieder in ihre alten Rechte eingesetzt. Seit 1880 ist Thomas von Aquin der Schutzpatron der katholischen Universitäten.

Die Kirche hatte schon immer das Problem, dass sie gerne einen Schritt hinterherhinkt. Denn als sie schließlich mit Müh und Not die Philosophie des Aristoteles verdaut hatte, hatte sich das allgemeine Interesse schon längst wieder von Aristoteles ab- und seinem Vorgänger Plato zugewandt. Konkret: dem Neuplatonismus.

Der Neuplatonismus und das Corpus Hermeticum

Die neuplatonische Philosophie liefert eine Grundlage der Magie in der Renaissance.

Die Neuplatoniker waren in den ersten Jahrhunderten des Christentums sehr präsent gewesen, speziell in Alexandria, damals sowieso ein Schmelztiegel verschiedener philosophischer Strömungen. Danach wurden sie jahrhundertelang ignoriert.

Einer der Gründe hierfür war die Magie. Denn der Neuplatonismus hatte ein stark magisch angehauchtes Weltbild. Das Buch »Über die Geheimlehren« des Neuplatonikers Jamblichus wurde später geradezu zu einem Standardwerk der Magie. Es handelt von den verschiedenen geistigen Wesenheiten, ihren Hierarchien und den Möglichkeiten, über ihre Kräfte auf das Einfluss zu nehmen, was sie regieren.

Noch der Kirchenvater Augustinus gab Anfang des 5. Jahrhunderts zu, dass er dem Neuplatonismus viel verdankte. Nur war er letztendlich der Meinung, dass er nur eine Stufe auf dem Weg zum wahren Glauben darstellte. Später verzichtete man ganz auf Plato und seine unangenehmen Beiklänge – zumindest in der Westkirche.

In der von Konstantinopel beherrschten östlichen Christenheit hingegen hatten sich die neuplatonischen Ideen schon seit Mitte des 11. Jahrhunderts von neuem verbreitet. Die Tatsache, dass diese Texte in griechischer Sprache gehalten waren und in

Konstantinopel Griechisch gesprochen wurde, hatte dafür gesorgt, dass sie nie ganz und gar untergegangen waren.
Als Konstantinopel 1453 von den Türken erobert wurde, suchten zahlreiche griechische Gelehrte Zuflucht im Westen Europas. All diejenigen, welche der Meinung waren, dass die scholastische Philosophie nichts mehr zu bieten hatte, wandten sich begeistert den Schriften zu, die sie mit sich führten.
Diese Verbreitung griechischen Kulturgutes hat der Renaissance ihren Namen gegeben: »Renaissance« bedeutet schließlich »Wiedergeburt« – gemeint ist die des klassischen Altertums. Die Renaissance habe das mittelalterliche Weltbild abgelöst, beginnend mit dem geozentrischen. Die darstellenden Künste entdeckten Perspektive und Bewegung.
Allerdings haben verschiedene Gelehrte, darunter Frances Yates, demonstriert, dass dieses fortschrittsgläubige Weltbild nur bedingt stimmt. Die Wiederentdeckung Platos und die Zurückdrängung der von Aristoteles geprägten Scholastik war lediglich das Ersetzen eines griechischen Philosophen durch einen anderen, ironischerweise des Nachfolgers durch den Vorgänger: Plato war der Lehrer des Aristoteles gewesen.
Der einzige Punkt, wo die Renaissance tatsächlich eine radikale Änderung bewirkte, war in Bezug auf die Verbreitung des Wissens.
Nach dem Zusammenbruch des römischen Weltreiches war die katholische Kirche die einzige Institution in Europa gewesen, die einigermaßen stabil war und dadurch stabilisierend wirken konnte. Sie war weiterhin die einzige Institution, welche die erhaltenen Bruchstücke des Wissens der Antike bewahrte und weitergab, beginnend mit der lateinischen Sprache, um die Textsammlungen überhaupt lesen zu können. Ein gewisser Niedergang fand durchaus statt – das mittelalterliche Kirchenlatein hatte mit der Sprache der klassischen Autoren der Antike immer weniger zu tun. Aber dank der in den Klosterschulen gelehrten lateinischen Sprache konnten sich die Gelehrten bis in die Neuzeit immerhin problemlos international untereinander verständigen.
Die Gelehrsamkeit des Mittelalters war ein Monopol der Kirche. An den Universitäten lehrten Mönche. Im Englischen ist der Ausdruck »clerk«, abgeleitet von »clericus«, Geistlicher, also Angehöriger des Klerus, heute noch die gängige Bezeichnung für jemanden, der in einem Büro arbeitet. Mit der Renaissance und der Verbreitung der griechischen Sprache war dieses Monopol der Kirche zu Ende.
Aber nicht das magische Weltbild. Im Gegenteil. Der Astronom Kepler erstellte auch Horoskope, und einen der berühmtesten Naturwissenschaftler und Geographen des 16. Jahrhunderts haben wir soeben als Magier kennengelernt: John Dee.
Die Renaissance war somit zutiefst von der Magie geprägt. Das beweist auch die Tatsache, dass die Hexenprozesse erst in der Renaissance richtig anliefen, wie bereits erläutert. Der sogenannte Humanismus, eines der Schlagwörter der Renaissance, beeinflusste nur die wenigsten.
Lediglich eine der landläufigen Meinungen über die Renaissance stimmt uneingeschränkt: Sie verbreitete sich von Italien aus.
Cosimo de Medici (1389-1464) von Florenz gab 1460 dem Gelehrten Marsilio Ficino den Auftrag, die von ihm unlängst erworbenen Schriften Platos für ihn aus dem Griechischen zu übersetzen. Nur musste Ficino diese Arbeit schon bald unterbrechen,

wiederum auf Veranlassung des Fürsten. Dieser war nämlich inzwischen in den Besitz von Schriften gelangt, die ihn noch mehr interessierten: das sogenannte »Corpus Hermeticum«, eine Sammlung von Dialogen, welche man für noch älter und damit ehrwürdiger als Plato hielt.

Man glaubte nämlich, dass diese Schriften das geheime Wissen Altägyptens darstellten, festgehalten von einem Mann namens Thoth, der ein Zeitgenosse, wenn nicht sogar ein Vorläufer des biblischen Moses gewesen sein sollte. Dieser Thoth sei als Gott der Schrift in das ägyptische Pantheon eingegangen. Er wurde aufgrund verschiedener Gemeinsamkeiten mit dem griechischen Hermes identifiziert. Beide haben sowohl mit der Schrift beziehungsweise Kommunikation als auch mit dem Tod zu tun. Hermes alias Merkur, der große Mittler, galt als der Führer der Seelen in die Unterwelt, Thoth war der Schreiber, welcher die Taten beziehungsweise Untaten eines Verstorbenen beim Totengericht festhielt.

In der Überlieferung wurde dieser Hermes zu Hermes Trismegistos, Hermes dem dreifach Großen. Etwas, das sein Siegel trägt, ist hermetisch. Etwas hermetisch Verschlossenes ist für den Profanen nicht zugänglich. Der heute leichthin benützte Ausdruck von einem hermetischen Verschluss hat somit einen magischen Hintergrund.

Diese hermetischen Schriften stellen, wie gesagt, eine Sammlung von Texten dar, offensichtlich von verschiedenen Autoren. Nur so lassen sich Widersprüche erklären. So ist nicht ganz eindeutig, ob Gott die Welt durchdringt oder völlig außerhalb von ihr steht, ob die Schöpfung somit gut ist, weil Gott sich in ihr manifestiert, oder ob sie negativ zu interpretieren ist, weil sie von Gott getrennt ist und nur Gott gut ist.

Dank der Erfindung der Buchdrucks verbreitete sich dieses Corpus Hermeticum mit Windeseile in ganz Europa.

Dem gleichen Hermes Trismegistos wurde auch das berühmte Motto »Wie oben, so unten« zugeschrieben. Obwohl der Text, in dem sich diese Aussage wiederfindet, nicht zum eigentlichen Corpus Hermeticum gehört, fasst er doch dessen Grundaussage zusammen: Es gibt eine Korrespondenz zwischen dem Mikrokosmos und dem Makrokosmos, dem Menschen und dem Weltall. Diese Übereinstimmung bildet die Grundlage der Magie.

Es war erst 1614, dass der Gelehrte Isaac Casaubon (1559-1614) nachwies, dass die sogenannten hermetischen Schriften in den ersten Jahrhunderten nach der Zeitenwende entstanden waren und somit in der Ära der Neuplatoniker. Das tat ihrer Popularität keinen Abbruch.

Fassen wir zusammen, welche Faktoren auf die Magie in der Renaissance einwirkten: Erstens die Philosophie des Aristoteles, übersetzt und kommentiert von Moslems. Zweitens die moslemische beziehungsweise die von den Moslems weitergegebene Magie direkt, wie sie sich zum Beispiel in Picatrix niederschlug. Drittens das neuplatonische Gedankengut, mit seinen Korrespondenzen zwischen oben und unten. Viertens das Corpus Hermeticum, eine in ägyptische Gewänder gekleidete Version des Neuplatonismus, gemischt mit weiteren philosophischen Einflüssen.

Die Kabbala

Der jüdische Beitrag zur Renaissance-Kultur.

Allerdings spielte noch ein weiterer Faktor mit: die jüdische Kabbala. Jedoch hat diese bei genauerer Betrachtung zahlreiche Gemeinsamkeiten mit den anderen Strömungen aufzuweisen.

Beginnend damit, dass ihr Ansehen, zumindest zeitweise, wie das des Corpus Hermeticum mit ihrem legendären Alter zusammenhing. Das Sepher Jezirah, eines der beiden wichtigsten Bücher der Kabbala, behauptet kühn, den Patriarchen Abraham persönlich zum Autor zu haben. Noch im 19. Jahrhundert stimmte Eliphas Lévi dieser These im Prinzip zu: Die Kabbala entspreche in der Tat der Magie der Chaldäer, von Abraham vor dem Untergang ihres Reiches in Sicherheit gebracht.

Eine weitere These geht davon aus, dass die Kabbala auf Moses zurückzuführen ist. Er habe auf dem Berg Sinai nicht nur die Zehn Gebote, sondern auch die Kabbala empfangen. Andere suchen den Ursprung der Kabbala in Altägypten. Moses habe sie nicht von Gott erhalten, sondern sei von ägyptischen Priestern in sie eingeweiht worden. Die zweiundzwanzig Karten des Tarots würden in hieroglyphischer Form das Wissen Altägyptens festhalten und seien später zu den zweiundzwanzig Buchstaben des hebräischen Alphabets geworden.

Das wahre Alter der Kabbala wurde nie geklärt. Von den beiden wichtigsten Büchern der Kabbala, dem Sepher Jezirah und dem Sohar, ist das Sepher Jezirah auf jeden Fall das ältere Werk. Die Überlieferung führt es auf einen Rabbi namens Akiba und etwa das Jahr 120 n. Chr. zurück. Andere siedeln es wesentlich später an. Die Vertreter der These, dass es tatsächlich von Akiba stammt, weisen auf Stellen in Talmudkommentaren[63] hin, welche auf das Sepher Jezirah anzuspielen scheinen.

Dafür herrscht ziemliche Einigkeit, dass der Sohar nicht von Akibas Schüler Simon bar Johai verfasst wurde, wie man ursprünglich meinte, sondern erst Ende des 13. Jahrhunderts entstand. Als Autor gilt Moses von Leon (1250-1305), ein berühmter spanischer Kabbalist. Was natürlich nicht ausschließt, dass er sich auf ältere Vorlagen berief.

Es ist unmöglich, auf alle Aspekte der Kabbala einzugehen. Wir wollen uns deshalb nachstehend einerseits auf die Grundlagen und andererseits auf den Bereich beschränken, der einen direkten Zusammenhang mit der Magie aufweist.

Das beginnt mit der Bedeutung der Zahlen. Das hebräische Alphabet besteht aus zweiundzwanzig Konsonanten, welche das Sepher Jezirah in drei Mütter, sieben Doppelkonsonanten und zwölf einfache Konsonanten teilt. Das Sepher Jezirah vergleicht die sieben Doppelkonsonanten wörtlich mit den sieben Planeten und die zwölf Konsonanten mit den Zeichen des Zodiaks. Teilt man die Zahl zweiundzwanzig durch sieben, ergibt sich 3,14, die Zahl Pi. Daneben bezieht sich das Sepher Jezirah noch auf die zehn Sephiroth, Emanationen Gottes, welche sich vom höchsten Gott bis zur Erde ziehen. Wobei nicht ganz eindeutig ist, ob En-Soph, das Absolute, über den zehn Sephiroth steht oder diese einschließt. Diese zehn Sephiroth sind durch

63 Der Talmud ist eine Auslegung der Bibel durch rabbinische Gelehrte.

zweiundzwanzig Pfade verbunden, welche wiederum den zweiundzwanzig Buchstaben entsprechen.

Die zehn Sephiroth erlauben es, von Malkuth, dem Reich – gemeint ist die Erde –, bis zu Kether, der Krone, der höchsten Sephira, aufzusteigen. Auch die Zahl Zehn ist nicht vom Zufall bestimmt. Das Sepher Jezirah bezieht sich auf die zwei Hände mit je fünf Fingern – ein weiterer Hinweis darauf, dass die Fünf eine »lebendige« Zahl ist.[64]

Eine weitere numerische Einteilung der Kabbala ist die in die vier Welten:

1. Aziloth: die Welt der Archetypen, also die göttliche Welt
2. Briah: die Welt der kontinuierlichen Schöpfung
3. Jezirah: die Welt der Formung, wo die göttlichen Energien konkreten Dingen ihre definitive Form verleihen
4. Asiah: die materielle Welt, wo alles Erschaffene gemäß der ihm entsprechenden Form agiert beziehungsweise reagiert, von den Mineralien über die Pflanzen und Tiere bis hinauf zum Menschen

Und mit diesen vier Welten steht die Magie in enger Verbindung. Sie wirke nämlich in der Welt der Formung beziehungsweise bediene sich deren Kräfte. Der Sitz dieser Welt ist in unserem Sonnensystem. Konkret: die Kräfte der Welt der Formung werden von den Planeten repräsentiert. Es sei mittels dieser Kräfte, dass auf Asiah eingewirkt werde. Nur werden die Planeten, wie oben erläutert, mit den sieben Doppelkonsonanten gleichgesetzt. Die Macht der Buchstaben steht also direkt mit den Kräften der Planeten in Verbindung.

Die Elemente, das Material, auf das sie einwirken, werden durch die drei Buchstaben repräsentiert, welche die Kabbala als Mütter bezeichnet – anders als die klassische Lehre von den vier Elementen geht die Kabbala von lediglich dreien aus; die Erde wird ignoriert. Jedoch scheint das Sepher Jezirah andeuten zu wollen, dass die Form dieser drei Buchstaben genau dem entspricht, was sie darstellen: der Buchstabe Aleph der Luft, Mem dem Wasser und Schin dem Feuer. In der Tat scheinen aus Schin drei Flammen oder feurigen Zungen herauszubrechen, während Mem an einen Wasserkrug erinnert. Am interessantesten ist Aleph, der erste Buchstabe des Alphabets. Zwei Balken scheinen nach oben und somit in die Luft weisen zu wollen, die beiden anderen deuten symmetrisch nach unten. Das Aleph ist somit eine sehr gute Darstellung des alten hermetischen Sprichwortes »Wie oben, so unten«, ein Sprichwort, das sich sogar beinahe wörtlich im Sohar wiederfindet: »Was auf der Erde ist, ist auch in der Höhe.«[65]

Auf diesen Theorien basieren die drei Bereiche der praktischen Kabbala: Gematria, Notariqon und Temurah. Grundlage der Gematria ist die Tatsache, dass jeder Buchstabe des hebräischen Alphabets einen bestimmten Zahlenwert hat, eine These, welche noch hinter der modernen Nummerologie steht. Damit kann der Zahlenwert

---

64 Vermutlich ist es auch kein Zufall, dass der wichtigste Teil der jüdischen Thora – also des Gesetzes – gerade in fünf Bücher gegliedert wurde: Es handelt sich um den sogenannten Pentateuch, die fünf Bücher Moses – Pentateuch leitet sich ab von »penta«, dem griechischen Wort für fünf.

65 Kommentar zu Gen 30:14, I. fol. 145a-b.

eines Wortes berechnet werden, und alle Worte, die den gleichen Zahlenwert haben, stehen miteinander in Verbindung. Das Notariqon bildet aus den Anfangs- beziehungsweise Endbuchstaben der einzelnen Worte eines Satzes neue Wörter beziehungsweise konstruiert aus den Buchstaben eines Wortes einen Satz, in dem jeder Buchstabe den Anfangsbuchstaben eines Wortes darstellt. Ein Beispiel hierfür ist das in magischen Beschwörungen gerne verwendete Wort AGLA. Es stammt aus einem jüdischen Gebet und bedeutet »Attah gibbor le-dam Adonai« – Herr, Du bist mächtig in Ewigkeit. Die Temurah hingegen stellt die Buchstaben eines Wortes nach bestimmten Regeln um. Der den Lesern von Dan Browns »Sakrileg« wohlbekannte Atbash-Code gehört zur Temurah.[66]

Eliphas Lévi vergleicht diese Kombinationen von Zahlen und Buchstaben mit der Ars Notoria. Zumindest haben Kabbala und Ars Notoria die gleiche Absicht: die Fähigkeiten des Menschen in den Zustand vor dem Sündenfall zurückzuversetzen, ihn somit von neuem zum Herrn über die Elemente zu machen. Wobei der Sohar keine Erbsünde im eigentlichen Sinne kennt: Jeder Mensch erleide infolge seiner eigenen Sünden den Tod, nicht wegen der Sünde Adams.[67]

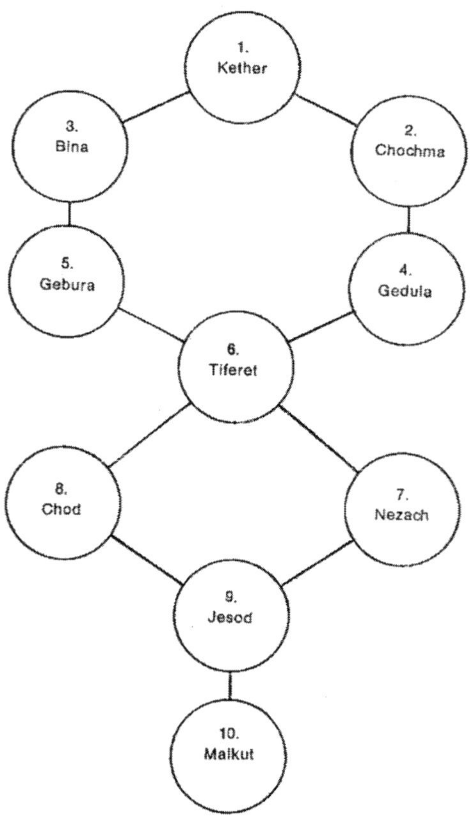

Die Kabbala enthält Elemente, welche weit über das jüdische Weltbild hinausgehen. Nur hat dies nichts damit zu tun, dass sie innerhalb des Judentums wichtige Lehren des Christentums vorwegnahm, wie verschiedene christliche Philosophen meinten – wir gehen darauf noch im Detail ein. Die Gemeinsamkeiten mit dem Christentum sind schlicht darauf zurückzuführen, dass die Kabbala den gleichen Einflüssen wie das Christentum ausgesetzt war. Wenn auch die religiöse Substanz des Judentums sich diesen Einflüssen verschließen konnte, seine spekulative Seite, und dazu gehört nun einmal die Kabbala, nahm sie auf.

66 Entdeckt wurde die Gleichung Sophia = Baphomet allerdings von Hugh Schonfield, der sie in seinem Buch über die Essener auch veröffentlichte.

67 I. fol. 57b

Zum Beispiel die Lehren Platos, und das nicht nur in Gestalt der neuplatonischen beziehungsweise der von der Renaissance wiederentdeckten Schriften. Es gab zumindest ein Werk, das ohne Unterbrechung weitergegeben worden war: das Buch »Timaios«.

Dort wird die These des Sepher Jezirah, dass die gesamte Schöpfung auf bestimmten Zahlenverhältnissen beruhe, bereits vorweggenommen. Das Sepher Jezirah verband lediglich die Zahlen mit den Buchstaben.

Die Lehre von den Sephiroth und einer Hierarchie von geistigen Wesen, die sich vom höchsten Prinzip bis hinab zur Schöpfung zieht, ist typisch neuplatonisch. Sie hat mit der biblischen Jakobsleiter (Gen 28:12) wenig zu tun, selbst wenn sie später damit identifiziert wurde. Der Gedanke, Schritt für Schritt zu Gott aufzusteigen, ist dem orthodoxen Judentum fremd.

Es ist auch kein Zufall, dass sich die großen christlichen Kabbalisten gleichzeitig mit dem Corpus Hermeticum beschäftigten. Schließlich ist die Kabbala effektiv nichts anderes als ein Bindeglied zwischen dem Neuplatonismus und der eigentlichen Magie. Wir sind immer wieder darauf zurückgekommen, dass Magie im Prinzip Astrologie ist, und das Sepher Jezirah assoziiert nicht nur die heiligen Zahlen mit den hebräischen Konsonanten, sondern diese direkt mit den alten Planeten und Sternbildern.

Die Philosophie der Renaissance bestand somit aus einer faszinierenden Mischung heidnischen, jüdischen, christlichen und moslemischen Gedankenguts. Die verschiedenen Strömungen hatten einander gegenseitig befruchtet und scheinbar unvereinbare Komponenten ausgeglichen.

Um das zu illustrieren, wollen wir nunmehr Leben und Werk einiger markanter Denker der Renaissance untersuchen. Diese sind gleichzeitig die großen Klassiker der Magie.

Raimundus Lullus

Religiöse Wahrheiten, demonstriert anhand von mathematischen Analogien?

Beginnen wir mit Raimundus Lullus (1232-1316). Der Leser, dem dieser Name unbekannt ist, wundert sich vermutlich. Dem Datum seines Todes zufolge lebte Lullus eindeutig im Mittelalter, und eigentlich hatte ich versprochen, Renaissance-Gelehrte zu besprechen.

Der Leser hingegen, dem der Name Raimundus Lullus etwas sagt, ist eher erstaunt, ihm in dieser Rubrik zu begegnen, nämlich unter den Klassikern der Magie. Handelte es sich nicht um einen christlichen Missionar? Hat ihn die katholische Kirche nicht seliggesprochen? Nur geschah dies relativ spät. Seine Lehren waren lange Zeit suspekt gewesen, und seine Werke standen später auf dem Index.

Und wenn sich auch Lullus von den großen Theoretikern der Magie wie Agrippa von Nettesheim unterscheidet, so eignet sich seine Biographie doch sehr gut für die Demonstration, wie künstlich die gerade von der katholischen Kirche errichtete Barriere zwischen Magie und Religion ist.

Damit soll die Bedeutung von Lullus für das Christentum keinesfalls herabgewürdigt werden. Lullus verfasste mystische und theologische Werke, und er starb effektiv als Märtyrer: Er wurde bei einer Missionsreise in Tunis von der Menge gesteinigt und dabei so schwer verletzt, dass er auf der Rückreise nach Mallorca verstarb. Allerdings darf man dabei zwei Dinge nicht vergessen. Erstens, Lullus war in diesem Moment um die vierundachtzig Jahre alt. Zweitens, er suchte den Märtyrertod. Vielleicht stand hinter diesem Wunsch auch die Enttäuschung, dass er mit seinem Bekehrungswerk nicht den Erfolg gehabt hatte, der ihm vorgeschwebt hatte.

Das Lebenswerk von Raimundus Lullus hatte nämlich darin bestanden, die Überlegenheit der christlichen Lehre auf mathematische Weise zu demonstrieren. Allerdings war seine Vorstellung von Mathematik reichlich magisch. Grundlage waren die vier Elemente (Wasser, Erde, Feuer, Luft), welche mit vier verschiedenen Eigenschaften (warm, kalt, feucht, trocken) kombiniert werden. Das Feuer ist dabei warm und trocken, die Erde trocken und kalt, das Wasser feucht und kalt, die Luft warm und feucht. Diese Eigenschaften übertrug er dann auf die Planeten.[68]

Lullus hatte ein kompliziertes System beziehungsweise sogar Instrument ausgearbeitet, das allen möglichen philosophischen und theologischen Anforderungen genügen sollte. Es funktionierte auf der Basis von konzentrischen Kreisen oder Zahnrädern, auf denen er zum Beispiel die göttlichen Attribute in Gestalt von Buchstaben mit geometrischen Formen kombinierte.

Lullus wollte über die Muster der Schöpfung und Analogien im Universum demonstrieren, dass die christliche Lehre auf keine Frage um eine Antwort verlegen ist. Nur erinnert dieses System einerseits an Plato und andererseits an die Kabbala. Beide haben wiederum einen stark magischen Einschlag.

Diese Einflüsse auf das Werk von Lullus sind auch unschwer zu erklären. Lullus lebte schließlich in Spanien und somit in einem Land, in dem sich die Philosophie von Aristoteles und die des Plato die Hände reichten, und das genau zu der Zeit, als dort auch die Kabbala fröhliche Urständ feierte, zusammen mit der moslemischen Mystik.

[68] Die Grundlagen hierfür finden sich bereits bei Aristoteles.

Eigentlich wäre es eher erstaunlich, wenn Lullus nicht von dieser blühenden Mischkultur beeinflusst gewesen wäre.
Dagegen könnte man einwenden, dass die anderen Geistesgrößen der Renaissance nicht in Spanien aufgewachsen waren und dennoch die gleichen Komponenten miteinander verbunden hatten wie Lullus. Nur lebten diese, wie weiter oben demonstriert, wesentlich später. Und in der Zwischenzeit hatten sich die Einflüsse, denen Lullus ausgesetzt gewesen war, auch im übrigen Europa verbreitet. Nebst den Schriften von Lullus selbst.
Ein Ereignis, welches zur Verbreitung der platonischen Schriften beigetragen hatte, haben wir bereits besprochen: die Eroberung Konstantinopels durch die Türken. Der Anlass für die beschleunigte Verbreitung der Kabbala war die allmähliche Verdrängung der Juden aus Spanien.[69] 1492 wurden sie endgültig vor die Entscheidung gestellt, zum katholischen Glauben überzutreten oder das Land zu verlassen. Viele hatten dieses Edikt gar nicht abgewartet und waren schon vorher gegangen.
Lullus war also ein Vorläufer der Renaissance-Gelehrten, auch in Bezug auf die Kabbala. Aber als der Hauptverantwortliche für die Einführung kabbalistischen Gedankenguts in Europa gilt Pico della Mirandola.

Pico della Mirandola

»Christliche Kabbala« – im Prinzip ein Widerspruch in sich. Pico überwand ihn.

Pico della Mirandola, oder besser gesagt, Giovanni Pico, geboren 1463 auf der Burg Mirandola, war ein typischer Philosoph der Renaissance.
Er studierte zuerst die damals von der Kirche sanktionierten Lehren des Aristoteles und interessierte sich dann für Plato. Allerdings erschien ihm, wie vielen seiner Kollegen, der Kontrast keinesfalls unüberwindlich. Seiner Ansicht nach ließen sich die beiden Lehren durchaus vereinbaren. Er scheute sich nicht einmal, die Kommentare moslemischer Philosophen zu Aristoteles einzubringen. Daneben gilt er jedoch auch als der erste Vertreter der christlichen Kabbala; jüdische Kabbalisten gingen in seinem Haus genauso ein und aus wie christliche Gelehrte und Philosophen. Letztendlich gipfelten Picos Studien in der Erkenntnis, dass in den von ihm untersuchten religiösen und philosophischen Systemen ein gemeinsamer Sinn steckt, dass man überall zumindest Spuren einer ewigen Wahrheit findet.
Natürlich wurde er prompt der Magie und des Ketzertums verdächtigt. Nicht nur, weil er im Prinzip ein System vertrat, das die Kirche als Synkretismus verurteilt: das Bemühen, mehrere Weltanschauungen unter einen Hut zu bringen. Pico hatte gleichermaßen Probleme mit der christlichen Überzeugung, dass allein die Gnade Gottes den Ausschlag gebe. Picos Ansicht nach ist die Seele von Haus aus göttlich, und es hängt vom eigenen Bemühen ab, ob sie sich Gott nähert oder nicht. Ein

[69] Wobei Leon, wo der vermutliche Autor des Sohar lebte, auf dem sogenannten Jakobusweg liegt: der alten Pilgerstraße nach Santiago de Compostela. Vielleicht erhielt mancher christliche Kabbalist auf dieser Wallfahrt die ersten Anregungen. Siehe Monika Hauf: »Der Jakobsweg«, Langen Müller, München, 2003.

weiteres Problem war, dass Pico sich keine ewige Höllenstrafe vorstellen konnte. Jede Sünde, sogar der Sündenfalls Adams und Evas, fand beziehungsweise finde innerhalb der Zeit statt und könne deshalb auch nur eine zeitlich begrenzte Strafe finden.[70]
Genauso trennte Pico, und mit ihm die Renaissance, die scholastische Einheit des Schönen und des Guten. Das Schöne sei nicht an moralische Vollkommenheit gebunden, sondern könne unabhängig existieren. Dennoch scheute er sich auf der anderen Seite nicht, das schlechte Latein der nordeuropäischen Theologen anzugreifen und daraus die ersten Rückschlüsse auf ihre sonstige Sorgfalt und letztendlich auf die Richtigkeit ihrer Lehren zu ziehen.

Pico betrachtete sich selbst keinesfalls als Ketzer. Im Gegenteil, er meinte, die christlichen Glaubenssätze ließen sich nicht nur sehr gut mit der Kabbala vereinbaren, sondern sogar anhand der Kabbala illustrieren. Er fand in der Kabbala Hinweise nicht nur auf die Dreifaltigkeit, sondern sogar auf die Menschwerdung beziehungsweise Göttlichkeit Jesu. Darin ging er mit anderen Renaissance-Gelehrten einig. Er wies darauf hin, dass der Name Jesu in der hebräischen Sprache nichts anderes ist als das Tetragrammaton, JHVH, der heilige Name Gottes, in den ein Schin (S) eingeschoben ist.[71]
Diesen Hintergrund muss man kennen, um die Ansichten Picos zur Magie richtig einzuschätzen. Er unterscheidet streng zwischen Magie in Form von Dämonenbeschwörung, genannt Goetia, und dem, was er als natürliche Magie bezeichnet. Diese Art von Magie beruhe nicht auf der Intervention von Geistern und bewirke auch keine Wunder, sie mache sich lediglich die Kräfte der Natur zunutze.
Was die Astrologie angeht, so scheint Pico seine Ansicht hierzu im Laufe seines Lebens – wenn dieses auch nicht allzu lange währte, er starb 1494 im Alter von nur einunddreißig Jahren – geändert zu haben. Vielleicht hielt er es auch nur für nötig, einer falschen Interpretation seiner Lehren entgegenzutreten. Von einem unwiderruflichen Einfluss der Sterne auf das Schicksal des Menschen ging er

70 Dieser Gedanke wurde von Eliphas Lévi wieder aufgegriffen.

71 Zu dieser Erkenntnis war bereits der Kirchenvater Hieronymus (ca. 347-420) gekommen, nur machten die Renaissance-Gelehrten sie populär.

offensichtlich nie aus, er glaubte vielmehr an allgemeine Korrespondenzen zwischen Himmel und Erde, welche schließlich die Grundlage der Magie bilden.
Ähnlich dachte auch sein Zeitgenosse und Freund Marsilio Ficino: Was sich am Himmel abspiele, sei ein Zeichen für kommende Ereignisse, nicht deren Ursache. Nur war, wie bereits erläutert, auch die klassische Astrologie nie von einem absoluten Determinismus ausgegangen.

Johannes Trithemius

Ein weiterer Kleriker mit magischem Einschlag.

In Johannes Trithemius – Trithemius leitet sich schlicht von seinem Heimatort Trittenheim bei Trier ab – begegnet uns von neuem ein Kleriker, der mit der Magie wohl vertraut war. In seinem Fall muss dieses Interesse auch nicht rekonstruiert werden, es ist offensichtlich.

Trithemius wurde 1462 geboren, studierte in Heidelberg und wurde als Zwanzigjähriger Mönch des Benediktinerklosters Sponheim. Schon zwei Jahre später machte man ihn zum Nachfolger des verstorbenen Abtes. Wie bereits Albert der Große war auch Trithemius ein hervorragender Organisator, welcher das sowohl in materieller als auch in geistiger Hinsicht stark heruntergekommene Sponheim zu einem Anziehungspunkt von Gelehrten aus ganz Europa machte. Seine Mönche waren sogar der Meinung, dass er zuviel des Guten tat. Sie nutzen eine diplomatische Reise ihres Abtes aus, um sich seiner zu entledigen. Der enttäuschte Trithemius kehrte in der Tat nicht mehr nach Sponheim zurück und lebte von 1506 bis zu seinem Tod zehn Jahre später im Kloster Sankt Jakob von Würzburg.[72]
Trithemius sammelte nicht nur die Schriften anderer – in Sponheim umfasste seine Bibliothek um die zweitausend Bücher –, sondern verfasste auch eigene Werke, nicht nur theologischen Inhalts. Er glaubte an den Stein der Weisen und die Transmutation der Metalle und schrieb ein Buch über die Engel, welche die sieben Planeten regierten. Seiner Ansicht nach waren sie nach Gott die »zweite Ursache« für alles, was auf der Erde geschah.
Trithemius hat auch eine Liste von über hundert magischen Texten überliefert, dankbarerweise sogar mit ihrer Einleitung. In manchen Fällen ist seine Aufstellung

[72] Einer anderen Lesart zufolge wurde ihm ein unvorsichtiger Brief über Magie zum Verhängnis.

der einzige Hinweis auf die Existenz des betreffenden Textes: weil das Buch an sich nicht erhalten ist.
Berüchtigt wurde Trithemius als Autor eines Werkes mit dem Titel »Steganographia«. Nur ist ironischerweise gerade dieses Buch nicht magischer, sondern wissenschaftlicher Art. Der erste Eindruck ist, dass es sich um eine detaillierte Anweisung zur Beschwörung von Geistern handelt. In Wirklichkeit stellt die Steganographie ein System für die Chiffrierung geheimer Mitteilungen dar.
Allerdings sind manche der Meinung, dass es sich um einen doppelten Bluff handelt. Wenn man nämlich die Methoden der Steganographie auf andere Werke von Trithemius anwende, so ergebe sich ein ganz neuer Text. Leider hat dies bislang noch niemand demonstrieren können.
Trithemius hatte großen Einfluss nicht nur auf das politische und kulturelle Leben seiner Zeit, sondern auch konkret auf zwei weitere Magier, welche als typisch für die Renaissance betrachtet werden können: Agrippa von Nettesheim und Paracelsus.

Paracelsus

Provokateur, Gelehrter und Wunderheiler.

Paracelsus, alias Aurelius Philippus Theophrastus Bombastus von Hohenheim (1491[73]-1541), hatte sich den Spruch zum Motto erkoren, dass man keinem anderen angehören solle, wenn man sein eigener Herr sein könne.
Und danach lebte er. Paracelsus war und bleibt eine der kontroversesten Gestalten der Medizin. Wobei die Ärzte unter seinen Zeitgenossen ihm nicht einmal zugestanden, überhaupt Mediziner zu sein. Paracelsus habe vielleicht Medizin studiert, aber nie ein ärztliches Diplom erworben. Seine Anhänger bestreiten dies: Er habe die Doktorwürde sehr wohl erlangt, 1515 in Ferrara.
Allerdings haben sich die Parteigänger des Paracelsus damit auf eine Argumentationsweise eingelassen, die Paracelsus selbst abgelehnt hätte. Er warf nämlich den Ärzten vor, dass sie trotz ihrer Diplome keinen Schimmer von der Heilkunst hätten, und das, weil sie sich auf Lehrbücher stützten, die genauso wenig taugten. Diese Ansicht demonstrierte Paracelsus nachhaltig, indem er die Standardwerke der Medizin seiner Zeit öffentlich verbrannte.
Seine »Universität« war das Leben selbst. Er schöpfte seine Kenntnisse eigenen Angaben zufolge auch aus Quellen, welche die Mediziner seiner Zeit verachteten: kräuterkundigen Frauen und Mönchen, Badern und Magiern. Ob er nun im Lauf seiner Reisen tatsächlich bis zu den Tartaren gelangt war, wie eine Überlieferung behauptet, wollen wir dahingestellt lassen. Auf jeden Fall besaß er Kenntnisse, welche weit über die seiner Zeitgenossen hinausgingen.
Diese Kenntnisse behielt er allerdings nicht für sich, es war ihm vielmehr ein wichtiges Anliegen, sie weiterzugeben. Sein erhaltenes Monumentalwerk beläuft sich auf über achttausend Seiten. Dabei haben wir keinesfalls eine Garantie, dass alles, was er schrieb, erhalten blieb. Seine Gegner warfen ihm jedoch vor, dass seine

[73] Anderen Angaben zufolge wurde er 1493 geboren.

dunklen Formulierungen völlig unverständlich und seine Vorgehensweisen somit nicht nachvollziehbar seien.
Andere beschuldigten ihn konkret des Umgangs mit Dämonen. Im Knauf seines Schwertes, von dem er sich nie getrennt habe, sei ein Dämon eingeschlossen. Allein diesem verdanke er seine erstaunlichen Erfolge.
Es ist unbestreitbar, dass Paracelsus auf Praktiken vertraute, die wir heute als magisch bezeichnen würden. Nur waren sie für ihn wissenschaftlich: weil sie auf Erfahrung beruhten.
So pflegte er Wunden zu heilen, indem er die blutigen Verbände mit stark desinfizierenden Flüssigkeiten reinigte. Er hatte also bereits die Bedeutung der Antisepsis erkannt. Nur waren die verwendeten Mittel so stark, dass er damit nicht die Wunde direkt behandeln konnte. Seiner Theorie zufolge übertrug sich die Läuterung der blutigen Binden auf die Wunde selbst: weil sie mit dieser in Verbindung gestanden hatten und diese Verbindung auch nach der körperlichen Trennung des Verbands von der Wunde bestehen blieb.

Auf dem gleichen Prinzip beruht auch die Funktion der »Waffensalbe«: die Waffe, welche eine bestimmte Verletzung verursachte, mit Wundsalbe zu bestreichen, um die Heilung der betreffenden Wunde zu fördern.
Bisweilen formte er lediglich aus Wachs die kranken Glieder seiner Patienten nach und behandelte diese Nachbildungen. Er operierte sie und reinigte sie mit Feuer und Vitriol. Das Geheimnis bestand darin, dass er vorher durch eine Vorgehensweise, welche Mesmer später Magnetisierung nennen sollte, die Symptome des Patienten selbst auf diese wächserne Abbildung übertragen hatte.
Die Methode scheint in sehr vielen Fällen funktioniert zu haben. Paracelsus verglich die menschliche Vorstellungskraft mit der Sonne. Ihr Licht sei nicht greifbar, könne aber dennoch nicht nur wärmen, sondern sogar einen Brand verursachen. Der Mensch müsse somit seine eigene Einbildungskraft zu einer Sonne machen, er müsse seinen Willen auf das lenken, was er bewirken wolle.
Wohlwollende moderne Kommentatoren sind der Meinung, dass Paracelsus bereits die Rolle der Psychologie sowohl bei der Entstehung als auch bei der Heilung von Krankheiten erkannt hatte. Nur ist eben nachweisbar, dass sich die Erfolge von Paracelsus nicht auf die sogenannten psychosomatischen Krankheiten beschränkten, also Krankheiten, wo seelische Probleme körperliche Symptome hervorriefen. Wenn Paracelsus es schaffte, die Selbstheilungskräfte des Körpers auf eine Weise

anzuregen, dass der Wundbrand zurückgedrängt wurde, dann sollte sich die Medizin schleunigst bemühen, seine Kenntnisse wiederzuentdecken. In diesem Fall müsste es nämlich möglich sein, Strahlen- und Chemotherapie zu ersetzen: indem sich der Kranke oder sein Arzt auf eine Zerstörung des Tumors konzentriert.
Es stellt sich die Frage, ob nicht genau ein solcher Prozess schon immer gelegentlich stattgefunden hat beziehungsweise heute noch bisweilen stattfindet: in den Fällen, in denen Patienten von einer Wunderheilung in Lourdes oder auf die Fürbitte eines Heiligen hin berichten. Aber auf dieses Thema kommen wir noch zurück.
Paracelsus blieb zwar unvergessen, hatte jedoch alles andere als ein angenehmes Leben. Seine unnachgiebige Haltung gegenüber der Schulmedizin verurteilte ihn dazu, sämtliche Posten und Würden schon nach kurzer Zeit wieder zurücklassen zu müssen. Da seine Erfolge unbestreitbar waren, griff man seinen Lebenswandel beziehungsweise seine Person an: Paracelsus sei ein Trinker gewesen. Da sein sittliches Verhalten offensichtlich keinen Anlass zu Klagen gab, musste man auf das Gegenteil zurückgreifen: Paracelsus sei ein Eunuch gewesen.
Wir haben oben erläutert, wie Paracelsus sich keiner Kluft zwischen Magie und Wissenschaft bewusst war. Seine Methoden funktionierten und beruhten somit auf Erfahrungswissenschaft. Aber genauso wenig anerkannte Paracelsus einen Zwiespalt zwischen Wissenschaft und Religion.
Paracelsus war jahrhundertelang zu einem Außenseiterdasein verurteilt. Erst das 20. Jahrhundert hat ihn wiederentdeckt. Einer der prominentesten Wissenschaftler, die sich für sein Werk interessierten, war sein Landsmann, der Schweizer Psychologe C. G. Jung. Offensichtlich war Paracelsus seiner Zeit voraus gewesen.

Agrippa von Nettesheim

Gesinnungswandel oder Methode?

Anders als Trithemius, aber wie Paracelsus führte auch Agrippa von Nettesheim (1486-1535) ein unstetes Wanderleben. Anders als Paracelsus, aber dafür wie Trithemius nahm er dabei auch diplomatische Missionen wahr. Andererseits, wiederum wie Paracelsus, gelangte er dabei selbst nie auf einen grünen Zweig.
Sein Werk ist von der Kabbala, der Hermetik und dem Neuplatonismus geprägt. Das zeigt sich speziell in seinem Hauptwerk, »De occulta philosophia« – »Über die verborgene Weisheit«. Er zitiert darin Hermes, Plato und neuplatonische Philosophen, Aristoteles und dessen moslemische Übersetzer, Paracelsus und Thomas von Aquin, aber auch verschiedene klassische Autoren wie Plinius, Ovid, Vergil und Apuleius. Er wagt es sogar, im Zusammenhang mit Offenbarungen den Apostel Paulus und den legendären Merlin der Arthussage in einem Atemzug zu nennen – neben verschiedenen anderen. »De occulta philosophia« gilt als geradezu klassisches Werk über die Magie.
Im Prinzip sagt »Die verborgene Weisheit« nichts Neues. Die Grundlage der Magie ist die Analogie. Der Magier müsse die Verbindungen zwischen oben und unten erkennen und sie ausnützen. Dabei dürfe er auch die Mathematik und die Religion heranziehen. So benützt Agrippa neben Planeten- und Geisternamen auch Engels- und

Gottesnamen. Obwohl Agrippa sich hier recht vorsichtig ausdrückt. Er scheint zwischen der christlichen Religion auf der einen Seite und dem Neuplatonismus und der Kabbala auf der anderen Seite differenzieren zu wollen, was schon andere vor ihm versucht hatten, ähnlich erfolglos. Und da Agrippa auf der anderen Seite zwischen den Göttern der Heiden, den kabbalistischen Namen Gottes und den Attributen Gottes, wie sie auch das Christentum kennt, Verbindungen zieht, war es auch nicht verwunderlich, dass er gleichfalls Misstrauen erweckte.

Wenn die »Verborgene Weisheit« also eine solche Durchschlagskraft hatte, dann weniger wegen Agrippas Theorien. Diese lagen, wie gesagt, in der gleichen Linie wie die seiner Vorläufer. Agrippa kann jedoch für sich in Anspruch nehmen, dass er seine Theorien allenthalben durch Beispiele untermalt. Aus diesem Grund ist die »Verborgene Weisheit« auch ein recht umfangreiches Buch. Allerdings stammen diese Beispiele in der Regel nicht aus eigener Erfahrung, deshalb die vielen Zitate. Wie seine Vorgänger übernahm er vieles, ohne es selbst geprüft zu haben.

Manche seiner Beispiele wirken jedoch erst aus heutiger Sicht unglaublich. Die Existenz von Drachen wird von so vielen Berichten seiner Zeit bestätigt, dass sich bereits die Frage stellt, ob es damals nicht noch in der Tat vereinzelt drachen- oder saurierähnliche Lebewesen gab.[74]

Bisweilen existieren die von ihm vermeldeten Phänomene tatsächlich, nur hatte er keine Erklärung hierfür. So beschreibt er an einer Stelle die elektrischen Schläge, die ein Zitterrochen austeilt, natürlich ohne die Ursache hierfür zu kennen. Agrippa wusste auch bereits, dass Infektionskrankheiten ohne direkten Kontakt übertragen werden können. Es seien Fälle bekannt, wo das Gewand eines Aussätzigen die Krankheit weitergegeben habe. Agrippa schob es auf die Gerüche, welche daraus aufstiegen. Er hatte keine Ahnung von Viren und Bakterien, aber das Phänomen der Ansteckung als solches war ihm bekannt.

Die Magie trennt Agrippa in die natürliche, die himmlische und die zeremonielle. Die Ausdrücke an sich sind für uns heute widersprüchlich. Mit der himmlischen Magie meint er nämlich nicht die Anrufung von höheren Wesen – damit beschäftigt sich die zeremonielle Magie –, sondern die Einflüsse, die auf die Planeten beziehungsweise Himmelskörper zurückzuführen sind.

Manche werfen Agrippa vor, dass sein Hang zum Okkulten ihn bisweilen überwältigt habe und er deshalb als Gelehrter nicht kritisch genug war. Andere hingegen verweisen auf ein weiteres Werk, »De vanitate scientiarum«, »Über die Eitelkeit und Unsicherheiten der Wissenschaften«. Darin will er demonstrieren, dass alles menschliche Bemühen letztendlich zum Scheitern verurteilt sei. Das Einzige, was

[74] »Nessie« rechne ich persönlich nicht dazu. Siehe Monika Hauf, »Nessie«, Joh. Bohmeier Verlag, Leipzig, 2003.

genauer Prüfung standhalte und Bestand habe, sei das Wort Gottes in der Heiligen Schrift. Mit diesem Werk, so sagen die Gegner der »Verborgenen Weisheit«, habe er seine magischen Erkenntnisse widerrufen.
Nur müssen die Vertreter dieser These sich winden, wenn sie erklären sollen, warum er dann wenige Jahre später die »Verborgene Weisheit« in Druck geben ließ – bis zu diesem Zeitpunkt war das Buch nur in handschriftlicher Form verbreitet worden. Agrippa selbst erklärt dies im Vorwort damit, dass entstellte Versionen der »Verborgenen Weisheit« im Umlauf seien und er diesen entgegentreten wolle.
Genauso bestände die Möglichkeit, dass »De vanitate« nur ein Kniff war, um seinen Ruf als Magier etwas abzuschwächen, um die Gegenreformation zufriedenzustellen. Vergessen wir nicht, dass gerade zu diesem Zeitpunkt die Hexenprozesse tobten. Agrippa hatte sich bereits exponiert, als er eine Frau, die der Hexerei angeklagt war, gerettet hatte.
Ich persönlich möchte sogar eine dritte Möglichkeit nicht ausschließen: dass es sich um einen doppelten Bluff handelte. Denn um die Eitelkeit allen Wissens zu demonstrieren, geht Agrippa in »De vanitate« recht genau darauf ein, auch auf die magischen Aspekte. »De vanitate« ist in Wirklichkeit geradezu ein Kompendium des Wissens seiner Zeit. Es stellt sich die Frage, ob nicht genau das in Agrippas Absicht lag, ob »De vanitate« nicht lediglich eine andere Art und Weise wahrnahm, seine Theorien zu verbreiten, auf ungefährlichere Art.
Er war nicht der einzige Autor seiner Zeit, der so vorging. Johannes Hartlieb stellte 1456 sein »Buch aller verbotenen Künste« fertig, in dem er dem Vernehmen nach verschiedene Methoden und Instrumente des Wahrsagens empört verurteilt. Jedoch beschreibt er sie so genau, dass jeder sie nachvollziehen kann. Effektiv ist das Buch nichts anderes als ein Anleitung für genau die Praktiken, die es dem Vernehmen nach verurteilt. Albert der Große gibt in seinem Werk »Über die Lebewesen« das arabische Wissen über Unfruchtbarkeit wieder, dem Vernehmen nach, um sie zu vermeiden – aber auf eine Art und Weise, dass es sich im Prinzip um Ratschläge zur Verhütung unerwünschten Kindersegens handelt.
Dem aufmerksamen Leser gibt Agrippa sogar den Hinweis, dass die beiden Werke zusammengehören. Laut »De vanitate« ist das einzige Beständige das Wort Gottes, laut »De occulta philosophia« liegt die höchste magische Wirkung im Namen Jesu.[75] Und Jesus ist nichts anderes als das Wort Gottes (Joh 1:1).[76] Sprich: Magie im Namen Jesu wird nicht verurteilt.

---

[75] »De occulta philosophia«, 3. Buch, 12. Kapitel

[76] In dieser Ansicht sehe ich mich bestärkt durch die Tatsache, dass Agrippa generell gerne unter dem Vorwand, sie entkräften zu wollen, auf Widersprüche aufmerksam macht. So behauptet er treuherzig, die natürliche Magie von wahren göttlichen Wundern abgrenzen zu wollen. Zu Letzteren gehöre eine Sonnenfinsternis bei Vollmond. Er meint damit die Passage in Lk 23:44, dass während des Todes Jesu eine Sonnenfinsternis stattgefunden habe. Das Passahfest, während dem Jesus starb, wird zur Zeit des Frühlingsvollmondes gefeiert, also während sich Sonne und Mond in Opposition gegenüberstehen, mit der Erde dazwischen. Eine Sonnenfinsternis bedingt, dass der Mond zwischen Sonne und Erde steht. Ist es nicht sehr wahrscheinlich, dass manch einer unter Agrippas Lesern erst durch

John Dee

Vom Hofastrologen zur Persona non grata.

Wir haben besprochen, dass John Dee der einzige Protestant unter den großen Magiern der Renaissance war. Aber wer glaubt, dass er in seiner protestantischen Umgebung weniger angefeindet wurde als die katholischen Magier von der Kirche, der irrt sich.

John Dee wurde 1527 geboren und stand bei Königin Elisabeth von England (1533-1603) in hohem Ansehen. Er wählte den astrologisch günstigsten Tag für ihre Krönung aus und blieb auch ihr Hofastrologe. Zwischen 1558 und 1583 war er der Brennpunkt der Renaissance in England. Er verfasste 1570 das Vorwort zur Übersetzung der Lehren Euklids in die englische Sprache. Dieses Vorwort begann mit einer Anrufung des »göttlichen Plato«. Schon daraus geht hervor, dass Dee dem Platonismus zuneigte. Plato ging von der Existenz der sogenannten Archetypen aus: dass alles Irdische ein himmlisches Urbild hat.

Dee ging sogar noch weiter. Er führte 1564 alles auf ein einziges Urbild zurück, die sogenannte »hieroglyphische Monade«. Diese Monade ist astrologisch. Sie setzt sich aus den Symbolen der verschiedenen Planeten zusammen, also Kreis, Halbkreis und Kreuz. Dee bildete daraus ein Wesen, das an das Symbol des Merkur erinnert, nur dass er diesem noch durch zwei weitere, nach unten geöffnete Halbkreise »Füße« verleiht. Der Beschreibung zufolge handelt es sich bei diesen Halbkreisen um das Symbol des Widders.

Die Zeit zwischen 1583 und 1589 verbrachte er auf dem Kontinent, wo er den Kontakt mit verschiedenen Gelehrten suchte, aber vermutlich auch diplomatische Missionen wahrnahm. Sogar Kaiser Rudolf II. (1552-1612) empfing ihn. Er interessierte sich, genauso wie sein Vater Maximilian (1527-1576), dem Dee seine »Hieroglyphische Monade« gewidmet hatte, sehr für Wissenschaft und Hermetik.

1589, nach seiner Rückkehr nach England, fand Dee eine völlig veränderte Situation vor. Er fiel in Ungnade, was sich noch verstärkte, als 1603, nach dem Tod Elisabeths, der Sohn ihrer Gegenspielerin Maria Stuart als Jakob I. den englischen Thron bestieg.

1608 starb Dee, völlig verarmt. Es war 1659 und somit zwei Generationen nach seinem Tod, dass ein Buch aus seiner Feder veröffentlicht wurde, welches sein Ansehen für mehrere hundert Jahre völlig zugrunde richten sollte: ein Buch über Geister und Erscheinungen.

Es handelt sich um eine Art Tagebuch, in dem Dee über die Visionen berichtet, welche sein Gehilfe Edward Kelly (1555-1597) unter seiner Anleitung hatte. Die Geister kommunizierten mittels eines Alphabets mit ihm, welches auf den biblischen Henoch zurückzuführen sei.

Dee wusste wohl, warum er dieses Buch nicht zu seinen Lebzeiten veröffentlicht hatte. König Jakob hatte nämlich bereits 1587 als König von Schottland seinerseits ein Buch über das Hexenwesen und Dämonen veröffentlicht, in dem er die Magie mit

---

Agrippa auf diesen Widerspruch hingewiesen wird? Und sich fragt, warum diese Passage wohl von den drei anderen Evangelisten nicht bestätigt wird?

dem Sündenfall assoziierte. Das Streben nach magischem Wissen sei nichts anderes als die von Gott verurteilte Neugierde, welche schon im Paradies zum Pflücken der verbotenen Frucht geführt hatte. Dee behauptete das genaue Gegenteil. Seine Magie, konkret das Henochalphabet, hatte den Zweck, den Menschen in den ursprünglichen Zustand Adams im Paradies zurückzuführen. Er wollte den Sündenfall rückgängig machen.
Wir haben bereits festgestellt, dass auch andere magische Strömungen dieses Anliegen hatten. Und wir werden noch konstatieren, dass genau dieser Punkt maßgeblich dazu beitrug, dass die Magie für das Christentum inakzeptabel war.

John Dee mit seinem Medium Kelly bei einer Anrufung.

Eine weitere Renaissance der Magie im 19. Jahrhundert

Wie ging es nach der Renaissance weiter?

Das Zeitalter der Gegenreformation zeichnete sich durch die Hexenprozesse und Unterdrückung hermetischer Strömungen aus. Nur zeigten diese Maßnahmen wenig Erfolg.

Wir haben besprochen, wie merkwürdig es anmutet – solange man die Hintergründe nicht kennt –, dass gerade die Renaissance mit einem Aufblühen der Magie einherging. Wobei natürlich das Mittelalter nicht per definitionem eines Tages zu Ende war. Aber wenn der deutsche Kaiser Maximilian I. (1459–1519) den Beinamen »der letzte Ritter« trägt, dann deshalb, weil er als der letzte Kaiser des Mittelalters gilt. Etwa zur gleichen Zeit, 1485, kam in England König Richard III. auf dem Schlachtfeld um – der letzte englische König, der selbst den Heldentod starb.

Weniger erstaunlich hingegen ist die gleichfalls bereits besprochene Tatsache, dass mit dem Interesse für Magie auch die Hexenverfolgung großen Stils aufkam. Solange die Magie nicht als Gefahr gelten musste, bestand keine Veranlassung, etwas gegen sie zu unternehmen. Wobei man, wie bereits erläutert, eigentlich unterscheiden müsste zwischen volkstümlicher Hexerei und der Magie mit für damalige Verhältnisse wissenschaftlichem Anspruch. Gegen Erstere richtete sich der »Hexenhammer«, gegen Letztere der in Trient beschlossene Index der verbotenen Bücher.

Mit Trient grenzte die Kirche sich nicht nur vom Protestantismus ab, sondern kehrte auch offiziell zur Philosophie von Aristoteles beziehungsweise Thomas von Aquin zurück. Bis zu diesem Zeitpunkt hatten sogar hohe Kleriker mit dem Platonismus beziehungsweise Neuplatonismus geliebäugelt, sich auf die Tradition des heiligen Augustinus berufend.[77]

Diejenigen, welche hinter der Ablehnung des Platonismus standen, hatten richtig erkannt, dass der Neuplatonismus die Saat von Hermetik und Kabbala in sich trug, dass diese drei Strömungen einander gegenseitig ergänzen. Ein spezielles Ziel kirchlicher Attacken war Agrippa von Nettesheim. Er hatte deutlicher als alle anderen diese Zusammenhänge formuliert. Sein Anspruch, dass die christliche Magie in der Anrufung Jesu gipfle, musste geradezu als Gotteslästerung erscheinen. Agrippa wurde immer mehr in die Rolle eines Schwarzmagiers gedrängt, bis ihm schließlich sogar sein schwarzer Hund zum Vorwurf gemacht wurde. Hinter diesem Hund könne sich wohl nur der Teufel verbergen. Noch Johann Wolfgang von Goethe (1749-1832), dessen »Faust« eine Kompositfigur ist,[78] übernahm diesen Hund Agrippas und lässt

[77] Auf der von der Zensur bearbeiteten lateinischen Ausgabe von Francesco Giorgis »De harmonia« hatte der Zensor auf dem Deckblatt vermerkt, dass dieses Buch sich auf allzu viele platonische und kabbalistische Argumente stütze. Das genügte, um es inakzeptabel zu machen.

[78] Experten sind der Meinung, auch Züge von Paracelsus in ihm zu erkennen.

ihn sich tatsächlich in Mephisto verwandeln. Wobei Agrippa im Vergleich zu Giordano Bruno noch Glück hatte.
Nur konnte weder die Hexenverfolgung noch die Angriffe auf die zeremonielle Magie das Interesse am Okkultismus ersticken. Gerade während dieser Zeit blühte auch die Alchemie.
Der Okkultismus überlebte sogar das 17. Jahrhundert, das Jahrhundert von René Descartes (1596-1650), eigentlich als Jahrhundert des Rationalismus gefeiert. Kurz vor dem Dreißigjährigen Krieg sorgten die Veröffentlichungen einer Gruppe, die sich »die Rosenkreuzer« nannte, unter den Gelehrten für ungeahntes Aufsehen.
Das 18. Jahrhundert hingegen, das Zeitalter der Aufklärung, ging einher mit der Gründung von freimaurerischen Großlogen in ganz Europa. Die Institution des Freimaurertums an sich ist wesentlich älter. Hervorgegangen aus den Kollegien der Steinmetzzünfte, suchten die Freimaurer gerade im 18. Jahrhundert ihre Wurzeln noch tiefer. Spekulationen verbanden sie mit den mittelalterlichen Tempelrittern, somit dem Orden, der Anfang des 14. Jahrhunderts gerade wegen magischer Umtriebe aufgehoben worden war.
Auch Männer mit eindeutig magischem Einschlag wie Cagliostro, der Graf von Saint-Germain, Mesmer und Martinez de Pasqually verbuchten ihre Erfolge gerade in einem Klima, das ihnen eigentlich vom Namen her abhold sein sollte.[79]

Das 19. Jahrhundert

Das ausgehende 19. Jahrhundert erlebt eine neue Renaissance der Magie.

Aber spätestens im 19. Jahrhundert hatte die Magie dann ihre Daseinsberechtigung verloren. So sollte man zumindest denken. Schließlich jagte eine epochemachende Erfindung die andere.
Die Dampfkraft erschloss neue Energiequellen. Eisenbahnen ließen Entfernungen schrumpfen. Gas und Elektrizität machten die Nacht zum Tag. Telegraphen ermöglichten die Nachrichtenübermittlung in Minutenschnelle. Und, vielleicht noch bedeutsamer, die Magie verlor ihre jahrtausendealte Rolle in der Medizin. Denn, wie wir untersucht haben, in Mesopotamien lag noch im 5. Jahrhundert v. Chr. die Medizin in den Händen der Magier, zum Erstaunen eines Besuchers aus Griechenland.
Das 19. Jahrhundert entdeckte, dass Krankheiten keinesfalls von Dämonen verursacht werden, sondern von Kleinstlebewesen, für das Auge unsichtbar. Die ersten Impfstoffe und Antibiotika sowie das Lachgas und Chloroform wurden entdeckt.
Nicht nur die Nacht erhellte sich durch Gaslaternen und später elektrische Beleuchtung. Auch die Zukunft erschien immer lichter. Es verbreitete sich ein allgemeiner Optimismus. Dieser zog sich durch alle Bevölkerungsschichten. Die ersten Arbeiterschutzverordnungen machten mit den Schrecken der Frühzeit der

---

[79] Der Leser möge mir verzeihen, dass ich nicht näher auf diese faszinierenden Themen eingehe. Aber einerseits haben sie nur am Rande mit unserem Thema zu tun, der Magie, und andererseits habe ich bereits über jedes dieser Themen – Templer, Rosenkreuzer, Freimaurer – mindestens ein weiteres Buch veröffentlicht.

industriellen Revolution Schluss. Die Menschen hatten den Eindruck, dass es ihnen immer besser ging und dass diese Entwicklung sich fortsetzen würde.
Dennoch war es gerade in dieser Zeit, dass die Magie einen ungeahnten Aufschwung nahm, beginnend in Frankreich. Obwohl man zugeben muss, dass gegen Ende des 19. Jahrhunderts gerade hier die optimistische Stimmung weniger ausgeprägt war als zum Beispiel in Deutschland und England. England hatte den Höhepunkt seiner Kolonialmacht erreicht, die lange Herrschaft Königin Viktorias – sie wurde 1837 als Achtzehnjährige Königin und herrschte bis zu ihrem Tod 1901 – erschien als eine Garantie der Stabilität. Wer im Mutterland kein Auskommen fand, emigrierte. In Deutschland war der gewonnene Krieg gegen Frankreich (1870/71) und die Gründung des deutschen Kaiserreiches der ausschlaggebende Punkt für die Hochstimmung. Die Reparationszahlungen aus Frankreich pumpten Geld in die Wirtschaft.
Frankreich hingegen sah weniger Grund zum Feiern. Das französische Kaiserreich unter Napoleon III. hatte kurz vor der Gründung des deutschen aufgehört zu existieren. Der verlorene Krieg, die Abtretung des Elsasses und des östlichen Teils von Lothringen an Deutschland sowie fünf Milliarden Franken Reparationsschulden ließen die Zukunft düster erscheinen. Man konnte nicht einmal für alle Unbill die Deutschen verantwortlich machen. Zumindest nicht direkt. Der Bürgerkrieg in Paris, bedingt durch die Ausrufung der Pariser Kommune im Frühling 1871, forderte um die zwanzigtausend Opfer, sechsmal mehr, als in der Schlacht von Sedan, der blutigsten des Deutsch-Französischen Krieges, am 2. September 1870 umgekommen waren.
In dieser Umgebung entwickelte sich die Kultur des Fin de Siècle mit ihrer melancholischen Grundhaltung. Zu dieser Zeit blühte auch die Esoterik. Eine ganze Reihe von okkulten Vereinigungen mit rosenkreuzerischer und templerischer Prägung gründeten sich. Spiritistische Séancen wurden zum Gesellschaftsspiel.
Bis zu einem gewissen Grad erklärt somit der verlorene Krieg in Frankreich das Aufblühen okkultistischer Strömungen gerade dort. In Deutschland sollte nach dem verlorenen Ersten Weltkrieg ein ähnliches Phänomen stattfinden.
Unerklärlich mag im ersten Moment erscheinen, dass sich der Okkultismus zur gleichen Zeit auch in England verbreitete. Hier spielten andere Gründe mit. Gerade weil die Industrialisierung in England begonnen hatte und auch am weitesten fortgeschritten war, bildete sich schon recht früh eine romantische Gegenströmung aus, welche die Zerstörung des alten, ländlichen England betrauerte. Diese nostalgische Welle konnte sich zudem auf noch vorhandene Reste magischen Gedankengutes stützen. Die Industrialisierung konzentrierte sich nämlich auf bestimmte Zonen. Auf dem Land waren die »weisen Frauen« nie ausgestorben.
Außerdem muss man zugestehen, dass okkultistische Phänomene wie das Tischrücken damals mit wissenschaftlicher Akribie betrieben und untersucht wurden. Die Menschen waren keinesfalls übertrieben leichtgläubig. Spiritistische Phänomene galten als eine Art Erfahrungswissenschaft, man wollte an das Leben nach dem Tod nicht mehr glauben, sondern es beweisen können.
Abgesehen davon erklären die zeitlichen Umstände eigentlich nur den Erfolg der Esoterik in Frankreich. Begonnen hatte es nämlich schon wesentlich früher. Der Altmeister der französischen Esoterik, Alphonse-Louis Constant, besser bekannt unter

dem Pseudonym Eliphas Lévi, lebte nämlich zwischen 1810 und 1875, sollte also den verlorenen Krieg nicht lange überleben. Und doch brachte er um die zweihundert Schriften hervor, sein Wirken begann also schon wesentlich früher. Eine Zeitlang hatte er sogar geglaubt, gerade im französischen Kaiserreich die idealen Bedingungen für seine Mission als Verbreiter der Magie zu finden.
Eliphas Lévi war jedoch nicht nur der Vorreiter in Bezug auf die Esoterik allgemein. Im Gegenteil. Mit Spiritismus und ähnlichen Phänomenen hatte er nichts im Sinn. Er beschäftigte sich vielmehr ganz konkret mit Magie.

Eliphas Lévi und das Astrallicht

Die Magie erhält im 19. Jahrhundert einen wissenschaftlichen Hintergrund.

Wobei jedoch auch Lévi ein Sohn seiner Zeit war, also des wissenschaftlich-materialistischen Denkens im 19. Jahrhundert. Er erklärte nämlich, wie die Magie funktioniert.
Im Prinzip hatten das auch bereits Magier und frühe Wissenschaftler vor ihm gemacht: über die Analogie, welche Himmel und Erde verbindet und das Himmlische auf das Irdische Einfluss nehmen lässt. Lévi stellte auch den alten hermetischen Grundsatz »Wie oben, so unten« keinesfalls in Frage.
Allerdings kleidete Lévi diese Theorien in die Terminologie seiner Zeit. Er sorgte für die Verbreitung eines neuen Begriffs, welcher seiner Ansicht nach das magische Medium am besten beschrieb. Wir haben diesen Ausdruck bereits kennengelernt: das Astrallicht. Lévi definiert es als eine das gesamte Universum durchdringende Kraft, welche sich für die Magie einspannen lässt. Er gibt ohne weiteres zu, dass schon andere vor ihm auf diese Kraft gestoßen waren, nur hatten sie ihr einen anderen Namen gegeben. Das Astrallicht sei identisch mit dem 1854 von Reichenbach entdeckten Od, mit dem animalischen Magnetismus Mesmers, mit dem Azoth des Paracelsus, dem philosophischen Merkur der Alchemisten und mit diversen anderen auf verschiedene Weise definierten Stoffen beziehungsweise Kräften.
Es stimmt: Wenn man im 14. Kapitel des 1. Buches von Agrippas »Verborgener Weisheit« den Ausdruck »Weltgeist« – wiederum identisch mit der Quintessenz – durch »Astrallicht« ersetzt, so könnte die entsprechende Passage wörtlich bei Lévi stehen. Sowohl Agrippa als auch Lévi sprechen von einem Agens, welches alles durchdringt und auch die Seele mit dem Körper verbindet.
Nur nimmt das Astrallicht bei Lévi wesentlich mehr Raum ein als bei Agrippa. Es sei formbar. Das Astrallicht, das im Moment der Empfängnis herabströme, passe sich im Kontakt mit der Seele dieser an und stelle ihre erste Hülle dar, noch bevor sich die fleischliche herausbilde. Das Astrallicht erkläre weiterhin den Einfluss der Sterne im Moment der Geburt: weil das Astrallicht deren Einflüsse in diesem entscheidenden Moment mit sich führe.[80]

---

[80] Hier könnte der Einwand erfolgen, dass eigentlich das Astrallicht im Moment der Empfängnis wesentlich wichtiger sein sollte. Zeitweise dachten die Astrologen tatsächlich so. Einer Theorie zufolge ist das Horoskop zum Zeitpunkt der Empfängnis der Grund dafür, dass Kaiser Augustus Münzen von sich mit dem Zeichen des Steinbocks prägen ließ,

Wenn man also einen Körper beeinflussen wolle, so könne dies am besten über das Astrallicht geschehen. Wenn man die Form des Astralkörpers verändere, folge der materielle Körper ganz automatisch, in Übereinstimmung mit dem einzigen Dogma, das die Magie kenne: Das Sichtbare sei die Manifestation des Unsichtbaren.
Die Theorie vom Astrallicht erklärt laut Lévi sogar die Berichte über die Verwandlung von Menschen in Tiere, sei es nun die der Gefährten des Odysseus in Schweine oder die periodische Metamorphose eines Menschen in einen Werwolf.
Lévi geht allerdings nicht davon aus, dass sich der fleischliche Körper des betreffenden Menschen ändert. Es sei vielmehr der Astralkörper, der aufgrund der niederen Instinkte Tiergestalt annehme und sich manifestiere, solange der Mensch schlafe. Im Schlaf würden nämlich Menschen mit entsprechender Neigung von ihren Instinkten überwältigt, und ihr Astralkörper werde in einer ihrem Wesen entsprechenden Gestalt für andere sichtbar. Werde der astrale Werwolf allerdings verletzt, so übertrage sich diese Verwundung auf den fleischlichen Körper des betreffenden Menschen.
Diese Empfänglichkeit bei Nacht rühre daher, dass der Mensch im Schlaf, wie auch in der Ekstase, in ein kollektives Leben zurückfalle, das auch dem des Embryos entspreche. Lévi geht also von zwei Daseinformen aus: einer kollektiven und instinktiven auf der einen Seite und einer rationalen und individuellen auf der anderen.
Wobei uns das Astrallicht allerdings immer umgebe, auch wenn wir uns dessen nicht bewusst seien. Ein Kranker erzeuge bestimmte Störungen in seinem geistigen Umfeld, eine Unruhe im Astrallicht, welche sich auf andere empfindliche Naturen übertrage, bis schließlich die Halluzinationen einen Sog erzeugten, der alle mit sich ziehe. Auf diese Weise erklärt Lévi wundersame Erscheinungen und volkstümliche Wunder.
Unter Berufung auf Paracelsus assoziiert Lévi diesen Ozean von Astrallicht, der uns umgibt, auch mit dem Dasein, in das der Mensch unmittelbar nach seinem Tod eintritt. Wobei Lévi jedoch säuberlich trennt: zwischen der unsterblichen Seele, die sich im Moment des Todes erhebe, und dem Astralkörper. Dieser Astralkörper lebe noch eine Zeitlang im astralen Ozean weiter. Jeder stoße dort auf seinen privaten Himmel oder seine ureigene Hölle. Die einen, die sich ihr Leben lang nur von ihren niedrigen Instinkten leiten ließen, fänden dort eine unaufhörliche Todesangst, die anderen bewegten sich wie Fische im Wasser: weil sie schon zu ihren Lebzeiten gelernt hätten, dieses Astrallicht zu beherrschen.
Bei der Geburt tritt der Mensch somit aus dem Astralozean aus, um beim Tod wieder einzutauchen. Der Tod ist deshalb für Lévi nichts Schreckliches, sondern nichts anderes als eine weitere Geburt. Auch diese sei schmerzhaft und traumatisch; im Prinzip stelle sie nichts anderes als den Tod des Embryonalzustandes dar.[81]

---

obwohl er im September geboren wurde: weil er unter dem Zeichen des Steinbocks gezeugt worden war.

81 Schon Hippokrates drückte es ähnlich aus.

Falls jedoch der Mensch durch seine eigenen irdischen Leidenschaften auf der Erde festgehalten werde, könne er der Astralwelt nicht entrinnen und würde sich sogar unter Umständen materialisieren, also in sichtbarer Gestalt erscheinen. Man erkenne solche astralen Fehlgeburten, wie Lévi sie nennt, daran, dass an ihrem astralen Körper immer etwas Unvollkommenes sei. Interessant ist, dass dies mit den Angaben christlicher Dämonologen übereinstimmt. Diese behaupten nämlich, dass man eine Erscheinung des Teufels daran erkenne, dass sein Körper unvollständig oder unvollkommen sei. Offensichtlich beruht diese Theorie somit durchaus auf Beobachtungen, wenn diese auch anders interpretiert wurden.
Genauso haben lange nach der Zeit Lévis gemachte Fotografien von Gespenstern genau das bestätigt, was Lévi in der Theorie postulierte. Entweder sind die Gesichtszüge sehr undeutlich, oder aber es fehlt ein Glied.
Lévi differenziert jedoch. Nicht immer zeuge die scheinbare Erscheinung eines Verstorbenen davon, dass sich der Astralleib noch nicht aufgelöst habe. Bisweilen handle es sich lediglich um Spiegelungen der Erinnerung seiner Freunde und Angehörigen im Astrallicht, die sich manifestierten.

Das magische Ungleichgewicht

Das Gleichgewicht des Astrallichts ist nur ein scheinbares – sonst könnte es nicht bewegt werden.

Dieses Astrallicht ist laut Lévi auch das Medium, das in der Magie bewegt wird und für bestimmte Wirkungen sorgt. Magische Fähigkeiten sind somit nichts anderes als das Wissen um die Natur des Astrallichtes und die Kenntnis, wie dieses Wissen praktisch anzuwenden ist. Die wichtigste Bedingung für Letzteres ist ein ausreichendes Konzentrationsvermögen. Die komplizierten Vorbereitungen für die Rituale und die magischen Zeremonien an sich hätten allein den Zweck, den Magier bei dieser Konzentration zu unterstützen. Das gelte sowohl für das eigentliche »Verhexen«, also die Beeinflussung eines Menschen, als auch für die Kunst der Wahrsagung. Egal welches Mittel benutzt werde, es diene lediglich zur besseren Konzentration auf das Astrallicht. So seien die Karten des Tarots nichts anderes als eine Hilfe, um einen besseren Kontakt zwischen dem Kartenleger und dem Ratsuchenden und letztendlich mit dem Astrallicht herzustellen.
Um dieses Konzentrationsvermögen zu erlangen, müsse der Magier seine Willenskraft ausbilden, und zwar bewusst. Lévi nimmt im Prinzip die modernen Verhaltenstherapien vorweg, wenn er behauptet, dass ein Mensch sich selbst ändern könne, indem er seine Gewohnheiten ändere. Er könne sich sogar neue Fähigkeiten erschaffen, indem er diejenigen, welche ihm die Natur gegeben habe, richtig nutze.
Dabei brüstet sich Lévi keinesfalls mit dieser Entdeckung. Er verweist vielmehr auf Menschen wie den heiligen Ignatius von Loyola (1491-1556), welcher mit genau dem gleichen System gearbeitet habe. Seine Exerzitien seien im Prinzip nichts anderes als angewandte Magie. Sie fordern auf, sich unsichtbare Dinge zu vergegenwärtigen, im Prinzip freiwillig und bewusst Halluzinationen zu erzeugen.

Ein weiteres Beispiel ist für Lévi der »Alte vom Berge«, der Scheich der Assassinen. Die Assassinen waren eine schiitische[82] Sekte, die sich zur Zeit der Kreuzzüge hervortat. Den Assassinen ging der Ruf voraus, ihre Rekruten durch Haschisch gefügig zu machen, bis sie zu jeder Schandtat bereit waren. Lévi fragt sich, ob das Geheimnis der Assassinen wirklich Rauschgift war und nicht gleichfalls eine praktische Anwendung der Magie, beginnend mit der Kultivierung der eigenen Willenskraft. Denn diese setze das Astrallicht in Bewegung beziehungsweise erlaube den Zugang zu ihm.

Auf der anderen Seite gibt Lévi zu, dass bisweilen auch völlig unbedarfte Menschen, zum Beispiel unter Hypnose, die Zukunft vorhersagen können. Und das ist für Lévi nichts anderes als eine richtige Interpretation dessen, was im Astrallicht widergespiegelt wird. Fehler schreibt er Ablenkungen zu, welche die – wache – Umgebung des Mediums im Astrallicht verursache.

Zusammenfassend lässt sich sagen, dass Lévi somit die Magie auf drei Komponenten gründete: erstens, die alte Maxime von der Analogie: wie oben, so unten, zweitens, die menschliche Willenskraft, drittens, das Astrallicht.

Wir haben bereits besprochen, dass Lévi neidlos anerkennt, dass schon andere vor ihm auf das Phänomen des Astrallichts an sich gestoßen waren. Neu ist jedoch, dass Lévi das Astrallicht nicht als eine einzige Kraft definiert, sondern als ein Wechselspiel der Kräfte. Dieses halte das Universum aufrecht. Insofern weicht seine Ansicht von der Mesmers ab, was er auch zugibt. Mesmer geht davon aus, dass Materie einen Ruhezustand kennt. Und das stellt Lévi in Abrede. Die von Mesmer beschriebene Ruhe wäre mit dem Tod gleichzusetzen. Die Stabilität sei nur eine scheinbare, weil sich die Kräfte immer wieder ausgleichen.

Lévi hält es sogar für ein gutes Zeichen, wenn sie gerade nicht im Gleichgewicht sind. Der Effekt eines Ungleichgewichts sei nämlich letztendlich positiv, weil jede Unruhe in dem von ihr betroffenen Bereich auf eine höhere Stufe führe. Lévi teilt also das Astrallicht in ein positives Prinzip, von den Hermetikern als Schwefel bezeichnet, und ein negatives, Merkur genannt. Als ausgleichendes drittes Prinzip bilde sich hieraus das Salz. Diese Terminologie stammt von Paracelsus. Paracelsus ergänzte den Schwefel und den Merkur der Alchemisten um das Salz.

Allerdings hätte Lévi sich auch auf einen Mann berufen können, der ihm zeitlich wesentlich näher stand: den deutschen Philosophen Georg Wilhelm Friedrich Hegel (1770-1831). Dieser hatte nämlich das System von der Höherentwicklung durch das Wechselspiel der Kräfte ausgearbeitet. Er wählte lediglich andere Bezeichnungen. Er spricht von These, Antithese und Synthese. Jede Synthese wird irgendwann wieder zur These und provoziere daraufhin prompt eine neue Antithese. Wobei Lévis Ignorieren der Thesen Hegels vielleicht in der Tat darauf zurückzuführen ist, dass er sie nicht kannte.[83]

---

[82] Die Schiiten wiederum sind eine der Strömungen des Islam.

[83] Es gibt Theorien, dass die Thesen Hegels gleichfalls von Paracelsus beeinflusst waren, mit dem Mystiker Jakob Böhme als Zwischenschritt.

Auf jeden Fall sind Hegel und Lévi sich einig, dass die beiden Kräfte, welche für ein dynamisches Gleichgewicht sorgen, nichts mit Gut oder Böse zu tun haben. Lévi geht zwar von der Existenz der schwarzen Magie aus, nur handle es sich nicht um die Abspaltung einer bestimmten Form des Astrallichtes, sondern schlicht um die Ausnützung zu negativen Zwecken. Das Astrallicht an sich sei neutral.

Die Widersprüche im Werk Lévis

Lévis widersprüchliches Verhältnis zur katholischen Kirche.

Was viele Kommentatoren nicht verstehen, sind diverse Widersprüche und Unvereinbarkeiten im Werk Lévis.

Mir persönlich ist zum Beispiel nicht ganz klar, wie Lévi sich bereit erklären konnte, 1854 eine Totenbeschwörung durchzuführen, die des Apollonius von Tyana. Da dieser ein Zeitgenosse Jesu war, müsste sich Lévis Theorien zufolge sein Astralkörper schon längst aufgelöst haben. Lévi gibt mehr oder weniger zu, dass es seine eigenen Vorstellungen waren, welche bei dieser Totenbeschwörung Gestalt annahmen. Wie konnte er also von den Phänomenen so beeindruckt sein?

Die einen schieben solche Widersprüche und Unvereinbarkeiten auf Nachlässigkeit. Lévi habe sich bisweilen allzu sehr auf sein gutes Gedächtnis verlassen und es deshalb versäumt, bestimmte Angaben nachzuprüfen oder mit seinen eigenen früheren Werken zu vergleichen. Andere halten ihm zugute, dass er unter Zeitdruck stand, dass es ihm wichtiger war, auf anstehende Fragen prompt zu reagieren, und dass mangelnde Akkuratesse im Detail der Preis dafür war, dass er überhaupt ein so reiches Werk hinterlassen konnte. Abgesehen davon müssen wir ihm auch das Recht zugestehen, seine Meinung in bestimmten Punkten revidiert zu haben.

Schließlich machte gerade zu seiner Zeit die Wissenschaft beinahe täglich immense Fortschritte, wie oben erläutert. Nicht nur in Bezug auf die Naturwissenschaften, auch bei den Geisteswissenschaften. Das erklärt, warum Lévi in seinen von Papus veröffentlichten Unterlagen eine Darstellung des ägyptischen Gottes Ptah als Horus bezeichnet. Champollion, der die Hieroglyphen entzifferte, war ein Zeitgenosse Lévis, er lebte zwischen 1790 und 1832. Vielleicht hatte Lévi die Veröffentlichung bewusst zurückgehalten, eben weil er sich seiner Sache nicht sicher war.

Bisweilen liegen sich seine Kommentatoren sogar in den Haaren. Aleister Crowley (1875-1947) bezeichnet die Kommentare von A. E. Waite (1857-1942) als dumm und pedantisch, speziell in Bezug auf das Verhältnis zwischen Lévi und der Kirche. Waite habe die zeitlichen Umstände nicht in Betracht gezogen. Lévi habe eine Zeitlang versucht, sich bei der katholischen Kirche anzubiedern, indem er darauf hinwies, dass die Magie religiöse Dogmen erkläre und sie denen, welche sie sonst nicht akzeptierten, plausibel mache. Genauso habe Lévi offensichtlich Napoleon III. geschmeichelt, weil er hoffte, als Ratgeber an den Hof des Kaisers berufen zu werden. Der Gedanke ist gar nicht so weit hergeholt. Papus, neben Lévi der zweite große französische Okkultist des 19. Jahrhunderts, ging nicht nur selbst am Hof des russischen Zaren ein und aus, sondern führte dort auch Nizier-Anthèlme Vachod ein, alias Maître Philippe (1849-1905), Meister Philippe, seinerzeit ein bekannter

Wunderheiler. Diejenigen am Zarenhof, denen der Einfluss solcher ausländischer Okkultisten nicht passte, schafften es lediglich, die Franzosen durch einen Russen zu ersetzen: den berühmt-berüchtigten Rasputin (1871-1916). Der okkultistische Einfluss an sich blieb ungebrochen.

Aleister Crowley ist weiterhin der Meinung, dass Lévi bisweilen bewusst Widersprüche beziehungsweise Fehlinformationen in seine Texte einbaute, um sich über die Unwissenden unter seinen Lesern lustig zu machen und den Eingeweihten wichtige Hinweise zu hinterlassen. Crowley geht somit generell davon aus, dass Lévi nicht alles so meinte, wie er es niederschrieb. Seine Beteuerungen, die Lehren der katholischen Kirche allzeit hochzuhalten, seien nichts als Ironie.

An manchen Stellen kann man sich wirklich dieses Eindrucks nicht erwehren. So in einer Passage, in der Lévi zwar in der dritten Person von sich spricht, aber sich offensichtlich selbst zitiert. Wenn die Kirche behaupte, der Mensch habe nur ein Auge, so sei maximal die Frage statthaft, welches man zu schließen habe, um der Kirchenlehre Genüge zu tun. Wo denn der Einfluss des Klerus bleibe, wenn jeder sich auf das Prinzip berufe, man könne sich auf das Zeugnis der Sinnesorgane verlassen?

Das Verhältnis zwischen Glaube und Vernunft war gerade zur Zeit Lévis ein wichtiges Anliegen der Kirche. Sie löste das Problem, indem sie von neuem die Richtigkeit der scholastischen Lehre betonte. Die beim Ersten Vatikanischen Konzil (1870) verabschiedete dogmatische Konstitution »Dei Filius« geht davon aus, dass Wunder und Prophezeiungen für den Verstand fassbare Zeichen der göttlichen Offenbarung seien. Aber genau das stellt Lévi indirekt in Frage, wenn auch höchst vorsichtig. Er behauptet, ein guter Magnetiseur könne ohne weiteres bei einer großen Gruppe von Menschen den Eindruck hervorrufen, sie tränken Wein statt Wasser – um im gleichen Atemzug zu beteuern, dass die Szene bei der Hochzeit von Kana, wo Jesus Wasser in Wein verwandelte (Joh 1:1-12), auf einem ganz anderen Blatt stehe. Vermutlich fragt sich mancher Leser verdutzt nach dem Grund hierfür.

Im Prinzip geht Lévi gleich vor wie viele andere Magier vor ihm: Er zitiert zwar die Kirchenlehre, aber auf eine Art und Weise, dass ihre Schwächen offenbar werden; bisweilen schlicht dadurch, dass er sie konsequent weiterspinnt und dadurch ad absurdum führt. Zum Beispiel in Bezug auf den Teufel.

Wir haben untersucht, dass nie ein Konzil Stellung zur Gestalt des Teufels bezogen hat und er dennoch aus dem christlichen Weltbild nicht wegzudenken ist. Lévi scheint sein ganzes Leben lang Probleme mit dem Konzept des Teufels gehabt zu haben. In einem seiner späten Bücher wirft er den Propagandisten der Teufelsvorstellung gar vor, sie würden ein negatives Glaubensbekenntnis postulieren, das dem Teufel mehr Raum einräume als Gott.

Nur zwei von Lévis vielen Erläuterungen zum Teufel klingen glaubwürdig: Erstens, dass die christliche Teufelsvorstellung unzusammenhängend sein müsse, weil der Teufel selbst nichts anderes als ein Konglomerat aus den vom Christentum entthronten alten Göttern sei. Zweitens, dass es sich lediglich um die negative Polarisierung des Astrallichts handle, die aber genauso unentbehrlich wie die positive sei. Wenn es den Teufel tatsächlich gebe, dann sei er das unglücklichste aller Geschöpfe. Er müsse ganz einfach irgendwann seine Freiheit dazu benützen, sich

wieder Gott zu unterwerfen. Diese These, genannt Apokatastasis und zurückzuführen auf den Kirchenlehrer Origenes (185-252), hat die Kirche bereits zurückgewiesen.
Der Eindruck, dass Lévi durch seine eigenen Widersprüche in Bezug auf den Teufel auf die in den Lehren der Kirche hinweisen wollte, verstärkt sich, wenn man Lévis Reaktion auf die Lehre vom Sündenfall untersucht. Die Kirche spricht zwar in der Osternacht von der »felix culpa«, der glücklichen Schuld, macht jedoch auf der anderen Seite diesen Sündenfall für alles Ungemach auf der Welt verantwortlich. Lévi hält die kirchliche Verurteilung des Ungehorsams zwar mit der einen Hand hoch, weist mit der anderen jedoch gnadenlos darauf hin, dass der Mensch ohne den Sündenfall nie über das tierische Stadium hinausgekommen wäre. An einer anderen Stelle sagt er wörtlich, dass die Schlange der Genesis vielleicht der Geist des Todes sei, aber gleichzeitig der des Fortschritts.
Lévi macht weiterhin darauf aufmerksam, dass die Geschichte des Falls keinesfalls eine rein christliche Angelegenheit ist. Die Lampe der Psyche[84] sei nichts anderes als der Apfel Evas. Er hätte auch noch erwähnen können, dass es in den meisten Kulturen solche Geschichten um eine idyllische Epoche des Glücks gab, die irgendwann zu Ende war. Das in einem anderen Zusammenhang erwähnte Goldene Zeitalter unter Saturn ist nur ein Beispiel hierfür.

Die Okkultisten und die Frauen

Die Ironie: Lévi erkennt diverse Widersprüche in der Ideologie der katholischen Kirche – und macht sich deren Frauenbild zu eigen.

Aber die Ironie des Schicksals will es, dass Lévi in einem Punkt mehr von der Haltung der katholischen Kirche angesteckt wurde, als er selbst bereit gewesen wäre, einzugestehen: in Bezug auf die Rolle der Frauen. Denn sowohl das Frauenbild der Kirche als auch das seine sind recht negativ. Verglichen mit dem jetzigen Stand ist das Lévis sogar offenkundiger ablehnend als das der Kirche. Aber die heutigen schönen Worte der Kirche über die gegenseitige Ergänzung der Geschlechter können nicht darüber hinwegtäuschen, dass Frauen der Zugang zum Priestertum genauso verwehrt ist wie verheirateten Männern. Sogar Ministrantinnen sind erst im neuen Kanon von 1983 vorgesehen.[85]
Dass Lévi sein negatives Frauenbild von der Kirche übernommen hat, bestätigt seine Biographie. Er besuchte in jungen Jahren ein Priesterseminar und verließ dieses um einer Frau willen. Auch in seinem weiteren Leben durchlebte er einige reichlich turbulente Beziehungen zu Frauen. Ob diese nun sein Leben vergifteten oder seine

---

[84] Psyche war die Gemahlin des Gottes Amor. Nur hatte dieser zur Bedingung gemacht, dass sie ihn nie erblicken dürfe. Er besucht sie immer nur bei Nacht. Ihre neidischen Schwestern überreden Psyche, das Gebot zu missachten und eine Lampe anzuzünden, um ihren Gatten zu betrachten. Aber ein Tropfen heißen Öls weckt den schlafenden Gott, der Psyche prompt verlässt. Erst nach langen Irrwegen, wo auch noch Venus, die eifersüchtige Schwiegermutter Psyches, ein Wörtchen mitzureden hat, werden die beiden wieder vereint.

[85] Nationale Bischofskonferenzen haben jedoch seit 1994 das Recht, sie zuzulassen oder zu verbieten.

eigene Einstellung ein normales Verhältnis zu einer Frau unmöglich machte oder ob er unbewusst immer wieder Frauen des gleichen Typs aussuchte, lassen wir dahingestellt.
Auf jeden Fall war er ein Frauenfeind. Er stellt pauschal die These in den Raum, dass Magie eine ernsthafte Sache sei und somit nichts für Frauen. Frauen ließen sich allzu leicht zu leidenschaftlichen Exzessen hinreißen. Dass die großen Hexen der Antike wie Circe und Medea Frauen waren, bestärkte ihn eher noch in seiner Ansicht: Diese hätten keine Magie praktiziert, sondern Hexerei, also falsche Magie. Lévi differenziert also säuberlich zwischen der von Männern beherrschten guten Magie und der bösen weiblichen Hexenkunst. Für Lévi war es somit nur allzu berechtigt, dass die meisten Opfer der Hexenverfolgung Frauen waren.
Magische Fähigkeiten in einem weiblichen Umfeld sind für ihn ein gefährliches Symptom. Er stellt einen weiblichen Magnetismus keinesfalls in Abrede, geht aber davon aus, dass er in erster Linie auf die Eroberung von Männern abziele und für diese nur negativ sei: weil Frauen auf einen Mann exklusive Ansprüche erheben und ihn von Höherem abhalten würden. Lévi warnt seine Geschlechtsgenossen vor Weibertücke: vor dem sprichwörtlich gewordenen »becircen«, also »einen Mann wie weiland Circe bezaubern«. Wobei auch Lévi nicht umhin konnte zuzugeben, dass für das von ihm kritisierte Verhalten der Frauen ihre Erziehung verantwortlich sein könnte. Und die Regeln hierfür wurden von einer männlich orientierten Gesellschaft vorgegeben. Erst in seinen späten Büchern schlägt Lévi einen versöhnlicheren Ton an.
Lévi hatte auch die größten Schwierigkeiten, sein Konzept von einer männlichen – weil göttlichen – Dreifaltigkeit mit der traditionellen Zuweisung der Zahlen – Eins gleich männlich, Zwei gleich weiblich, Drei gleich Verbindung von Eins und Zwei – zu verbinden.
Eigentlich ein Glück, dass Lévi 1875 starb: in dem Jahr, in dem eine völlig andere Art von Circe, Madame Blavatsky (1831-1891), die Theosophische Gesellschaft gründete. Natürlich ist umstritten, bis zu welchem Punkt sie tatsächlich magische beziehungsweise zumindest mediale Fähigkeiten besaß. Auf jeden Fall muss sie eine faszinierende Persönlichkeit gewesen sein, und das nicht aufgrund von äußeren Reizen. Lévi war schließlich nicht der einzige Frauenfeind unter den Okkultisten seiner Generation. Und dennoch schaffte Madame Blavatsky den Durchbruch in einer männlichen Domäne.
Madame Blavatsky war eine sehr ambivalente Gestalt. Die einen vergötterten sie, die anderen reagierten mit totaler Ablehnung. Wieder andere schwankten in ihrem Urteil von einem Extrem zum anderen. Speziell die Haltung von einem der berühmtesten Anhänger Lévis war etwas widersprüchlich. Er musste notgedrungen die Bedeutung Blavatskys beziehungsweise der Theosophischen Gesellschaft anerkennen, versuchte aber offensichtlich, ihren Einfluss zu schmälern. Zumindest, nachdem er die Theosophische Gesellschaft, deren Mitglied er 1887 geworden war, wieder verlassen hatte, was 1890 der Fall war. Die Tatsache, dass er sich veranlasst sah, Personen anstatt Argumenten anzugreifen, nimmt jedoch seinen Attacken die Spitze. Er beschuldigte Blavatsky, ohne sie wörtlich zu nennen, der Völlerei, während sie ihre Anhänger zur Askese verdamme. Die Tatsache, dass Blavatsky mit zunehmendem

Alter unter einer erheblichen Leibesfülle zu leiden hatte, verlieh dieser Aussage eine gewisse Überzeugungskraft.

Ebenso die Persönlichkeit des Mannes, der dieses Argument vorbrachte: Doktor Gérard Encausse, besser bekannt unter dem Namen Papus. Aber sogar der Übersetzer von Papus in die spanische Sprache fühlte sich veranlasst, Blavatsky zu verteidigen: Sie habe aufgrund von gesundheitlichen Problemen nicht vegetarisch leben können.

Papus

Der zweite große französische Esoteriker im ausgehenden 19. Jahrhundert.

Papus wird gerne als Schüler Lévis bezeichnet, nur war die Lehre, die er bei Lévi absolviert hatte, geistiger Art. Schließlich wurde Papus 1865 geboren und war also beim Tod Lévis erst zehn Jahre alt. Papus war somit ein wesentlich typischerer Vertreter des Fin de Siècle als Lévi. Und da er 1916, also mitten im Ersten Weltkrieg, nach längerer Krankheit starb – er litt an Tuberkulose –, blieb sein Wirken auch auf die Vorkriegszeit beschränkt.

Aber es besteht kein Zweifel, dass er Lévi hoch verehrte. Papus bezeichnet Lévi einmal als einen der größten zeitgenössischen Meister und nennt ihn an einer anderen Stelle in einem Atemzug mit Agrippa von Nettesheim, Peter von Abano und Athanasius Kircher. Papus gibt sogar offen zu, dass sein Buch über die praktische Magie lediglich eine Einführung in das »Ritual der Hohen Magie« Lévis darstellen sollte.

Demzufolge stützen sich auch seine Definitionen auf das Werk Lévis. Wie dieser hält er Magie im Prinzip für eine ganz natürliche Sache. Er vergleicht sie mit Magnetismus und Elektrizität. Beide arbeiten mit Kräften, die man kennen und verstehen müsse, um sie anwenden zu können. Magie beruhe auf einer anderen Art von Energie, die durch das Bewusstsein gesteuert werde, konkret: den dynamisierten menschlichen Willen. Diese Energie bewege sich auf der Astralebene, dem Zwischenelement zwischen Materie und Geist. Auf dieser Ebene funktionierten auch homöopathische Medikamente. Während die Allopathie direkt den physischen Körper angehe, wirke die Homöopathie auf den Astralkörper, und erst über diesen auf den physischen Körper.

Für Papus ist Magie also eine höchst wissenschaftliche Angelegenheit. Man könne sie zwar auch ohne die theoretischen Kenntnisse anwenden – wie es laut Papus zum Beispiel die mittelalterlichen Hexen taten –, aber generell handle es sich lediglich um ein Ausnützen eines natürlichen Energiestroms. Ein Magier entwickle also nur die

vorhandenen Beziehungen zwischen dem Menschen und der Natur. Magie könne auch keinesfalls widernatürliche Ergebnisse bewirken, sie setze lediglich Prozesse in Gang, welche auch in der Natur ablaufen. Bestenfalls verstärke sie diese.
So könne man mittels der Magie einen Baum oder Strauch dazu veranlassen, in kürzester Zeit Blüten und Früchte hervorzubringen, aber nur die seiner Art entsprechenden. Papus erwähnt als Beispiel die Fakire, welche bewirken könnten, dass eine Pflanze in unglaublich kurzer Zeit heranwachse. Nur könne auch der beste Fakir nicht veranlassen, dass ein Weinstock eine Birne hervorbringe.
Auf den ersten Blick hört sich diese Erklärung recht nüchtern an, verglichen mit dem, was sich bei Spukphänomenen alles tun soll. Wie sind die glaubwürdigen Berichte von der Materialisation von Objekten in geschlossenen Räumen zu erklären? Papus schließt sie keinesfalls aus. Nur beschränkt er sie auf unbelebte Objekte. Lebewesen könnten sich nicht materialisieren.
Anders als Levi gibt Papus sich nicht einmal mehr den Anschein, die Lehren der katholischen Kirche hochzuhalten. Er wirft ihr Selbstgefälligkeit und Unwissenheit und ihren Priestern klerikalen Fanatismus und das Gebaren besoldeter Staatsdiener vor. Dafür anerkennt er neidlos etwas, was die Kirche selbst entschieden in Abrede stellt: ihre magischen Aspekte. Die Kirche sei nichts anderes als ein wunderbares Laboratorium der Magie.
Papus greift zwar nicht die biblischen Wunder an, aber dafür Phänomene wie die Stigmata, welche verschiedene Heilige aufgewiesen hatten: die Wunden der Passion Christi. Sie seien nichts anderes als die Wirkung der menschlichen Willenskraft über den astralen auf den fleischlichen Körper. Wir werden noch untersuchen, dass diese Einstellung sehr modern ist.
Jedoch wirkt sich die menschliche Willenskraft laut Papus auch auf der unsichtbaren Ebene aus. Der Mensch könne einen Gegenstand mit seinem eigenen Fluidum aufladen. So schlägt Papus vor, einen langen Marsch zu unternehmen, so lange, bis man das Gefühl habe, völlig erschöpft zu sein, keinen Schritt mehr machen zu können. An diesem Punkt solle man seinen Körper zwingen, noch eine halbe Stunde auszuhalten und weiterzumarschieren. Wenn man dann den erstbesten Stein auf dem Weg auflese, imprägniere sich dieser mit der eigenen Willenskraft. Darauf schiebt Papus den psychologischen Effekt von Wallfahrten, Heiligenbildern, geweihten Medaillen – und den Talismanen der Eingeborenen. Lévi hatte bereits eine ähnliche Theorie vorgebracht, nur ging er eher von einer Aufladung durch den geballten Glauben der Gemeinschaft aus.
Natürlich könne der Mensch auch andere Menschen beeinflussen. Bei der Faszination empfange der Faszinierte über das Auge das Fluidum, also die magischen Impulse des Magiers. Papus ist sogar der Meinung, dass der Mensch über sein Fluidum Elementarwesen in der Astralebene erzeugen könne. Und das sei nicht ungefährlich. Diese Larven ernährten sich nämlich von der Astralsubstanz dessen, der sie ins Leben rief.[86]

---

[86] Entsprechende Versuche werden von verschiedenen Esoterikern beschrieben. Ich frage mich, ob J. K. Rowlings Horkruxe auf solche Praktiken anspielen.

Allerdings ist es nicht nur der Mensch, der das Astrallicht beeinflusst, er wird auch umgekehrt von diesem beeinflusst. In dem Moment, in dem sein eigener Fluidkörper Gestalt annehme, also zwischen Zeugung und Geburt, werde es in ihm individualisiert. Und die Art der Individualisierung hänge von verschiedenen Faktoren ab, so der Lage der Erde im Weltraum. »Astrallicht« bedeutet »Sternenlicht«. Jedoch seien es nicht die Sterne an sich, die wirken, sondern eine höhergeordnete Kraft oder Energie. Ein Magier könne zwar in jedem Organismus seine Signatur erkennen, also die Form von einem oder mehreren Sternen, deren Einfluss er unterliegt, aber die dabei wirkende Kraft komme nicht aus den Sternen selbst. Papus bezeichnet diese Kraft als Natur oder Schicksal. Vielleicht möchte er den Ausdruck Gott vermeiden. Diese Kraft stehe auf jeden Fall hinter der Evolution aller irdischen Wesen.

Jedoch könne der Mensch umgekehrt seinerseits wieder auf Wesen auf einer höheren, sogar göttlichen Ebene einwirken, aber das gehöre nicht zum Anliegen der Magie im engeren Sinne, sondern zum Bereich der Theurgie.

Das bedeutet, dass Papus von der Möglichkeit ausgeht, Geistwesen zu beschwören. Insofern darf es uns nicht erstaunen, dass er, wie seine Vorgänger in der Renaissance, auch Aufstellungen von Planetenengeln und Planetengeistern wiedergibt.

Weiterhin liefert Papus eine Aufstellung der Geister, welche den Sternzeichen entsprechen sollen. Da sie, mit kleineren Abweichungen, der von Agrippa beziehungsweise der Claviculae entspricht und wir sie noch nicht besprochen haben, werde ich sie der Kuriosität halber nachstehend aufführen:

Zodiakzeichen:	Geist:
Widder	Malchidiel
Stier	Asmodel
Zwillinge	Ambriel
Krebs	Muriel
Löwe	Verchiel
Jungfrau	Harnabiel (Hamaliel)
Waage	Zuriel
Skorpion	Barbiel
Schütze	Adnachiel (Annachiel)
Steinbock	Amael (Harael, Hanael)
Wassermann	Garrubiel (Gabriel)
Fische	Barchiel

Der interessanteste Aspekt ist, dass diese Liste reichlich widersprüchlich ist. Garrubiel wird auch als Gabriel wiedergegeben, hat also den Namen eines Erzengels, und Asmodel erinnert eindeutig an Asmodeus, einen der höllischen Dämonen.

Nur wäre es allzu schön, wenn sich die Autoren ausgerechnet in Bezug auf die Planetengeister einig wären. Eliphas Lévi liefert eine Liste von guten und bösen Geistern. Sie lautet wie folgt:

Zodiakzeichen:	Geist:	
Widder	Sataaran	Sarahiel
Stier	Bagdal	Araziel
Zwillinge	Sagras	Sarahiel
Krebs	Rahdar	Plakaiel
Löwe	Sagham	Seratiel
Jungfrau	Iadara	Schaltiel
Waage	Grasgarben	Hadakiel
Skorpion	Riehol	Saissaiel
Schütze	Vhnori	Saritaiel
Steinbock	Sagdalon	Semakiel
Wassermann	Archer	Ssakmakiel
Fische	Rasamasa	Vacabiel

Die Experimente des Obersten de Rochas

Sind die Nerven bei der Sinnesreizung der Haut überflüssig?

Die Thesen von Lévi und Papus würden das volkstümliche Verhexen im Mittelalter und Phänomene wie den sogenannten bösen Blick erklären: Starke negative Gefühle wie Hass, Neid, und Eifersucht wirken auf den Astralkörper eines Menschen ein und vergiften über diesen seinen fleischlichen Körper.

Offensichtlich verließen sich nicht alle Magier allein auf die Kraft der Gefühle. Bereits die mesopotamischen Keilschrifttafeln berichten von Praktiken, wie man sie heute noch aus dem Voodoo-Kult kennt. Es ist die Rede von der Herstellung von Figuren, zum Beispiel aus Wachs, welche den zu verhexenden Menschen darstellen sollen. Diese Figuren wurden mit Nadeln oder Hitze »gequält«, was sich dann auf die Gesundheit des betreffenden Menschen auswirken sollte. Auch die griechisch-römischen »defixiones« waren bisweilen von entsprechenden Puppen begleitet.

Für besonders wirksam hielt man diese Art von Magie, wenn die Figur etwas enthielt, was mit dem Opfer direkt zu tun hatte, sei es nun ein Kleidungsstück oder etwas von seinem Körper, wie abgeschnittene Haare oder Fingernägel. Die Grundlage für diesen Glauben war die Vorstellung, dass Dinge, die einmal zusammengehörten oder in Kontakt miteinander standen, diese Verbindung nach der körperlichen Trennung auf der astralen Ebene aufrechterhalten. Wenn man diesen Glauben mit Lévis Theorie verbindet, wirkt der Magier in solchen Fällen direkt auf den Astralleib des Opfers ein: weil die Puppe einen Teil seiner selbst ausmacht. Das hatte schon Paracelsus mit seiner Behandlung von Wachsgliedern demonstriert.

Ein Zeitgenosse von Lévi und Papus kam auf andere Art und Weise zu ähnlichen Ergebnissen. Sein Name war Albert de Rochas. Er griff die Versuche Reichenbachs mit dem Od wieder auf und verband sie mit den Lehren von Doktor Charcot (1825-1893) zur Hypnose.

Charcot ging von drei Stadien der Hypnose aus: Lethargie, Katalepsie, Somnambulismus. Die Lethargie ist ein tiefer Schlaf mit geschlossenen Augen, die Haut ist für Berührung unempfindlich. Wenn der Hypnotiseur in diesem Zustand den

Hypnotisierten durch ein plötzliches starkes Geräusch erschreckt oder die Augen manuell öffnet und Licht in die Pupille lenkt, fällt der Hypnotisierte in einen Starrzustand, der Katalepsie genannt wird. Wird er weiter erregt, bekommt er mit, was um ihn herum geschieht, und ist Suggestionen zugänglich. Dieser Zustand führe bisweilen zu Schlafwandeln (Somnambulismus).
Üblicherweise wurde der Hypnotisierte in diesem Moment geweckt. De Rochas fragte sich, ob es nicht noch tiefere Zustände der Hypnose geben könnte. Was würde wohl geschehen, wenn man den Hypnotisierten im Zustand des Somnambulismus mit der Methode Mesmers behandelte, also mit den Händen bestrich?
Oberst de Rochas probierte es aus und entdeckte ein Phänomen, das er in einer Veröffentlichung 1887 als Ausscheidung des Empfindungsvermögens bezeichnete: ein Verlagern der Empfindsamkeit weg von der Hautoberfläche. De Rochas stellte fest, dass die Haut nach wie vor unempfindlich blieb, aber sich dafür in einer Entfernung von normalerweise zwischen zehn und zwanzig Zentimetern eine Zone der Empfindlichkeit bildete. Das bedeutet, dass der Patient reagierte, wenn diese sensible Schicht gereizt wurde, aber nicht, wenn man die Haut direkt berührte.
De Rochas kam weiterhin zu der Erkenntnis, dass diese Empfindsamkeit sich auf gewisse Substanzen übertragen ließ. In seinen Versuchen lud er Wasser, Wachs oder auch fotografische Platten mit der Empfindsamkeit der hypnotisierten Person auf. Diese reagierte auf eine Reizung der imprägnierten Masse, als ob ihre eigene Haut berührt werde.
Das würde bedeuten, dass die Nervenzellen in der Haut, welche der herkömmlichen Biologie zufolge Reizungen ans Gehirn weiterleiten, im Prinzip überflüssig wären. Ein Gedanke, der dem modernen Menschen unbegreiflich erscheint. Und doch gibt es zumindest ein Phänomen, das die Theorien von de Rochas zu bestätigen scheint: die Phantomschmerzen bei amputierten Körperteilen. Überraschend viele Menschen, denen ein Glied abgenommen wurde, behaupten nämlich anschließend, dass sie dieses noch spüren könnten. Dies kann nichts mit der Wundheilung zu tun zu haben. Wie sonst könnten Menschen, denen der gesamte Arm fehlt, über Schmerzen in den Fingerspitzen klagen?
Ein Philosoph des 20. Jahrhunderts, Henri Bergson (1859-1941), ging noch weiter. Er stellte nämlich die ketzerische Frage, bis zu welchem Grad das Bewusstsein eines Menschen wirklich an das Gehirn gebunden sei. Er verweist auf Hirnverletzungen, welche mit einem Verlust des Sprachvermögens einhergingen, wo jedoch die verlorenen Fähigkeiten sich durch einen Schock oder eine Erschütterung auf einen Schlag wieder einstellten. Könnte das Gehirn nicht lediglich die Funktion einer Telefonzentrale haben, welche Anrufe zwar weiterleite, aber keinesfalls erzeuge?
Vielleicht hält der Leser es für überflüssig, dass ich an dieser Stelle noch einen Philosophen bemühe, um magische Theorien zu erläutern. Nur stand Bergson in direktem Kontakt mit den okkultistischen Bewegungen seiner Zeit. Er war verheiratet mit der Schwester von S. L. MacGregor Mathers, dem Leiter der Golden Dawn. Ich möchte daher nicht ausschließen, dass er in der Tat von solchen Gedanken inspiriert wurde.

Magie und Religion

Die Epoche der Koexistenz

Im 19. Jahrhundert kamen sich Religion und Magie nicht in die Quere.

Wir haben im Verlauf dieser Abhandlung bereits recht unterschiedliche Facetten der Magie besprochen. Wir haben begonnen mit ihrer Entstehung als Jagdzauber und ihre Rolle speziell in der Medizin in Mesopotamien sowie ihre Entwicklung im klassischen Altertum untersucht. Wir haben gesehen, dass die Kirche ihr in den ersten Jahrhunderten des Christentums jede Macht absprach und im Gegenzug magisches Brauchtum tolerierte, solange es sich als christliche Zeremonie tarnte und in ihrem Schoße abspielte.

Wir haben weiterhin untersucht, dass sich die Situation gegen Ende des Mittelalters änderte. Das Weltbild begann infolge von Entdeckungen zu wanken. Missernten, Epidemien und Kriege zeigten den Menschen, wie wenig sie ihr Leben in der Hand hatten. Die Hilfsmittel der Kirche versagten offensichtlich. Hierfür benötigte man eine Erklärung und einen Sündenbock. In Gestalt der Hexen hatte man beides gefunden.

Vermutlich suchten angesichts der allgemeinen Misere viele Menschen tatsächlich Hilfe bei der Dorfhexe. Mit dieser Verbreitung der volkstümlichen Magie ging das wissenschaftliche Interesse für die neuplatonische und hermetische Magie einher. Was wiederum dazu führte, dass sich die Hexenverfolgung intensivierte.

Wenn sich während der zweiten Renaissance der Magie, also im 19. Jahrhundert, dieses Phänomen nicht wiederholte, dann wohl deshalb, weil die äußeren Gegebenheiten vergleichsweise positiv waren. Die Gesellschaft konnte die magischen Elemente gefahrlos integrieren. Im Gegenteil, sie war sogar froh, ein neues wissenschaftliches Betätigungsfeld gefunden zu haben. Wir haben besprochen, dass der Spiritismus nicht als magische Disziplin galt, sondern als Möglichkeit, den Glauben an ein Leben nach dem Tod auf wissenschaftliche Weise zu untermauern. Auch die These vom Astrallicht gab sich einen sehr wissenschaftlichen Anstrich.

Abgesehen von einigen Grenzscharmützeln wie der Opposition der Kirche gegen den Spiritismus, weil sie ihn als Totenbeschwörung betrachtete, konnten Magie und Religion nebeneinander herleben, indem sie sich gegenseitig so gut wie möglich ignorierten. Solange es keine Berührungspunkte gab, war auch keine Reibung zu befürchten.

Die Religion war im 19. Jahrhundert generell für viele eine Privatangelegenheit, welche das tägliche Leben nicht beeinflusste. Dadurch wurden auch Gewissensbisse angesichts des sozialen Elends vermieden. Der Fabrikbesitzer besuchte am Sonntag den Gottesdienst, assoziierte aber das Wort von der Bedeutung der Nächstenliebe nicht mit seinen Arbeitern, denen er noch am Tag zuvor die Löhne gedrückt hatte, um konkurrenzfähiger zu sein.

Das 19. Jahrhundert gilt als Epoche der Heuchelei. Sentimentalität und Kinderarbeit, höchste moralische Ansprüche und äußerst unmoralisches Verhalten existierten Seite an Seite. Genauso wie Magie und Religion.

Eliphas Lévi, Papus und Albert de Rochas konnten in Frankreich ungehindert ihre Werke veröffentlichen. Sie waren auch keinesfalls die einzigen Autoren mit magischem Einschlag. Wenn ich nicht näher auf Josephin Péladan (1850-1915) und Stanislas de Guaita (1861-1897) eingegangen bin, dann nur deshalb, weil sie zu unserem Thema nichts Neues mehr beizutragen haben.
Auch Organisationen wie die Theosophische Gesellschaft konnten sich problemlos gründen und Mitglieder werben. Die großen Esoteriker gründeten gleichfalls Vereinigungen beziehungsweise wurden Mitglieder in solchen.
In England ging es ähnlich zu. Dort schloss sich ca. 1865 die SRIA zusammen: »Societas Rosicruciana in Anglia« – Rosenkreuzerische Gesellschaft in England. Aus ihr ging die bereits mehrmals erwähnte Golden Dawn hervor.
Zur gleichen Zeit entstand jedoch auch eine Gesellschaft, welche auf den ersten Blick zwar eine völlig andere Ausrichtung hat, aber eine wichtige Komponente mit der Magie teilt: Die Willenskraft ist ein wichtiges Instrument. Nur verstand sich diese Bewegung nicht als magisch, sondern als christlich. Sie trägt das Wort »christlich« bereits in ihrem Namen: die »Christian Science«, wörtlich »christliche Wissenschaft«.

Christian Science

Die Bibel als Grundlage für die Medizin?

Die Christian Science ist ein heikles Thema – genauso wie die Scientology, mit der man sie nicht verwechseln sollte. Ihre Anhänger halten die Christian Science für eine christliche Kirche oder Gemeinschaft, ihre Gegner behaupten, dass nicht einmal die Berufung auf die Bibel gerechtfertigt sei. In Verruf geraten ist die Christian Science, weil sie Medikamente radikal ablehnt.
Ich weise deshalb ausdrücklich darauf hin, dass ich die Christian Science weder loben noch tadeln will, dass es mir einzig und allein auf die Elemente ankommt, die meiner Interpretation der mir vorliegenden Informationen zufolge magischen Charakter oder einen magischen Einschlag haben.
Ich gebe zu, dass diese Informationen teilweise widersprüchlich sind und ich mich deshalb bemühe, einen mittleren Kurs zu steuern.
Die Gründerin der Christian Science, Mary Baker-Eddy (1821-1910), ist, wie Madame Blavatsky, schon insofern ein Phänomen, als es ihr gelang, in einer von Männern beherrschten Welt eine beeindruckende Organisation auf die Beine zu stellen und sie sich dabei auch das Heft nicht aus der Hand nehmen ließ.
Esoteriker halten es bestimmt bereits für bedeutsam, dass sie in ihrer Familie das siebte Kind war. Einem solchen siebten Kind werden gerne magische Fähigkeiten nachgesagt, wenn auch meist die Bedingung daran geknüpft ist, dass es sich um das siebte Kind gleichen Geschlechts handeln muss, also den siebten Sohn oder die siebte Tochter.
Das Wort »Christian Science«, christliche Wissenschaft, und der Titel des von Mary Baker-Eddy verfassten Buches, »Wissenschaft und Gesundheit mit Schlüssel zur Heiligen Schrift«, sagen gemeinsam aus, welches Hauptanliegen die Christian Science hat: die körperliche Gesundheit, welche jedoch mit der Befreiung von der

Sünde einhergeht. Diesen Gedanke gab Mary Baker-Eddy die Lektüre einer Passage des Matthäusevangeliums ein: Jesus verzeiht einem Gelähmten seine Sünden, und dieser wird prompt geheilt (Mt 9:2ff).
Gleich wie Mary Baker-Eddy. Allerdings behauptet eine Quelle, dass sie sich nach einem Sturz 1866 nicht mehr bewegen konnte und dank der Lektüre dieser Passage geheilt wurde. Einer anderen Quelle zufolge handelte es sich um eine hysterische Lähmung. Mary Baker-Eddy habe schon als Kind Muskelkrämpfe bekommen, wenn nicht alles nach ihrem Willen ging, und auch später ihre Angehörigen mit solchen Krämpfen mehr oder weniger erpresst. Auch habe sie mehrere Heilungen hinter sich. Das erste Mal habe sie einen Wunderheiler namens Patterson aufgesucht, den sie daraufhin prompt heiratete. Als dieser nicht mehr aus dem Sezessionskrieg zurückkehrte, habe sie einen Rückfall erlitten, bis sie von einem weiteren Wunderheiler, Phineas Quimpy, von neuem und diesmal endgültig geheilt wurde.
1875, also in dem Jahr, in dem die Theosophische Gesellschaft entstand, veröffentlichte Mary Eddy-Baker »Wissenschaft und Gesundheit«, um dann zwei Jahre später die Christian Science zu gründen. Das Unternehmen war ein voller Erfolg, Mary Baker-Eddy wurde Multimillionärin. Zur Demonstration der Wirksamkeit ihres Systems konnte sie wiederum auf sich selbst verweisen: Sie starb im Alter von neunundachtzig Jahren.
Erstaunlich ist weiterhin, dass sie in einer Zeit, in der meist der Mann seine Ehefrau beerdigte, mehrere Männer überlebte. Washington Glover, den sie als Zweiundzwanzigjährige geheiratet hatte, starb zwei Jahre später. Patterson kam in den Kriegshandlungen um oder verließ sie. 1877 heiratet sie Gilbert Eddy, der jedoch schon kurze Zeit später das Zeitliche segnen sollte.
Man könnte die Frage stellen, ob sie eine Art psychischer Vampir war, vielleicht unbewusst. Es ist auf jeden Fall seltsam, dass die Männer in ihrer Umgebung entweder starben oder aber das Weite suchten. Es scheint ungeklärt, ob Patterson tatsächlich fiel oder sie verließ, so wie Richard Kennedy, der eine Zeitlang für sie gepredigt hatte.
Im Prinzip ist Mary Baker-Eddy eine Vorläuferin von Emile Coué (1857-1926), der gleichfalls eine Selbstheilungsmethode predigte. Niemand wird bestreiten können, dass Autosuggestion viel bewirken kann. Damit soll der religiöse Anspruch der Christian Science keinesfalls in Abrede gestellt werden. Schon Jesus selbst betont immer wieder die Bedeutung des Glaubens bei Heilungen (Mt 8:10, 9:29, 13:58, 15:28, 17:17, Mk 2:5, 5:36, 9:24, 10:52, 11:22ff, Lk 7:9, 8:48, 50, 9:41, 17:6, 19, 18:42).
Solange ein erwachsener Mensch für sich entscheidet, dass er ohne die Schulmedizin leben und sterben möchte, ist diese Entscheidung völlig legitim. Problematisch wird es erst dann, wenn er die gleiche Entscheidung für ein unmündiges Kind trifft oder durch seine Krankheit eventuell andere gefährdet, zum Beispiel weil sie ansteckend ist oder der Betreffende ohne Medikamente Ausfallerscheinungen haben kann und eventuell einen Unfall verursacht.
Ich persönlich halte der Christian Science zugute, dass ihre Anhänger in Bezug auf die Gesundheit ihres Körpers konsequent in Übereinstimmung mit ihren Lehren

leben. Das tun die der anderen christlichen Kirchen nicht unbedingt, wie wir in einem späteren Kapitel noch konstatieren werden.

Aleister Crowley: vom Plymouth-Bruder zum Großen Tier

Die Extreme begegnen sich.

Ich habe in der Einleitung dieses Kapitels gesagt, dass sich im 19. Jahrhundert Religion und Magie die Waage hielten beziehungsweise nicht in die Quere kamen. Insofern wird mir der Leser verzeihen, dass ich im unmittelbaren Anschluss an die Christian Science einen Mann bespreche, der sich selbst, unter Anlehnung an die Offenbarung des Johannes, als »The Great Beast« bezeichnete, das große Tier (Offb 13:1): Aleister Crowley (1875-1947).

Manche bezeichnen Crowley als den Vater des Satanismus. Seine Anhänger bestreiten dies. Wenn man »Satanist« als »Verehrer des Teufels« interpretiert, hat dieser Einwand durchaus seine Berechtigung. Crowley verehrte den Teufel nicht, er identifizierte sich mit ihm.

Einige Leser sind bestimmt der Meinung, dass die Aufnahme Crowleys in dieses Buch nicht nötig gewesen wäre. Sie möchten die Magie weder durch den Satanismus noch durch Leute wie Crowley verunreinigen. Magie habe nichts mit Satanismus zu tun, und Crowley sei eine Randfigur. Dem stimme ich persönlich zu. Ein Inquisitor des 16. oder 17. Jahrhunderts wäre jedoch nicht einverstanden gewesen. Und damit die Hexenprozesse nicht eines Tages wieder anlaufen – in Amerika gibt es bereits Ansätze hierfür –, sollte man Argumente an der Hand haben, um diese Verbindung zurückzuweisen. Bedingung hierfür ist, sich mit dem Satanismus und all dem, was als solcher ausgelegt werden könnte, auszukennen.

Crowley war Magier, daran ist nicht zu rütteln. Davon zeugen seine Bücher. Seine magischen Fähigkeiten manifestierten sich speziell in Gestalt der Willenskraft, welche den Magier auszeichnen muss. Zumindest so lange, bis er durch exzessiven Drogenmissbrauch und absolute Missachtung seiner Gesundheit seinen Körper so geschwächt hatte, dass auch sein Wille litt. Seine letzten Lebensjahre verbrachte er recht zahm, in einer biederen Familienpension.

Welche Ausschweifungen er sich zugemutet haben muss, ersieht man am besten, wenn man Fotos aus seiner Jugend mit späteren vergleicht. Der Verfall ist geradezu erschreckend.

Verschiedene Schauspielerinnen, die sich bis ins fortgeschrittene Alter ein jugendliches Aussehen bewahrt haben, schreiben dies lächelnd ihrem erfüllten Liebesleben zu. Entweder gilt ihre Aussage nur für Frauen, oder aber Crowley tat zuviel des Guten. Er hatte seine Philosophie in dem Sinnspruch zusammengefasst, dass es nur ein Gesetz gebe: das zu tun, was man wolle. Das bedeutete in seinem Fall Sex. So oft wie möglich und mit Partnern wechselnden Geschlechts. Das mag heute niemanden mehr schockieren, aber noch 1895 war Oscar Wilde (1856-1900) auf eine Anklage wegen homosexueller Praktiken hin zu Zuchthaus mit Zwangsarbeit verurteilt worden.

Es ist keine große Übertreibung zu behaupten, dass Sexualmagie im Prinzip der einzige Programmpunkt Crowleys war. Vielleicht schaffte er es auch, unbehelligt zu bleiben, weil er dieses Programm nicht als Individuum verkündete, sondern sich auf den Rückhalt von esoterischen Orden berief. Crowley sei Mitglied des »Ordo Templi Orientis« gewesen, kurz OTO genannt: Orientalischer Templerorden. Dieser wird mit dem Praktizieren von Sexualmagie assoziiert.

In der Golden Dawn hatte er offensichtlich Schwierigkeiten; er verließ sie wieder beziehungsweise wurde ausgeschlossen. Darauf gründete er den »Astrum Argenteum«: Silberstern.

Crowley muss – zumindest in seiner Jugend – eine faszinierende Persönlichkeit gewesen sein. Natürlich stellt sich die Frage, durch welche Umstände er sich so einseitig entwickelte. Psychologisch orientierte Interpretationen seines Lebens sprechen von einer Überreaktion. Seine Familie gehörte den Plymouth-Brüdern an, einer streng puritanischen Sekte, deren Schule er auch besuchte. Sein ganzes Leben sei ein Protest gegen die Erziehung gewesen, die er in jungen Jahren im Schoß der Sekte über sich ergehen lassen musste.

Das würde in der Tat erklären, warum er sich später selbst mit dem Teufel identifizierte. Er wollte bewusst den Gegenpol zu dem darstellen, was die Plymouth-Brüder ihm eingebläut hatten.

Aber auf der anderen Seite stellt sich die Frage, ob er in diesem Fall je wirklich den Fängen der Plymouth-Brüder entronnen war. Denn um wirklich zu entkommen, hätte er eigentlich den Glauben an den Teufel zurückweisen müssen. Das schaffte er offensichtlich nicht. Er wechselte lediglich die Seite.

Ich habe weiter oben gesagt, dass Crowley kein Satanist im Sinne von Teufelsverehrer war. Aber er war meiner Ansicht nach sehr wohl Satanist, wenn man es als Teufelsgläubiger interpretiert.

Dafür halte ich persönlich einen anderen Mann, der sich selbst als Satanisten bezeichnete, lediglich für einen guten Schauspieler. Ich rede von Anton Szandor LaVey, der in der Walpurgisnacht 1966 die »Kirche Satans« gründete.

Die Kirche Satans

Ein schwarzer Papst propagiert hemmungslos ausgelebte Sexualität und ist gleichzeitig treuer Bürger und Familienvater.

LaVey, geboren 1930, hatte seiner eigenen Aussage nach schon als Kind an der christlichen Botschaft gezweifelt: weil sie ihm als Heuchelei erschien. Diejenigen, welche die Welt in Gut und Böse einteilten, zählten sich selbst zu den Guten. Und wenn man diesen sogenannten Guten die geringste Möglichkeit gebe, so würden sie hinter dem Rücken der anderen genau das praktizieren, was sie offiziell als böse bezeichnen würden.

Die Kirche Satans propagiert die Befreiung der von der Gesellschaft unterdrückten Triebe. Der Mensch sei ein Egoist, es sei besser, dies einzugestehen, als Nächstenliebe zu heucheln. LaVey wandte sich speziell gegen die Heuchelei im

sexuellen Bereich. Es sei ganz natürlich, Befriedigung der fleischlichen Gelüste zu suchen, seine Sexualität auszuleben.
LaVey benützte ein Wortspiel zur Illustrierung seiner Thesen. EVIL, das englische Wort für »Böse«, liest sich, von hinten gelesen, als LIVE: leben. Leben bedeute somit, auch das Böse zu akzeptieren. Der Teufel stelle die dunkle Kraft in der Natur dar, den Geist der Revolte – aber genau deshalb auch den Geist des Fortschritts.
Wir haben untersucht, welchen immensen Stellenwert die christlichen Kirchen dem Teufel einräumen, ohne dass je ein Konzil so entschieden hätte. Das nützte LaVey aus, um süffisant darauf hinzuweisen, dass die christlichen Kirchen im Prinzip dem Teufel ihre Existenzberechtigung verdanken.
Allerdings könnte man diesen Schluss auch umkehren. Wenn es die christlichen Kirchen nicht gäbe, wäre auch die Kirche Satans undenkbar. Um existieren zu können, muss sich also LaVey auf genau den gleichen Dualismus berufen.
Im Prinzip tat LaVey nichts anderes, als den Inquisitoren mit beinahe vierhundert Jahren Verspätung Recht zu geben. Seine Anhänger bezeichnen sich als Hexen, er postulierte somit eine Gleichsetzung von Magie und Teufelskult, also genau das, was die Okkultisten des 19. Jahrhunderts entschieden zurückgewiesen hatten. Damit hat er der Magie einen schlechten Dienst erwiesen.
Wenn man sie genauer betrachtet, sind die Thesen LaVeys generell weniger revolutionär, als es auf den ersten Blick aussieht. Die These, dass der Teufel auch der Geist des Fortschritts ist, findet sich beinahe wörtlich bei Lévi wieder. Aleister Crowley hatte mehr als nur viel von LaVeys Weltanschauung vorweggenommen: Er vertrat wesentlich radikalere Theorien – und lebte sie aus –, zu einem Zeitpunkt, als es noch weit mehr Anstoß erregte und somit gefährlicher war. Wobei ich persönlich Crowley zugestehe, dass er an das glaubte, was er predigte und lebte. Bei LaVey bin ich keinesfalls davon überzeugt.
Das Neue bei LaVey war lediglich, dass er seine Organisation als Kirche bezeichnete, sich öffentlich zum Praktizieren eines Umkehrkultes der christlichen Kirchen bekannte. Er machte aus den sieben Todsünden des Christentums Maximen für das tägliche Leben. Die christliche Messe an sich hielt er für ein wirkungsvolles Psychodrama, das es lediglich auszubauen gelte.
Und hätte LaVey zu einer anderen Zeit gelebt, hätte er elendiglich Schiffbruch erlitten. Seine Kirche Satans entfaltete sich zur Zeit des Protestes gegen den Vietnam-Krieg, der Flower-Power-Bewegung, der Studentenunruhen speziell in Paris. Ohne dieses kulturelle und politische Umfeld wären seine Thesen untergegangen, man hätte ihn unter Umständen wegen Blasphemie angeklagt oder für wahnsinnig erklärt und eingesperrt.
Noch in einer weiteren Hinsicht war LaVey ein Sohn seiner Zeit. Er hatte sich schon immer im Schaustellergewerbe aufgehalten und sein Brot unter anderem als Zirkusdompteur, Assistent eines professionellen Zauberers und Orgelspieler verdient. Sogar seine Tätigkeit als Polizeifotograf in San Francisco würde ich in diese Rubrik einreihen. Nur produzierte er sich zu dieser Zeit nicht vor einem Publikum, sondern stand hinter der Kamera.

Und von Leuten wie ihm wurden die letzten zwanzig Jahre des 20. Jahrhunderts beherrscht, in Politik und Religion. Es war die Epoche Ronald Reagans (1911-2004), eines ehemaligen Schauspielers, und Johannes Pauls II. (1920-2005), eines talentierten Laienschauspielers.[87] Es war nur folgerichtig, dass auch der »schwarze Papst«, wie LaVey sich nennen ließ, ein guter Schauspieler war. Er fungierte als Ratgeber bei dem Film »Rosemarys Baby« und habe sogar selbst mitgewirkt: die Augen des Teufels, die man auf der Szene mit dem Boot sehe, seien die seinen.

Im Prinzip befolgte er lediglich seine eigene Maxime, dass man, um als Magier erfolgreich zu sein, auf andere einwirken müsse. Hierfür gebe es drei Möglichkeiten: das Erwecken von Sympathie, das Ausspielen sexueller Reize und die Verblüffung. Ersteres schlägt LaVey bei älteren Hexen vor. Sie sollten sich bemühen, auf andere mütterlich beziehungsweise väterlich zu wirken. Attraktive junge Menschen hingegen sollten bewusst ihren Sex-Appeal einsetzen. Ältere Magier beiderlei Geschlechts, denen die betuliche Rolle nicht liege, könnten auf die dritte Alternative zurückgreifen und absichtlich ihre Umwelt schockieren, also ein diabolisches Image kultivieren. Genau das tat LaVey, beginnend damit, dass er seinen Schädel rasierte und sich einen mephistoähnlichen Bart zulegte.

Offensichtlich ließ er sich auch nur in entsprechenden Posen fotografieren: mit leicht nach vorn geneigtem Kopf nach oben blickend, so dass das Weiße der Augen sichtbar wird, das linke Auge halb geschlossen, die Augenbrauen an der Nasenwurzel nach unten gezogen.

Obwohl man ihm eine gewisse Attraktivität nicht absprechen kann. Seine letzte Lebensgefährtin, Blanche Barton – er hatte auch bereits zwei Ehen hinter sich –, schenkte ihm 1994 einen Sohn. LaVey war zu diesem Zeitpunkt vierundsechzig, Blanche muss somit um die dreißig Jahre jünger gewesen sein.

Jedoch sollte sich der im Prinzip gutbürgerliche Lebenswandel LaVeys für die Bewegung negativ auswirken. Hätte er Sexualität mit laufend wechselnden Partnern hemmungslos ausgelebt, wären der Kirche Satans einige Probleme erspart geblieben. 1993 war LaVey in den gerichtlichen Auseinandersetzungen mit seiner Ex-Gattin seines Hauses verlustig gegangen, ein Kultobjekt der Kirche Satans, und nach seinem Tod stritten sich Blanche Barton, im Namen des gemeinsamen Sohnes Xerxes, und LaVeys erwachsene Tochter Karla um die Nachfolge. Die jüngere Tochter ließ verlautbaren, dass sie gleichfalls in Unfrieden von ihrem Vater geschieden sei.

Ein Beweis dafür, dass man nicht Anarchie predigen und eine Dynastie gründen sollte.

Wie gefährlich ist der Satanismus?

Die Untaten organisierter Satanisten – Realität oder ein neuer Mythos?

Inzwischen haben sich die Zeiten sowieso etwas geändert. Schon in den letzten Jahren seines Lebens soll LaVey recht zurückhaltend gewesen sein.

---

87 Manchen Berichten zufolge stand er kurz davor, die Schauspielerei zu seinem Beruf zu machen.

Denn das amerikanische Stimmungsbarometer, das den Satanismus lange Zeit als exotische Kulturblüte geduldet hatte, ist spätestens seit Anfang der neunziger Jahre im Begriff, umzuschlagen. Es mehren sich die Stimmen, welche vor dem Satanismus und allen seinen Manifestationen warnen.
Organisierte Satanisten würden Menschenopfer bringen, kannibalistischen Riten huldigen, Minderjährige missbrauchen, weibliche Mitglieder zu laufenden Schwangerschaften zwingen, um dann entweder die abgetriebene Leibesfrucht oder das Neugeborene bei ekelerregenden Zeremonien dem Teufel darzubringen.
Es handelt sich nicht nur um Anschuldigungen von Seiten Außenstehender. Immer mehr Menschen glaubten sich während einer therapeutischen Behandlung daran erinnern zu können, dass sie als Kinder von Satanisten missbraucht worden waren. Die Psychologen schlossen, dass die Erinnerungen so furchtbar waren, dass der beziehungsweise meist die Betroffene sie total verdrängt hatte, bis sie sich dann in der Behandlung wieder nach oben arbeiteten.
Natürlich warf sich die Frage auf, ob die Erinnerung an solche Erlebnisse eine reale war oder ob es sich um Phantasien handelte. Schließlich hatten alle Betroffenen psychische Probleme und waren genau deshalb in Behandlung gewesen. Waren diese Erinnerungen eventuell die Folgen einer mehrfachen Spaltung der Persönlichkeit, wie sie diese Patienten aufwiesen?
Diejenigen, welche von der Glaubwürdigkeit der Patienten überzeugt waren, drehten die Argumentation um. Sie gingen nicht nur davon aus, dass alle Patienten mit diesem Syndrom der Persönlichkeitsspaltung, welche von Missbrauch durch Satanisten berichteten, die Wahrheit sprachen, sie nahmen sogar an, dass alle anderen mit der gleichen Krankheit ebenfalls missbraucht worden waren und sich nur nicht mehr daran erinnern konnten, weil sie es eben noch tiefer verdrängt hatten.
Der nächste Schritt war die Vermutung, dass die Satanisten ihre Aktivitäten nicht auf die Vergangenheit beschränkt hatten, dass sich vielmehr heute noch allenthalben ein organisierter Missbrauch von kleinen Kindern im großen Stil abspiele. Prompt fanden die Psychologen, die nach entsprechenden Symptomen suchten, eine ganze Reihe von Kindern, deren Aussagen so interpretiert werden konnten, als seien sie in der Tat missbraucht worden.
Mit dem Argument, dass Kinder nicht lügen, hatte schon der Hexenjäger Pierre de Lancre Anfang des 17. Jahrhunderts auf die Aussage von Kindern und Halbwüchsigen vertraut, die sich meist nicht über die Tragweite ihrer Beteuerungen im Klaren waren.
Auch die moderne Hysterie führte zu einer ganzen Reihe von Verurteilungen, ohne dass die Anklagen durch Indizien erhärtet worden wären. Nur zwei der Angeklagten waren geständig. Die eine war eine Immigrantin, die Angst vor ihrem Mann und vor einer drohenden Ausweisung hatte, der andere ein protestantischer Fundamentalist, der Vater der Klägerin, der sich zwar gleichermaßen nicht mehr an das Geschehen erinnern konnte, aber nicht ausschließen wollte, dass der Teufel, dem schließlich alles zuzutrauen sei und der auch eine entsprechende Macht habe, ihn in der Tat zu solch unheiligem Tun veranlasst haben könnte. Offensichtlich war der bedauernswerte Mann ein Opfer seiner eigenen Propaganda geworden.

Damit soll natürlich nicht bestritten werden, dass Kinder missbraucht und getötet wurden und nach wie vor werden. Jedoch sind diejenigen, welchen solche Praktiken nachgewiesen werden, Einzelgänger, keine Beauftragten von organisierten Satanisten egal welcher Couleur.

Während des Prozesses gegen Charles Manson beziehungsweise die Mörder der Schauspielerin Sharon Tate[88] und ihrer Freunde wurde untersucht, ob Manson ein Mitglied der synkretistischen Process Church war. Diese stellte die Verehrung von, je nach Belieben, Jesus oder dem Teufel frei.

Manson selbst war während der Morde gar nicht anwesend gewesen, wurde aber trotzdem wegen Anstiftung verurteilt. Gehen wir davon aus, dass auch die Leiter der Process Church auf der Anklagebank gesessen hätten, wenn es den geringsten Anhaltspunkt für ihre Verwicklung gegeben hätte. Dass Manson verschiedene Theorien schlecht verdaut hatte, darunter auch den Satanismus, soll jedoch nicht bestritten werden.

Das Gleiche gilt für seine Anhänger. Ein Mädchen sei vor den Morden in einer von LaVey inszenierten Oben-ohne-Revue aufgetreten. Sie und ein männliches Ex-Mitglied von Mansons »Family«, wie sich die Gruppe nannte, wurden im Gefängnis fundamentalistische Christen.

Das Mädchen hatte sich bereits während des Prozesses unter Hinweis auf den hypnotischen Einfluss Mansons verteidigt. Der christliche Fundamentalismus erlaubte ihr und ihrem Mitangeklagten, generell dem Teufel die Verantwortung für ihr Tun zuzuschieben.

Das tat auf gewisse Weise auch der Mann, der 1980 den Ex-Beatle John Lennon erschoss. Er war zum Zeitpunkt der Tat bereits Fundamentalist und gab zu seiner Rechtfertigung an, er habe den Teufel in Lennon gespürt.

Die einen beriefen sich somit auf teuflische Verführung, der andere fühlte sich aufgerufen, den Teufel zu besiegen. Alle drei sind auf gewisse Weise von ihm besessen. Der Teufel nimmt in ihrem Weltbild wesentlich mehr Raum ein als zum Beispiel in dem der Anhänger LaVeys. Diese haben ein recht lockeres Verhältnis zu ihm. Diejenigen, die sich am intensivsten mit dem Teufel auseinandersetzen, sind nicht die sogenannten Satanisten, sondern ihre Gegner. Man ist versucht, sie als die eigentlichen Satanisten zu bezeichnen. Im Prinzip unterscheidet diese Menschen nicht viel von Crowley. Sie stehen lediglich auf der anderen Seite.

Wir leben von neuem in einer Zeit, in der die alten Werte ihre Bedeutung verloren haben und noch keine neuen gefunden sind. Die Versuchung ist groß, trotzdem auf Biegen und Brechen an den alten Werten festzuhalten, in die Zeit zurückzukehren, als sie noch nicht in Frage gestellt wurden.

Die fundamentalistische Propaganda gegen den Satanismus in den Vereinigten Staaten ist nicht die Reaktion auf einen vermehrt um sich greifenden Satanismus in

---

88 Sharon Tate sowie die Freunde, die sich an diesem Abend bei ihr eingefunden hatten, wurden in der Nacht vom 8. auf den 9. August 1970 von den Anhängern dieses Charles Manson auf bestialische Weise ermordet. Der Tod der jungen und schönen Schauspielerin, die zudem kurz vor der Niederkunft stand, löste damals weltweit Entsetzen aus.

der Gesellschaft, sondern auf eine allgemeine Verunsicherung zurückzuführen. Diese Leute klammern sich an traditionelle christliche Werte und suchen gleichzeitig nach einem Feindbild, einem Sündenbock. Natürlich ist der ultimative Feind des Christentums der Teufel. Und da die Hexen diesen verehren sollen, bietet sich an, dieses Feindbild von neuem auf alles zu übertragen, was mit Magie zu tun hat.
Die satanistische Weltverschwörung ist genauso ein Mythos wie die jüdische oder freimaurerische Weltverschwörung.

Der Exorzismus

Anachronismus, notwendiger als je zuvor oder letztes Relikt von ansonsten verlorenen Kräften?

LaVey, der bei der Produktion von »Rosemarys Baby« mitgewirkt hat, schildert in einem Interview die Reaktion von christlichen Gruppen, denen der Film vorab vorgeführt wurde. In der äußerst dramatischen Schlussszene sieht man Rosemary, wie sie sich ihrem Kind mit dem Messer in der Hand nähert, um den Sprössling des Satans umzubringen. Nur wird sie von ihren mütterlichen Gefühlen überwältigt und akzeptiert das Kind schließlich.
Eine Feministin könnte versucht sein, diese Szene von der alles überwindenden Mutterliebe als geradezu widerlich klischeehaft zu verurteilen. Nicht so die fundamentalistischen Christen. Sie applaudierten, als Rosemary sich anschickte, ihr eigenes Baby zu töten, und buhten, als sie es bleiben ließ. Das erklärt vielleicht, warum gerade die militantesten Befürworter eines totalen Verbots der Abtreibung oft genug mit gleicher Vehemenz die Todesstrafe verteidigen oder wieder einführen wollen.
Filme wie »Der Exorzist«, »Omen« oder »Rosemarys Baby« sind zu Klassikern der Filmgeschichte geworden. Die Gestalt des Teufels scheint die Menschen noch im gleichen Maße zu faszinieren wie zur Zeit des »Hexenhammers« mit seinen Rekordauflagen. Aus den meisten Filmen dieser Art geht hervor, dass die Mittel der katholischen Kirche, mit dem Teufel fertigzuwerden, effektiver als die der anderen christlichen Kirchen sein sollen.
Andererseits nehmen die meisten Menschen es mit einem Kopfschütteln zur Kenntnis, wenn sie von einem »echten« Exorzismus hören. Es herrscht sogar allgemeine Empörung, wenn bei einem Exorzismus etwas schiefgeht und der beziehungsweise meist die Besessene das Ritual nicht überlebt.
Der Film »Der Exorzismus von Emily Rose« aus dem Jahr 2005 basiert auf einer wahren Begebenheit.[89] Sie spielte sich in den Jahren 1975 und 1976 in Klingenberg in der Diözese Würzburg ab. Ein junges Mädchen war davon überzeugt, von mehreren Dämonen besessen zu sein. Sie sei noch im Mutterleib von einer Frau verflucht worden. Auf der anderen Seite glaubte sie, durch ihre Leiden die Sünden des deutschen Volkes zu sühnen. Im Juli 1976 starb sie, an Unterernährung und einer

[89] Die nachstehenden Angaben stammen aus dem Artikel »The devil and Miss Michel« in THE TABLET vom 12. November 2005, von Hannah Cleaver.

Lungeninfektion. Die beiden beteiligten Priester sowie die Eltern wurden angeklagt, kamen aber mit Bewährung davon.
Die Kirche, welche den Exorzismus seinerzeit genehmigt hatte, geht heute davon aus, dass es sich nicht um Besessenheit handelte. Seit 1999 müssen generell alle anderen Möglichkeiten ausgeschöpft sein, bevor der Exorzist eintritt.
Der aufgeklärte Mensch kann sich des Eindrucks nicht erwehren, dass der Exorzismus eine reichlich antiquierte Angelegenheit ist. Und dennoch gibt es nicht nur weiterhin kirchlich bestellte Exorzisten, auch das Ritual der Taufe für Erwachsene enthält nach wie vor einen Exorzismus.
Warum gibt die katholische Kirche solche archaischen Relikte nicht auf? Wirken sie nicht reichlich deplaziert? Machen sie die Lehren des Christentums nicht sogar unglaubwürdig? Was ist das für ein Gott, der zulässt, dass der Teufel sich in Kindern einnistet? Ist nicht das Ritual des Exorzismus geradezu ein Beweis, dass die Handlungen der katholischen Kirche generell magisch angehaucht sind, und somit auch die Sakramente?
Ich persönliche hege den Verdacht, dass der Exorzismus deshalb nicht aufgegeben wird, weil sonst von den Kräften, welche Jesus seinen Jüngern verliehen hat und welche sich auch auf deren Nachfolger übertragen sollten, überhaupt nichts mehr übrigbleibt. Schlagen Sie das Evangelium nach Markus auf, vermutlich das älteste überhaupt. Laut Mk 16:17-18 soll sogar der einfache Gläubige die Kraft haben, den Teufel auszutreiben, in fremden Zungen zu sprechen und Kranke zu heilen. Weder Schlangen noch Gift könnten ihm etwas anhaben. Bei Lukas gibt Jesus den Aposteln die Kraft, Teufel auszutreiben und Kranke zu heilen (Lk 9:1). Für Paulus sind charismatische Gaben etwas ganz Normales, er empfiehlt lediglich, sie in Zucht zu halten (1 Kor 14:39). Vermutlich musste die Kirche schon bald zur Kenntnis nehmen, dass sich diese Fähigkeiten nicht vererbten.
Niemand scheint dies erstaunlich zu finden. Ironischerweise sind diejenigen, welche fest von der Existenz solcher Kräfte im Schoße des Christentums überzeugt sind, außerhalb der katholischen Kirche zu finden, zum Beispiel in den sogenannten Pfingstkirchen – und der Christian Science.
Im Katholizismus wurde sogar die Krankensalbung, dem Vernehmen nach ursprünglich mit der Hoffnung auf Genesung gespendet (Jak 5:14-15), immer mehr eine Vorbereitung auf den Tod. Im Mittelalter hatte sich die Sachlage dann völlig verkehrt. Diejenigen, welche sich nach der »Letzten Ölung«, wie das Sakrament noch bis vor kurzem hieß, tatsächlich wieder erholten, waren zu bedauern. Sie wurden als Todgeweihte von den anderen gemieden.
Das Einzige, was dem Katholizismus von den magisch zu nennenden Kräften Jesu und der Apostel noch blieb, war die Teufelsaustreibung.
Ein Katholik wird dem vielleicht nicht zustimmen. Denn was ist mit den Wundern?

Wunder versus Magie

Das Problem: woran will man erkennen, ob es sich um ein göttliches Wunder oder einen Effekt der Magie handelt?

Wir haben in einem anderen Zusammenhang bereits Lourdes und seine heilkräftige Quelle erwähnt. Aus diesem kleinen Wallfahrtsort in den französischen Pyrenäen werden seit einer Marienerscheinung im Jahre 1858 unzählige Wunderheilungen gemeldet. Genau siebenundsechzig von ihnen hat die katholische Kirche bis zur Stunde[90] offiziell anerkannt. Hierfür werden äußerst strenge Kriterien angewandt. Beginnend damit, dass es sich um ein schweres Leiden gehandelt haben muss, sei dieses nun chronisch oder unheilbar. Der Einfluss von Medikamenten auf einen positiven Krankheitsverlauf muss ausgeschlossen werden können. Auch darf die Krankheit sich nicht in einem kritischen Stadium befunden haben, in dem sowieso eine Verschlechterung oder Verbesserung des Zustandes zu erwarten gewesen wäre.
Ähnlich strenge Kriterien wendet die Kirche bei der Untersuchung von Wundern generell an. Denn die Fähigkeit, Wunder zu bewirken, ist nach wie vor ein Kriterium bei der Untersuchung der Heiligkeit eines Menschen: ein Beweis, dass der oder die Betreffende bei Gott ist.
Keine andere Religion weist Wundern einen so hohen theologischen Stellenwert zu wie die katholische Kirche. Die anderen großen christlichen Kirchen anerkennen bestenfalls noch die Wunder Jesu im Neuen Testament, sind aber der Meinung, dass es nach der Zeit der Apostel keine Wunder mehr gab. Kritiker verweisen sowieso darauf, dass nicht nur das Leben Jesu Anklänge an das anderer Göttersöhne hat, sondern auch seine Wunder sich an die anderer Thaumaturgen anlehnen.[91]
Dennoch betrachten moderne katholische Theologen das Wandeln Jesu auf dem Wasser, wie es die Evangelien schildern (Mt 14:22-23, Mk 6:45-52, Joh 6:16-21), nach wie vor als Manifestation der Göttlichkeit Jesu. Sie vergleichen diese Passagen mit dem Buch Genesis, wo der Geist Gottes über den Wassern schwebte (Gen 1:2).
Buddhisten sind offensichtlich anderer Meinung. In einer Legende berichtet ein Jünger Buddhas diesem begeistert, wie er es durch lange und intensive Bemühungen geschafft habe, trockenen Fußes den Fluss überqueren zu können, indem er auf dem Wasser wandelte. Anstatt ob dieses Wunders außer sich zu geraten, tadelt Buddha ihn: Ein Fährmann würde ihn für einen geringen Betrag über den Fluss bringen, der Jünger habe seine Zeit und Energie sinnlos vergeudet.
Es handelt sich keinesfalls um eine isolierte Passage. Für den Buddhismus sind Wunderkräfte bestenfalls eine Begleiterscheinung einer fortgeschrittenen geistigen Entwicklung, aber nie Selbstzweck. Im Gegenteil: Wenn man sich zuviel mit ihnen beschäftige oder sich sogar darauf etwas einbilde, finde ein geistiger Rückschritt statt.
Die Kirche hat sich mit ihrer These, dass Wunder entweder göttlichen oder teuflischen Ursprungs sind, in eine Sackgasse manövriert. Denn es wird immer

---

90 Diese Zeilen wurden im Sommer 2007 niedergeschrieben. Das letzte mir bekannte Wunder wurde zwei Jahre vorher anerkannt.

91 Ich verweise auf Parallelen zu Buddha, Krischna, Apollonius von Tyana und anderen.

offensichtlicher, dass genau die gleichen Phänomene, die sie als Wunder einordnet, sich auch außerhalb ihres Bereiches abspielen.
Und diejenigen, die tatsächlich im Umfeld von christlichen Heiligen stattfinden, überzeugen immer weniger. So wurden verschiedenen Heiligen schon zu ihren Lebzeiten paranormale Fähigkeiten nachgesagt. Selbst wenn die Kirche solche nie zum Anlass für eine Heiligsprechung machen würde, so spielen sie doch irgendwie mit. Allerdings stellt sich die Frage, welches Interesse Gott daran hat, einen Menschen gegen seinen Willen in die Luft aufsteigen zu lassen. Genau das wird von verschiedenen christlichen Heiligen berichtet, und zwar nicht von Heiligen des finstersten Mittelalters, sondern solchen aus neuerer Zeit.[92] Die Betreffenden hatten keine Kontrolle über die Levitation, wie das Phänomen genannt wird. Im Gegenteil, sie versuchten oftmals, die Levitation zu verhindern oder zu vertuschen.
Insofern wirkt auch die Grenze, die manche zwischen Magie und Mystik ziehen wollen, recht durchlässig. Diese Leute anerkennen die Magie als unabhängige Kraft, beschränken sie jedoch auf die Astralebene. Der Mystiker und Heilige hingegen beziehe seine Kraft aus der geistigen beziehungsweise göttlichen Ebene. Dort wirkten Gott, die Jungfrau Maria und die Heiligen.
Dem widersprechen die Magier. Für Israel Regardie teilt sich die Mystik schlicht in zwei Bereiche: Magie und Yoga.
Verdächtig wirkt auch, dass sich die Erlebnisse von Mystikern verschiedener Religionen ähneln. Texte moslemischer Sufis könnten ohne weiteres von christlichen Mystikern stammen – und umgekehrt. Dafür haben Beschreibungen von christlichen Mystikerinnen einen so sexuellen Einschlag, dass man versucht ist, einen hysterischen Hintergrund zu vermuten. Die Vision einer anerkannten Heiligen, der Jesus seine Vorhaut als Ehering an den Finger steckte, ist nur ein extremes, aber nicht das einzige Beispiel.
Stigmata spielen sich keinesfalls nur im christlichen Bereich ab. Moslemische Mystiker reproduzierten die Wunden, die Mohammed den Berichten zufolge in einer Schlacht davongetragen hatte, auf ihrem eigenen Körper, genauso wie christliche Mystiker die Zeichen der Kreuzigung Jesu. Letztere leider meist an der falschen Stelle: Sie hatten die Verletzung auf den Handflächen anstatt in den Handgelenken. Denn genau durch diese wurden die Nägel bei einer richtigen Kreuzigung getrieben. Das beweisen Knochenfunde aus römischer Zeit. Die Handflächen würden infolge des Körpergewichtes einreißen. Noch der legendäre Franziskaner Pater Pio (1887-1968) wurde 2002 trotzdem heiliggesprochen.
Papus, der schon vor hundert Jahren postulierte, dass Stigmata nichts anderes sind als eine Auswirkung der menschlichen Phantasie über den Astralkörper auf den fleischlichen Körper, hätte den Kopf geschüttelt.

[92] Der bekannteste ist Joseph von Copertino (1603-1663), dessen Levitationen von Zeugen bestätigt werden, welche diesem Phänomen sehr skeptisch gegenüberstanden.

Allerdings hätte er vermutlich ein Gleiches getan, wenn er Wicca noch kennengelernt hätte.

Wicca beruft sich darauf, die älteste Religion überhaupt zu sein und seit mehr als fünfunddreißigtausend Jahren zu existieren, teilweise öffentlich, teilweise nur heimlich unter den Eingeweihten weitergegeben. Der Hexenglaube sei der Kult einer Großen Göttin. Seine Anhänger können sich darauf berufen, dass die ältesten figürlichen Darstellungen von Menschen die von Frauen sind: nackt, üppig und offensichtlich schwanger. Diese Große Göttin sei dann im Altertum unter verschiedenen Namen verehrt worden: als Kybele in Phrygien, Artemis in Griechenland, Diana im alten Rom, Ceridwen oder Brigid bei den Kelten.

Jedoch tauchte die Göttin nicht allein auf, sondern in Begleitung ihres Sohnes. Dieser göttliche Sohn manifestierte sich in der Geschichte unter den Namen Tammuz, Attis oder Adonis, lauter jugendliche Götter, Söhne beziehungsweise Geliebte einer allmächtigen Muttergottheit. Alljährlich feierten die Menschen den Tod und die Auferstehung dieses Sohnes. Diese Feiern waren ein Frühlingsfest. Die Feierlichkeiten zu Ehren von Adonis fanden in Rom Ende März statt, auch noch nach der Zeitenwende. Ein Stein des Anstoßes für das junge Christentum, das zum gleichen Zeitpunkt die Passion und Auferstehung Jesu feierte.

Die Hexen betrachteten Jesus lediglich als eine weitere Manifestation des sterbenden und auferstehenden Gottes. So habe sich der Hexenglaube lange unter dem sowieso nur oberflächlich missionierten Volk erhalten können, um nunmehr im 20. Jahrhundert seine eigene Auferstehung zu feiern.

Während jedoch die frühe Kirche tatsächlich davon ausging, dass die Hexen Diana und andere Göttinnen verehrten, nennen die Akten der Inquisition den Teufel als Zentrum des Hexenglaubens. Wie erklären die modernen Hexen diese Diskrepanz?

Auch hier bringen sie den jungen Gott ins Spiel. Dieser sei irgendwann mit Hörnern versehen worden und zum Jäger geworden, der den Tod nicht nur erlitt, sondern auch verbreitete. Im Mittelalter sei dieser Aspekt des Hexenglaubens betont worden, während die Göttin in den Hintergrund rückte.

Wir haben die Höhlenmalereien mit gehörnten Gestalten bereits besprochen. Die Historiker interpretieren sie als Schamanen, welche sich in Tierfelle hüllten und Hörner auf den Kopf banden, um dem Stamm den Erfolg bei der Jagd zu sichern.

Die Antike kannte gleichfalls gehörnte Götter. Der griechische Gott Pan wird mit menschlichem Oberkörper, aber dem Unterkörper eines Ziegenbockes dargestellt. Die Satyrn, die Begleiter des Gottes Bacchus, weisen sogar die Ohren und die Hörner junger Ziegenböcke auf. Die Heiden Nordeuropas verehrten gleichermaßen gehörnte Götter. Das Christentum übernahm diese Attribute und arbeitete sie in seine Teufelsvorstellung ein.

Ausgehend von England, wo die Bewegung als Wicca[93], das sächsische Wort für Hexe, ihren Ausgang nahm, hat der Hexenglaube inzwischen wie ein Lauffeuer um sich gegriffen. Wobei sein Erfolg auch auf das zunehmende Umweltbewusstsein zurückzuführen ist. Der Hexenglaube versteht sich nämlich als Pantheismus: Die Göttin durchdringt die gesamte Natur, ihre Verehrung muss notwendigerweise eine Schonung der Natur beinhalten.
In jüngster Zeit wurde dieser moderne Hexenkult wissenschaftlicherseits angegriffen. Seine Basis sei falsch. Margaret Murray, welche um 1920 zuerst die Verehrung der Diana und dann eines gehörnten Gottes als Angelpunkt des Hexenglaubens postuliert hatte, sei unwissenschaftlich vorgegangen. Ein Hexenkonvent habe durchaus nicht immer dreizehn Mitglieder gehabt. Wicca habe keine Tradition. Der eigentliche Initiator von Wicca sei ein ehemaliger Kolonialbeamter namens Gerald Gardner, der Murrays Theorien ungeprüft übernahm und in Wirklichkeit gleichfalls keine Ahnung gehabt hätte.
Magische Praktiken seien generell keine Gruppenangelegenheit gewesen, sondern Sache von Einzelgängern, die sich dadurch einen persönlichen Vorteil sichern wollten. Und wenn die modernen Hexen Gruppenrituale nackt vollführten, dann sei dies eine persönliche Marotte ohne geschichtliche Grundlage.

Volksbräuche

Eine Schwalbe macht keinen Sommer, und einzelne Relikte stellen keinen Beweis für das Überleben einer organisierten Religion dar.

Diese Kritik schüttet das Kind mit dem Bade aus. Es ist unbestreitbar, dass es in ganz Europa heute noch Bräuche gibt, die sich entweder eindeutig aus dem Heidentum erhalten haben oder nur mit einer notdürftigen christlichen Tünche versehen wurden. Auf jeden Fall haben sie deutliche Anklänge an den von Margaret Murray und Wicca propagierten Hexenkult: weil sie mit kollektiver Ausgelassenheit, Nacktheit, Sexualität und sogar konkret Hexen zu tun haben.
Nicht alle Menhire sind phallische Symbole. Aber eine ganze Reihe von Menhiren in Frankreich haben eine jahrtausendealte Assoziation mit Fruchtbarkeitskulten. Es war bis in die jüngste Zeit üblich, dass Frauen, die sich ein Kind wünschten, sich nackt an diesen Menhiren rieben.
Ein Felsen bei Gelles, in der Auvergne, trägt sogar den Namen eines Heiligen mit dem bezeichnenden Namen Foutin[94], den man jedoch selbst in detaillierten Heiligenlegenden vergebens suchen wird. Der gleiche Heilige wurde in Varages (Departement Var) in Gestalt eines phallusförmigen Holzstückes dargestellt. Genauso dieses Teil fehlt bei der Darstellung des heiligen Sumian im nahe gelegenen Dorf Brignoles. Zumindest der Heimatforscher Pierre Ribon ist der Meinung, dass es sich

---

93 Ich weise darauf hin, dass diese Wicca-Bewegung nichts mit einer französischen Sekte gleichen Namens zu tun hat, die sich tatsächlich dem Satanskult verschrieben haben soll.

94 Dieser Name leitet sich offensichtlich von dem französischen Verb »foutre« ab. Bitte selbst im Lexikon nachschauen, was es bedeutet!

dabei um eine uralte Darstellung des Priapos[95] handelt, wenn diese auch ihres herausragendsten Attributes beraubt wurde. Verehrerinnen des Heiligen pflegten die entsprechende Stelle zu küssen. Von diesem jahrhundertelang praktizierten Brauch zeugt heute noch die Tatsache, dass das Holz gerade dort poliert erscheint.
Es wurde sogar bereits die provokative Frage gestellt, ob das umgekehrte Kruzifix der sogenannten schwarzen Messe in Wirklichkeit nichts anderes als einen stilisierten Phallus darstellt.[96]
Wir haben besprochen, wie die antiken Saturnalien eine Art gesellschaftliches Sicherheitsventil darstellten. Seit es sie nicht mehr gibt, müssen sich kirchliche und staatliche Autoritäten verzweifelt bemühen, volkstümliche Feste in ihre Schranken zu verweisen. Selbst Jahrmärkte wurden zum Anlass von ausgelassenen Festlichkeiten. Der im August stattfindende Jahrmarkt von Donnybrook, heute ein Vorort der irischen Hauptstadt Dublin, wurde sogar sprichwörtlich. Als er 1855 verboten wurde, hatte er eine lange Geschichte hinter sich: Er lässt sich zurückverfolgen bis Anfang des 13. Jahrhunderts.
Maifeste uferten gleichermaßen oft genug in eine Art Orgie aus und lassen sich auch zurückführen bis ins alte Rom. In Deutschland werden sie heute noch mit den Hexen assoziiert. Diese sollten sich in der Nacht vor dem 1. Mai, der Walpurgisnacht, auf dem Blocksberg treffen. In England wurden die Legenden um Robin Hood in diese Maifeste eingesponnen. Dieser ist, wenn nicht ein gehörnter Gott, so doch ein Mann des Waldes, mit Anklängen an den keltischen »grünen Mann«, eine Verkörperung der Vegetation.
Auch die sogenannten Morris-Tänze haben eine Verbindung mit Robin Hood. Sie stellen gerne Gestalten aus dem Sagenzyklus dar, der sich um den legendären Helden aus dem Sherwood-Wald gebildet hat, und werden nur von Männern getanzt, mit Stäben oder Schwertern bewehrt, die sie in der Luft oder auf dem Boden so aneinanderlegen, dass ein Kreis oder Stern gebildet wird. Einer Theorie nach leitet sich Morris von »Moors«, den Mauren, ab: Die Tänze seien im 14. Jahrhundert aus dem von maurischen Sitten beeinflussten Spanien nach England gelangt. Dazu würde passen, dass es in Spanien heute noch ganz ähnliche Tänze gibt. Konkret im Baskenland und in Navarra, die im 16. und 17. Jahrhundert als die Hochburgen des Hexenglaubens galten, existieren auch Faschingsbräuche, welche verblüffende Ähnlichkeit mit der schwäbisch-alemannischen Fastnacht aufweisen, in der wiederum die Hexen nach wie vor eine große Rolle spielen. Wobei die baskische Sprache mit keiner anderen europäischen Sprache die geringste Ähnlichkeit aufweist und die baskische Kultur sich somit recht unabhängig entwickelt hat.

---

95 Griechisch-römischer Gott der Zeugungskraft. Seine Darstellungen erkennt man an dem im Vergleich zum restlichem Körper überdimensionierten Geschlechtsteil.

96 Ich rede bewusst von sogenannten schwarzen Messen, weil ich davon ausgehe, dass sie sich erst zur Zeit Ludwigs XIV. in Frankreich einbürgerten und die Praktikanten auch weniger mit Magie als mit Gift arbeiteten. Aus diesem Grund bin ich nicht näher darauf eingegangen.

Bei den soeben aufgezählten Bräuchen handelt es sich um eine willkürliche persönliche Auswahl aus dem reichen Material der Folklore. Wer ganz konkret den gehörnten Gott vermisst, der möge am Montag nach dem 4. September das Dorf Abbot's Bromley im englischen Staffordshire besuchen. Dort findet nämlich alljährlich der sogenannte Horn- oder Geweihtanz statt. Sechs Männer, begleitet von diversen Figuren aus der englischen Folklore, binden sich Rentierhörner um und tanzen. Wie alt dieser Tanz ist, weiß man nicht. Zum ersten Mal schriftlich erwähnt wurde er 1686. Eine Datierung eines der Geweihe mit der Radiokarbonmethode ergab, dass es aus der Zeit vor der normannischen Eroberung 1066 stammt. Jedoch war zu diesem Zeitpunkt diese Spezies von Rentieren seit Jahrhunderten in Großbritannien ausgestorben. Wie alt ist dieser Tanz also wirklich?
Nur besteht natürlich ein Unterschied zwischen einzelnen heidnischen Praktiken, auch wenn sie noch so alt sind, und dem Überleben einer organisierten Parallelreligion bis in die heutige Zeit.
Abgesehen davon möchte ich persönlich dem Hexenglauben den Charakter einer Religion generell absprechen: weil die drei Charakteristiken für eine solche fehlen. Erstens, der Glaube an ein höheres Wesen. Die Gottheit der Hexen durchdringt die Natur auf eine Weise, dass sie mit ihr eins ist. Zweitens, der Glaube an ein Leben nach dem Tode. Drittens, der Glaube, dass die Gottheit ein bestimmtes Verhalten erwartet und dieses nach dem Tode belohnt.
Kritiker könnten darauf hinweisen, dass der griechische Hades ein höchst trister Ort ist und keinesfalls eine Belohnung nach dem Tod darstelle. Aber genau diesem Manko halfen die Mysterienkulte ab. Auch das Judentum entwickelte erst recht spät die Vorstellung des Lebens nach dem Tod – noch zur Zeit Jesu gab es Leute, welche sie ablehnten (Mt 22:23-33, Apg 23:8). Nur setzte sie sich schließlich durch.
Experten mögen weiterhin einwenden, dass diesen Definitionen zufolge der Taoismus und der Buddhismus keine Religionen sind. Das stimmt. Der Taoismus will meines Wissens auch keine sein, sondern versteht sich als Philosophie. Und auch Buddhas originale Lehren bezogen sich eigentlich nur auf ein richtiges Leben, er weigerte sich stets, auf Fragen seiner Jünger zu einem Leben nach dem Tode einzugehen.
Die Wicca-Anhängerin Sibyl Leek rechterfertigt den Charakter Wiccas als Religion mit der Behauptung, es sei nicht möglich, gleichzeitig Wicca-Anhänger und, zum Beispiel, Katholik zu sein. Sowohl die Magier der Renaissance als auch die des 19. Jahrhunderts würden dem widersprechen. Keiner hatte Schwierigkeiten, den christlichen Glauben mit dem Glauben an die Magie zu vereinbaren.

New Age

Warum verbreiteten sich gerade im 20. Jahrhundert neue Religionen und Philosophien?

Ich habe schon in der Einleitung angedeutet, dass das Interesse des 20. Jahrhunderts an der Magie kein Zufall ist. Puristen unterscheiden streng zwischen Satanismus und Wicca, zwischen schwarzer und weißer, volkstümlicher und wissenschaftlicher Magie. Nur ist unbestreitbar, dass jede Form ihre Anhänger gefunden hat.

Gleichzeitig hat das Interesse an östlichen Religionen, Yoga, Tai Chi etc. zugenommen. Ganz zu schweigen von unzähligen Sekten jeder Couleur, welche in den letzten Jahren und Jahrzehnten aufgekommen sind. Ob diese Organisationen nun die Sehnsucht nach Spiritualität befriedigen oder nicht: Sie zeugen auf jeden Fall davon, dass diese Sehnsucht generell vorhanden ist.
Und dass die etablierten westlichen Religionen nicht imstande sind, sie zu befriedigen. Das hat verschiedene Gründe. Die katholische Kirche versperrt all denen, welche sich ihren Vorschriften in Bezug auf Sexualität und Empfängnisverhütung nicht unterwerfen, den Zugang zu den Sakramenten. Manche Katholiken empfangen trotzdem die Kommunion, weil sie es mit ihrem Gewissen verantworten können. Aber die meisten Katholiken, welche Empfängnisverhütung praktizieren oder ohne das Sakrament der Ehe zusammenleben, sagten sich nach der entsprechenden Entscheidung des Papstes schlicht »Dann eben nicht!« und zogen sich zurück.
Ironischerweise gibt es viele Protestanten, welche in ihren Kirchen genau diese eindeutige Linie vermissen und sich gleichermaßen ausklinken.
In der Politik herrscht allgemein ein Klima der Unsicherheit. Das Ende des Kalten Krieges hat die hochgeschraubten Erwartungen nicht erfüllt. Die Welt ist nicht einfacher, sondern komplexer geworden. Politische Skandale und Umweltkatastrophen geben dem Einzelnen das Gefühl, ohnmächtig zu sein, manipuliert und betrogen zu werden. Die Angst vor drohender Arbeitslosigkeit ist bei denen, die noch Arbeit haben, bereits zum Dauerzustand geworden.
Das geht einher mit einer gewissen Enttäuschung über den derzeitigen Stand der Wissenschaft. Immer wieder hört man von erfolgverheißenden Studien zu einem AIDS-Impfstoff, und immer wieder zerschlagen sich die Hoffnungen. Wir fliegen zwar zum Mond, bekommen aber die Probleme auf der Erde nicht in den Griff. Das Damoklesschwert der Vogelgrippe hängt schon so lange über unseren Häuptern, dass man sich fragt, ob es nicht besser wäre, sie würde tatsächlich einmal ausbrechen, damit wieder für einige Jahrzehnte Ruhe ist.
Insofern ist es nicht erstaunlich, dass die Menschen gerade heute wieder dem Zauber der Magie verfallen. Wir haben untersucht, wie die Magie schon mehrmals an Einfluss gewann, als ein Weltbild zu schwanken begann: in der Renaissance, mitten während der industriellen Revolution, nach dem Deutsch-Französischen Krieg, nach dem Ersten Weltkrieg. Dass in all diesen Fällen auch immer eine konservative Reaktion auf den Plan trat, wie im Zusammenhang mit dem Satanismus erläutert, widerlegt diese These nicht, sondern bestätigt sie nur. Eine Kraft bewirkt immer eine Gegenkraft.
Hinzu kommt, dass die Magie noch nie so plausibel war wie heute. Wir haben besprochen, dass erst in unserer Zeit das alte Axiom, das eine Kraft – außer der Gravitation und dem Magnetismus – nur bei direktem Kontakt wirkt, widerlegt wurde. Die Struktur des Atoms entspricht der des Sonnensystems, die These, »Wie oben, so unten« wurde damit wissenschaftlicherseits bestätigt. Die Transmutation der Elemente ist in der Uranindustrie Alltag. Die Alchemisten hatten Recht.

Die moderne Kritik an den Grenzwissenschaften

Welche innere Einstellung steht hinter der totalen Ablehnung sogenannter unerklärlicher Phänomene?

Ich bin mir darüber im Klaren, dass ich mit diesen Thesen bei manchen Leuten anecken werde. Nur gehöre ich eben genau zu denjenigen, die mit der Schulmedizin schon mehrmals recht schlechte Erfahrungen gemacht haben und deren Vertrauen in die Politiker und deren Versprechungen gleichfalls bedenklich geschrumpft ist.

Ich habe keinerlei Bedürfnis, mit Wicca-Anhängern in der Mainacht nackt um einen Baum zu tanzen und mich den geheimnisvollen Kräften des Mondes hinzugeben. Einer These zufolge möchte Wicca den Schwerpunkt auf das Irrationale in der Religion und der Magie legen. Das tue ich nicht – abgesehen davon, dass ich Wicca nicht für eine Religion halte.

Mich zieht die Magie vielmehr gerade aufgrund ihrer Logik an. Die Korrespondenz zwischen oben und unten, die Rolle der Willenskraft, die Polarisierung des Astrallichtes leuchten mir durchaus ein. Kein früher christlicher Kirchenlehrer argumentiert überzeugender als der Neuplatoniker Origenes (185-252). Kein Wunder, dass er nach seinem Tod als Ketzer verurteilt wurde. Verglichen mit der Magie erscheint mir das, was in Politik, Kirche und Wirtschaft vor sich geht, als irrational.

Die Gegner der Grenzwissenschaften allgemein ziehen sich gerne auf den Standpunkt zurück, dass sie sich nur von handfesten Beweisen überzeugen lassen wollen. Leider zeichnen sich alle mir bekannten Bücher zu diesem Thema durch den gleichen Stil aus: eine bissige Polemik. All diejenigen, welche ihre Erkenntnisse nicht übernehmen, werden mehr oder weniger unverblümt als primitiv und zurückgeblieben bezeichnet. Speziell dann, wenn es sich um Menschen mit höherem Bildungsniveau oder sogar anerkannt hohem I.Q. handelt. Wie bereits erläutert, interessieren sich gerade solche Menschen einschlägigen Befragungen zufolge besonders für Grenzwissenschaften.

Aus diesem Grund zeichnen sich solche Schriften gegen die Grenzwissenschaften durch eine gewisse Rankühne gegenüber Akademikern aus – außer natürlich, wenn diese der gleichen Meinung wie der Autor sind. Wenn nicht, werden sie als Pseudointellektuelle und billige Volkstümler abgetan. Oder ihre akademischen Würden werden ignoriert. Zum Beispiel, dass Papus Arzt war. Dafür wird betont, dass zu den Esoterikern seiner Zeit, mit denen er Kontakt hatte, auch einige unersprießliche Charaktere gehörten. Und wenn Maître Philippe als Alkoholiker starb, hat dies meiner Ansicht nach nichts mit seiner Qualifikation als Thaumaturg zu tun.

Im Prinzip haben solche kritischen Autoren durchaus Recht: Es ist notwendig, sogar unumgänglich, alle grenzwissenschaftlichen Phänomene einer strengen Kontrolle zu unterziehen. Und genau das geschieht in entsprechenden Laboratorien. Wenn auch das Interesse an der wissenschaftlichen Untersuchung solcher Phänomene nachlässt.[97]

[97] Manche sind der Meinung, die Laboratorien hätten dies nicht besser verdient. Sie verweisen zum Beispiel auf die Manipulation von Testergebnissen, welche den designierten Nachfolger des berühmten Professors Rhine (1891-1983) an der Duke-Universität von Durham (North Carolina / USA) disqualifizierte. Was dabei gerne übergangen wird, ist die

Nur sollte man die Behauptungen der Kritiker einer gleichen Kontrolle unterziehen. Eine Bildunterschrift in einem »Kritischen Führer des Außergewöhnlichen«[98] lautet: »Anlässlich eines Festivals der Magie reproduziert Dominique Webb nach Belieben das Phänomen Uri Geller.« Das Bild zeigt eine Abendgesellschaft. Man erkennt insgesamt sieben Personen, lachend und mit verbogenen Gabeln in den Händen.
Wehe dem esoterischen Magazin, das mit einem solchen Bild die Realität paranormaler Phänomene demonstrieren wollte! Es fehlt jeder Hinweis, wann und unter welchen Umständen sich die Szene abgespielt hat. Man erfährt nicht einmal, wer unter den Anwesenden Dominique Webb ist – vom Namen her kann es sich sowohl um einen Mann als auch eine Frau handeln. Was soll dieses Bild also beweisen?

Der Randi-Effekt

Professionelle Illusionisten sind Experten für verschiedene Manipulationen, aber nicht für das gesamte Spektrum paranormaler Phänomene.

James Randi, ein professioneller Zauberkünstler, plädiert dafür, dass paranormale Phänomene von Leuten wie ihm untersucht werden müssten, welche die Taschenspielertricks kennen und somit am besten geeignet seien, sie zu entlarven. Es stimmt: Wenn jemand sich anheischig macht, eine beliebige Karte, die von einem anderen aus einem Spiel gezogen wird, durch Gedankenlesen herauszufinden, dann sind Randi und seine Kollegen Experten. Sie erkennen besser als andere, ob alles mit rechten Dingen zugeht, ob der Magier nicht dafür gesorgt hat, dass genau diese und keine andere Karte gezogen wird, oder ob er auf irgendeine – nicht magische – Weise die Karte in Erfahrung bringen kann.
Noch in einem weiteren Punkt hat Randi völlig Recht: Die berühmten Fotos von Feen, die in den zwanziger Jahren des vergangenen Jahrhunderts veröffentlicht wurden, sind gefälscht. Zwei Mädchen hatten mit ausgeschnittenen und auf Hutnadeln gesteckten Figuren die Öffentlichkeit genarrt. Sogar Sir Arthur Conan Doyle (1859-1930), der Schöpfer des Meisterdetektivs Sherlock Holmes, war auf den Schwindel hereingefallen.
Nur stellt sich die Frage, wann genau Randi zu seinen Erkenntnissen kam. Denn etwa zeitgleich mit der Erstveröffentlichung seines Buches hatte das Haus Kodak eine neue Untersuchung der Fotos eingeleitet. Nach dem ersten Artikel in einer Fachzeitschrift gestand eines der beiden Mädchen, inzwischen eine ältere Dame, die Manipulation ein. Randi gibt in der mir vorliegenden Übersetzung zu, dass er sein Buch aktualisiert hat. Wenn Randi tatsächlich im Alleingang und unabhängig zu den gleichen Erkenntnissen gekommen ist und nichts von dem Geständnis gewusst hat, dann alle Achtung. Dann hat sich seine Methode in der Tat bewährt. Zumindest in diesem Fall, wo er tatsächlich als Experte gelten kann.

Tatsache, dass es die Kollegen des Betreffenden waren, die den Betrug aufdeckten, keine Außenseiter, welche die Parapsychologen überwachten.

98 »Guide critique de l'extraordinaire«, herausgegeben von Renaud Marhic, Les Arts Libéraux, 2002.

Es soll Herrn Randi auch keinesfalls verwehrt werden, seine Meinung zu Themen wie der Astrologie, dem Bermuda-Dreieck, den Thesen Erich von Dänikens, Psi-Phänomenen allgemein oder Außenseiter-Medizin kundzutun. Nur muss er hier auf den Anspruch verzichten, ein Experte zu sein.

Und dort, wo er wiederum Experte sein könnte, zum Beispiel im Fall Uri Geller, versäumt er es, in seinem Buch über paranormalen Betrug Einzelheiten verlautbaren zu lassen. Er erläutert zwar generell, dass man einen Kaffeelöffel mit der Hand verbiegen kann, erklärt jedoch nicht, wie Geller vorgegangen ist. Er verweist lediglich auf eine vorangegangene Veröffentlichung beziehungsweise auf eine Fernsehsendung, in der er alle Tricks von Geller reproduziert haben will. In der Einleitung gibt er zu, dass er sein in diesem Buch präsentiertes Material teilweise bereits veröffentlicht hat. Könnte er dann nicht auch kurz seine Erkenntnisse zu Geller resümieren? Um es brutal auszudrücken: Warum sollte ich Herrn Randis Angaben Glauben schenken, dass er die gleichen Phänomene wie Uri Geller vor laufender Kamera vorgeführt hat? Das elementare Misstrauen, das er selbst empfiehlt, wirkt sich hier gegen ihn aus.

Und wenn er erwähnt, dass eines der berühmten Medien des ausgehenden 19. beziehungsweise beginnenden 20. Jahrhunderts, Eusapia Paladino (1845-1916), als Schwindlerin entlarvt wurde, könnte er gerechterweise auch darauf hinweisen, dass sie zwar bei Bedarf den Ereignissen etwas nachhalf, dass aber anerkannte Wissenschaftler ihrer Zeit von der Echtheit der meisten Phänomene überzeugt waren. Genauso hätte Randi erwähnen können, dass Daniel Douglas Home nie bei einem betrügerischen Manöver ertappt wurde.[99]

Randi gibt zu, weder an ein Leben nach dem Tod noch an Gott zu glauben. Wir haben untersucht, dass spiritistische Phänomene kein Beweis für das eine oder das andere sind. Jedoch kann man sich des Eindrucks nicht erwehren, dass bei Randi das Umgekehrte zutrifft: dass sein nicht vorhandener Glaube an Gott mit seiner Skepsis gegenüber paranormalen Vorgängen zu tun hat. Allerdings stellt sich die Frage, ob man in seinem Fall nicht bereits von einer Überreaktion sprechen kann. Psychologen gehen davon aus, dass eine solche Überreaktion bisweilen innere Zweifel vertuschen soll. Wenn sie Recht haben, will Randi sich durch seine Kritik am Okkultismus selbst bestätigen, dass sein Atheismus gerechtfertigt ist.[100]

---

[99] Ein Buch, welches das Gegenteil behauptet, gibt keinerlei Einzelheiten. Ich gehe deshalb davon aus, dass der bereits besprochene Fall gemeint ist, in dem sich bei einer spiritistischen Sitzung etwas manifestierte, obwohl der Verstorbene, der gerufen wurde, gar nicht existiert hatte. Das gleiche Buch gibt auch an, Home habe ein Geständnis abgelegt, dass er ein Schwindler sei. Nur stimmt das nicht ganz. Home legte kein öffentliches Geständnis ab; es war sein Arzt, der nach seinem Tod angab, Home habe ihm gegenüber zugegeben, dass er nicht an Geister glaubte. An seinen eigenen Kräften zweifelte Home jedoch nie.

[100] Sein Verhalten lässt sich mit dem des berühmten Entfesselungskünstlers Harry Houdini vergleichen. Dieser führte einen wahren Feldzug gegen den Spiritismus. Houdini hatte nach dem Tod seiner innig geliebten Mutter 1913 versucht, mit ihrem Geist Kontakt

Ein Mensch, der sich seines Glaubens – oder Unglaubens, je nachdem – sicher ist, legt gegenüber Andersdenkenden eine abgeklärte Überlegenheit an den Tag. Er hat es nicht nötig, seine Weltanschauung durch virulente Proselytenmacherei zu demonstrieren. Darauf sind diejenigen angewiesen, die sich ihrer Sache nicht sicher fühlen.

Randi hat einen Preis von 10.000 Dollar für eine nachvollziehbare Demonstration paranormaler Fähigkeiten ausgesetzt. Bislang habe es noch niemand geschafft, die Bedingungen zu erfüllen.

Kritiker Randis haben ihm bereits ins Gesicht gesagt, dass seine Skepsis bei solchen Versuchen hindernd wirke. Andere gehen noch weiter und behaupten, dass diese die Phänomene hemmende Skepsis ironischerweise sogar eine Bestätigung der These sei, dass mittels des Geistes auf die Materie eingewirkt werden könne. In diesem Fall sei eben der Geist Randis stärker. Randi hat auf diesen Einwand das Gegenargument, dass der Heisenberg-Effekt nur im subatomaren Bereich gelte. Dieses nach dem Physiker Werner Karl Heisenberg (1901-1976) benannte Unsicherheitsprinzip besagt, dass der Beobachter eines Teilchens dessen Reaktion beeinflusst.

Nur ist dies lediglich eine Behauptung Randis. Wer beweist, dass dieses Unsicherheitsprinzip nur innerhalb des Atoms gilt? Und wenn es nur dort zutreffen sollte: Woher wissen wir, dass die sogenannten magischen Kräfte nicht genau von dort ausgehen?

Wir haben in einem der ersten Kapitel dieses Buches untersucht, dass die alten Astrologen die Planeten auf eine Weise angeordnet hatten, dass sich daraus die Atomgewichte der zugehörigen Elemente in absteigender Reihenfolge rekonstruieren lassen. Gingen die Kenntnisse dieser Astrologen eventuell weit über das hinaus, was sich Herr Randi vorstellen kann?

Es würde sich lediglich um eine weitere von mehreren möglichen Theorien zum Ursprung der magischen Kräfte handeln, die wir im nächsten Kapitel untersuchen wollen.

---

aufzunehmen. Da er dabei enttäuscht und von Medien getäuscht wurde, setzte er anschließend alles daran, so viele wie möglich als Betrüger zu entlarven.

Was ist Magie und woher kommt sie?

Mentale Kraft oder unabhängige Wesenheiten?

Wie wichtig sind die Geister in der Magie?

Fassen wir die bisher gemachten Erkenntnisse zusammen. Wir haben festgestellt, dass es im Prinzip nicht möglich ist, die Existenz von magischen Phänomenen zu leugnen. Die Frage ist, woher sie kommen. Hier scheiden sich die Geister.

Die katholische Kirche geht von zwei möglichen Quellen aus: göttlich und teuflisch. Wenn sich die Phänomene unter den Auspizien der Kirche abspielen, sind sie göttlich und heißen Wunder, wenn nicht, sind sie teuflischen Charakters.

Die Magier differenzieren. Sie lassen Gott ganz außen vor und trennen zwischen Wesenheiten, die vom Magier gerufen werden, und der Kraft, die aus dem Magier selbst stammt. Manche fassen diese beiden Elemente zum Astrallicht zusammen. Das personalisierte Astrallicht des Magiers beeinflusse Wesenheiten der Astralebene.

Über den genauen Beitrag der Kraft, die aus dem Magier selbst kommt, ist man sich nicht einig. Die einen sind durchaus der Meinung, dass sie direkt etwas bewirken könne, die anderen hingegen glauben, dass sie lediglich dazu diene, die Wesenheiten der Astralebene herbeizurufen. Diese würden dann die eigentliche magische Wirkung erzielen.

Für Vertreter dieser These ist die Magie somit eine Wissenschaft, welche es dem Menschen erlaubt, unsichtbare Wesenheiten zu beschwören. Die meisten verbinden hiermit bereits eine Warnung. Auch wenn der Magier nur positive Wesenheiten anrufe, so habe er doch eine Tür geöffnet. Es sei nicht auszuschließen, dass diese auch von anderen Wesenheiten benutzt werde, die er dann nicht mehr loswerde. Nicht umsonst pochten die Rituale immer auf die Bedeutung, welche der Verabschiedung der Geister zukomme. Aber wird man einen Geist, der sich im Gefolge der gerufenen Geister eingeschlichen hat, in der Tat durch die Verabschiedung der gerufenen Geister los?

Die Magier der Renaissance waren davon ausgegangen, dass die kabbalistischen Elemente der Magie ausreichten, um die bösen Dämonen, deren Existenz sie durchaus nicht in Abrede stellten, fernzuhalten.

Jean Bodin (ca. 1530-1596) bestritt dies 1580 in seinem Buch »De la démonomanie des sorciers«, »Über die Dämonenbeschwörung der Magier«. Die Kabbala dürfe in der Magie nicht eingesetzt werden, eben weil es sich um Dämonenbeschwörungen handle.

Das gibt Agrippa zu. Nur erklärt er, dass er mit diesem Begriff nicht generell Teufel meint, sondern verständige Geister, zu denen nun einmal auch die Intelligenzen der Planeten und Sternbilder gehörten, genauso wie die heidnischen Götter und Halbgötter, welche alles belebten. Die Planeteneinflüsse seien von Grund auf gut und könnten sich lediglich auf der Erde negativ manifestieren. Agrippa bestreitet nicht, dass es auch böse Dämonen gibt, er ist lediglich der Meinung, dass nicht alle Dämonen böse sind.

Dennoch wären die Warnungen, falls die Dämonen als bewusste Wesenheiten existierten, nicht unberechtigt. Wir haben gesehen, welche Schwierigkeiten sich bei der Befolgung der rituellen Anweisungen ergeben. Die Namen weichen so sehr voneinander ab, dass Irrtümer geradezu vorprogrammiert sind. Man wählt ein falsches Siegel, spricht einen Namen falsch aus, führt das Ritual zum falschen Zeitpunkt durch, und schon kann theoretisch an Stelle des erhofften guten Geistes ein ganz anderer erscheinen.
Magie wäre somit eine höchst gefährliche Sache. Kein Wunder, dass andere die Bedeutung beziehungsweise die Mitwirkung solcher dämonischen Wesenheiten bestreiten. Sie gehen zwar gleichermaßen von der Wirkung der Rituale aus, sehen sie jedoch in erster Linie darin, dass sie dem Magier bei der Konzentration seiner Kräfte helfen. Die besondere Kleidung, die genauen Vorschriften in Bezug auf die Gerätschaften, die Räucherungen und Evokationen hätten lediglich den Zweck, das nervöse Ungleichgewicht herzustellen, das die mentale Energie zum Fließen bringe.
Insofern sei es auch gleichgültig, welche Rituale der Magier genau durchführe beziehungsweise welche Abweichungen sie im Vergleich mit anderen Ritualen enthalten. Solange sie ihm persönlich sinnvoll erscheinen, erziele er Effekte. Ich persönlich neige dieser Ansicht zu.
Für manche Magier mag sie ketzerisch klingen. Betonen nicht sämtliche Großmeister der Magie die Bedeutung der Stufenleiter zwischen oben und unten? Wer sollte die Sprossen oder Stufen darstellen, wenn nicht die Hierarchie der verschiedenen Geister? Bisweilen stößt man in diesem Zusammenhang auf den Vergleich mit der Jakobsleiter (Gen 28:12). Auch sie stelle eine Verbindung zwischen Himmel und Erde dar.
Nur übersieht man in diesem Zusammenhang gerne, dass die Engel diese Leiter zwar benützen, aber nicht bilden. Verschiedene Kirchenväter waren der Meinung, dass auf dieser Leiter gleichermaßen Dämonen auf unbedarfte Seelen lauern konnten. Ich persönlich würde weiterhin auch Agrippa und die neuplatonische Hierarchie in dem Sinne auslegen, dass Geister bestenfalls die Verbindung zwischen oben und unten erleichtern, aber nicht unumgänglich sind. Wobei ich mir genauso vorstellen könnte, dass diese Hierarchie oder auch die Sephiroth des kabbalistischen Lebensbaumes lediglich den geistigen Entwicklungsstand des Magiers repräsentieren.
Eine andere Möglichkeit wäre, den Ausdruck Dämon nicht als Wesenheit, sondern als Kraft oder Energie zu definieren, welche lediglich vom Magier personalisiert wird. Diese Auslegung würde der antiken Definition von »daimon« keinesfalls widersprechen. Sie wäre weiterhin in Einklang zu bringen mit der psychologischen Erklärung der magischen Kräfte, wie wir sie im nächsten Kapitel besprechen wollen.
Ich persönlich weigere mich auf jeden Fall, die magische Kraft mit unabhängigen Wesenheiten gleichzusetzen. Genauso wenig glaube ich an die Lehrer aus höheren Sphären, auf die sich die Theosophie beruft.
Ironischerweise fühle ich mich gerade von dem Mann in meiner Ansicht bestärkt, der am intensivsten an eine Kommunikation mit Engeln glaubte: John Dee. Denn dieser ließ sich durch eine Engelsbotschaft veranlassen, seine junge Frau Jane (1555-1605) gegen deren Willen mit seinem Adjutanten Kelly zu teilen. Diese Botschaft war von Kelly übermittelt worden. Der Himmel wolle, dass Dee und Kelly künftighin ihre

Frauen teilten. Einer Theorie zufolge hoffte Kelly in erster Linie auf einen Leibeserben, weil seine eigene Frau unfruchtbar war. Eines, vielleicht auch zwei der Kinder, die Jane während ihrer Ehe zur Welt brachte, seien von Kelly. Aber egal, welche Motivation Kelly hatte: Diese Engelsbotschaft klingt reichlich suspekt. Ich glaube weder an die Botschaft noch an ihre Überbringer. Selbst wenn das Engelsalphabet, wie manche sagen, eine noch so logische Struktur hat.

Warum die Kirche weiterhin gegen Magie sein wird

Verschiedene Punkte machen es der katholischen Kirche unmöglich, die Magie zu akzeptieren.

Lévi und andere waren der Meinung, dass die Kirche irgendwann von ihrer Verurteilung der Magie abkommen würde. Der Widerstand gegen die Magie sei vielleicht eine Zeitlang aus Vorsicht vor Missbrauch notwendig gewesen, werde sich aber immer mehr erübrigen.

Inzwischen sind über hundert Jahre vergangen, und die Kirche hat ihre Meinung nicht geändert. Meiner Ansicht nach wird sie diese auch nicht ändern. Schon Agrippa hatte – vergeblich – gehofft, dass die Kirche die weiße Magie irgendwann akzeptieren würde.

Um von dieser Verurteilung abzulassen, müsste die katholische Kirche zwei Punkte aufgeben, die mit ihrem Selbstverständnis zu tun haben: Erstens die These, dass Wunder etwas mit Religion zu tun haben. Zweitens ihre Teufelsvorstellung.

Nur gibt es daneben noch ein weiteres Problem, das vermutlich noch schwerwiegender ist. Wir haben es bereits mehrmals angesprochen: den Sündenfall. Für das Christentum zog er die Notwendigkeit des sühnenden Todes Jesu nach sich, die Magie versucht, ihn auf eigene Faust zu überwinden.

Die Ars Notoria wollte das Gedächtnis des Menschen in den Zustand vor dem Fall zurückversetzen. Das gab sogar der Mönch Giordano Bruno unumwunden zu. Streng genommen propagierte er damit in den Augen der Kirche einen zweiten Sündenfall des Menschen. Denn war es nicht die Suche nach Erkenntnis gewesen, welche Adam und Eva ins Verderben gelockt hatte? Das Corpus Hermeticum zielte gleichfalls darauf ab, dem Menschen die Kräfte zurückzugeben, die er zu Beginn der Schöpfung besessen hatte. Trithemius wollte die babylonische Sprachverwirrung rückgängig machen. Das würde theoretisch den Menschen die Möglichkeit geben, den Himmel zu erstürmen. Denn genau, um sie davon abzuhalten, hatte Gott ihre Sprache verwirrt (Gen 11:5-9). John Dee war gleichermaßen der Meinung gewesen, mit seinem Henochalphabet den Sündenfall rückgängig machen zu können.

Dass die Kabbala ins gleiche Horn stieß, erstaunte die Kirche vermutlich nicht. Schließlich hat der Sündenfall im Judentum nie die beherrschende Rolle eingenommen wie im Christentum. Im Gegenteil, rabbinische Kommentare sind sogar der Ansicht, dass er prompt von einem zweiten Sündenfall gekrönt wurde, welcher in der christlichen Ideologie kaum Bedeutung hat: dem Anbeten des Goldenen Kalbes am Berg Sinai (Ex 32:1-6).

Die Alchemie sucht nach einem Mittel, welches den Alterungsprozess aufhält und somit den Tod besiegt, laut Genesis wiederum allein die Folge des Sündenfalls (Gen 2:17). Insofern wird auch die Abneigung der Kirche gegenüber der Alchemie nur allzu verständlich.
Für Lévi war der Stein der Weisen sowieso nur ein universeller Magnet aus kondensiertem Astrallicht. Er betrachtete somit die Alchemie lediglich als einen Teilbereich der Magie. Aber auch ohne die Berücksichtigung der Alchemie laufen seine Thesen gleichfalls auf eine Selbsterlösung hinaus, wenn er sich auch meist etwas vorsichtig und zweideutig ausdrückt. Papus hingegen gibt offen zu, dass das Ziel des praktischen Okkultismus die Regenerierung des Menschen durch sich selbst und die der Materie durch den Menschen sei. Schon Paracelsus hatte ähnlich gedacht. Er war der Meinung, dass Gott die Welt unvollkommen in Gang gesetzt hatte und es die Aufgabe des Menschen sei, das Werk Gottes zu vollenden.
Das Schlimmste für die Kirche ist wohl, dass all diese Tendenzen sich keinesfalls als atheistisch verstehen. Im Gegenteil. Sie sind samt und sonders der Ansicht, dass sie genau den Willen Gottes erfüllen, dass Gott den Menschen dazu bestimmt hat, an der Erlösung mitzuwirken.
Bis zu einem bestimmten Grad gibt die Kirche das sogar zu. Die Theologie kennt das Konzept der Miterlösung: dass den Menschen, allen voran der Jungfrau Maria, die Aufgabe zufalle, die Früchte der Erlösung durch Jesus zu verteilen. Moderne Theologen wie Teilhard de Chardin (1881-1955) sind gleichfalls der Meinung, dass Gott den Menschen dazu ausersehen habe, an der Evolution mitzuarbeiten, die Rückkehr Christi in Herrlichkeit vorzubereiten.
Effektiv könnte es sich also um eine Definitionssache handeln, bis zu welchem Grad es sich tatsächlich um eine Selbsterlösung handelt und inwiefern der Opfertod Jesu eine Notwendigkeit ist oder nicht.
Aber das wahre Problem liegt für die Kirche darin, dass auch im günstigsten Fall ihre eigene Rolle ignoriert beziehungsweise durch die Magie, die Kabbala oder die Alchemie ersetzt wird.[101] Und solange das der Fall ist, wird sie die Magie nicht dulden.

Zurück zum Astrallicht

Dem Astrallicht wurden im Laufe der Jahrhunderte schon verschiedene Bezeichnungen gegeben. Ist es auch mit dem kollektiven Unbewussten der Psychologie identisch?

Genauso wenig wird die Kirche die Theorie vom Astrallicht akzeptieren. Rekapitulieren wir, dass ihre Vertreter davon ausgehen, dass sich der Mensch aus drei Bestandteilen zusammensetzt: Körper, Seele und Astralleib. Letzterer habe die Aufgabe, Körper und Seele zusammenzuhalten. Während die Seele beim Tod entschwebe, zersetze sich der Astralleib langsam.

---

[101] Ich habe in einem anderen Buch demonstriert, dass genau diese Haltung der Kirche auch hinter der Ablehnung des Freimaurertums steht. Siehe Monika Hauf: »Der Mythos der Freimaurer«, Joh. Bohmeier Verlag, Leipzig, 2003.

Die kirchliche Anthropologie hingegen geht davon aus, dass der Mensch eine Einheit aus Leib und Seele ist. Die beiden trennen sich beim Tod, werden jedoch bei der Auferstehung, also beim Jüngsten Gericht, wieder vereinigt. Dieser auferstandene Körper ist zwar ein verklärter, aber das Glaubensbekenntnis spricht von einer Auferstehung des Fleisches. Spiritisten könnten sich vielleicht mit der Theorie anfreunden, dass damit der Astralleib gemeint ist, aber bei der Kirche kann ich mir das nicht vorstellen.[102]
Genauso wenig dürfte sie der These zugänglich sein, dass sich auf der Astralebene noch andere Wesenheiten tummeln, so die Elementargeister und die Larven.
Wesen dieser Art sind im Weltbild der Kirche nicht vorgesehen. Laut den Theoretikern des Astrallichts sind sie sterblich und besitzen weder eine Seele noch einen richtigen Leib. Allerdings können sie sich einen solchen erschaffen, wenn er auch unbeständig ist: durch Kondensation von freien Molekülen. Auf die gleiche Art erklärt Lévi auch das Phänomen der blutenden Statuen oder Hostien.[103]
Aber woher kommen diese Elementarwesen? Auf der einen Seite handle es sich um Elementargeister, welche die vier Elemente bewohnen. Auch der menschliche Geist könne Astralwesen formen, sei es durch seine Willenskraft, sei es aufgrund von geistigen oder körperlichen Störungen. Sogar intensive Gedanken könnten sich verselbständigen und ein Astralwesen bilden.
Einmal erzeugt, würde der Selbsterhaltungstrieb diese Wesen dazu veranlassen, ihr Leben zu verlängern. Aus diesem Grund würden sie bei Séancen geradezu magisch angezogen, mit den bereits besprochenen negativen Folgen.
Die Okkultisten gehen davon aus, dass neben der Vitalkraft des Menschen auch Blut eine große Anziehungskraft auf die Astralwesen ausübt. Sie berufen sich dabei auf antike Vorstellungen. Schon bei Homer kommen die Geister der Verstorbenen gierig herbeigeströmt, als Odysseus mit Blut den Seher Theiresias herbeiruft. Die von manchen Grimoires vorgeschriebenen Blutopfer hätten somit den Zweck, entsprechende Wesen auf der Astralebene anzulocken.
Natürlich ist es nicht auszuschließen, dass diese Wesen zumindest in der Phantasie dessen, der das Ritual durchführt, eine konkrete Form annehmen. Das würde erklären, warum der Entsprechende anschließend davon überzeugt ist, in der Tat einen Dämon beschworen zu haben.
Laut Lévi können die astralen Kräfte von mehreren Personen verbunden und zu einer Kette vereinigt werden. Genau das finde bei spiritistischen Sitzungen statt, wenn die Teilnehmer ihre Hände aneinanderlegen und sich gemeinsam konzentrieren beziehungsweise ihren Geist öffnen. Lévi will nicht ausschließen, dass sich dabei das eine oder andere Elementarwesen einschleicht.

---

[102] Origenes, der in der Tat von einer Dreiheit von Körper, Seele und Geist ausgegangen war, wurde als Ketzer verurteilt.

[103] Das Phänomen der blutenden Hostien war gerade zu seiner Zeit akut. Ein gewisser Abbé Vintras erregte damals gewaltiges Aufsehen mit solchen Hostien. Er machte nicht wenige Katholiken in ihrem Glauben irre. Sie konnten sich nicht vorstellen, dass der Teufel die Macht hatte, geweihte Hostien zu manipulieren. Hier wirkte sich der Glaube an die Kraft der Transsubstantiation negativ aus.

Vielleicht kommt manchem Leser die Theorie vom Astrallicht seltsam bekannt vor. Nicht nur, weil es sich im Prinzip nur um einen dem 19. Jahrhundert konformen Begriff für ein Konzept handelt, das bereits lange vorher bekannt war.
Die Magier des 20. Jahrhunderts, so Pierre Vincent Piobb und Israel Regardie, sind nämlich zu der Überzeugung gekommen, dass inzwischen ein weiterer Begriff aufgekommen ist, der aber nichts anderes als das Astrallicht von Lévi und Papus bezeichnet. Ihrer Meinung nach ist das Astrallicht identisch mit dem, was heute als kollektives Unbewusstes bezeichnet wird.
Was hat es mit diesem kollektiven Unbewussten auf sich?

Magie und Psychologie

Hat die Magie die Erkenntnisse der modernen Psychologie vorweggenommen?

Der Ausdruck »kollektives Unbewusstes« stammt aus der Psychologie von C. G. Jung (1875-1961). Für seinen Mentor Sigmund Freud (1856-1939) hatte es kaum eine Rolle gespielt. Er gestand bestenfalls seinem »Über-Ich« einen zumindest teilweise unbewussten Kollektivcharakter zu.
Jung hingegen trennte das Unbewusste generell in zwei Bereiche, den persönlichen und den unpersönlichen. Den unpersönlichen Bereich, das kollektive Unbewusste, teile jeder Mensch mit der gesamten Menschheit, nicht nur seinen Zeitgenossen, sondern auch allen Menschen, die bislang lebten.
Laut dem Gesamtregister seiner Bücher hat C. G. Jung sich nie mit Lévi, Papus etc. beschäftigt. Und doch tauchen in deren Büchern Passagen auf, denen Jung bestimmt voll und ganz zugestimmt hätte.
So die Aussage, dass uns im Schlaf das Astrallicht – sprich: das kollektive Unbewusste – wie ein Ozean umspüle, und dass in seinem Wasser unzählige Bilder und Spiegelungen aus der Vergangenheit, aber auch der Zukunft schwebten. Unser Nervensystem ziehe die Bilder an, welche unserer eigenen Gemütsbewegung entsprechen. Jung hätte höchstens noch hinzugefügt, dass sich diese Bilder in unseren Träumen niederschlagen und genau aus diesem Grund eine Analyse der Träume Auskunft über Seelenvorgänge gibt.
Sogar in Bezug auf Omen sind sich die Okkultisten und Jung einig. Für Lévi zum Beispiel liefert das Legen von Karten unseren Vorgefühlen eine Möglichkeit, sich zu artikulieren. Jung beschäftigte sich intensiv mit anderen Methoden, so dem chinesischen I Ging. Dabei wird mittels Münzen oder Holzstäbchen ein Sinnspruch aus einem Buch ausgelost, welcher auf die anstehende Frage antworten soll. Genauso hatte Jung sich mit Astrologie beschäftigt und Statistiken erstellt. Er war dabei zu der Ansicht gelangt, dass bei bestimmten Aspekten die Wahrscheinlichkeit, dass zwei Menschen eine Ehe eingehen, größer ist als bei anderen.
Jung ging davon aus, dass hinter all diesen Übereinstimmungen zwischen einem Omen und der Zukunft beziehungsweise einem anstehenden Problem ein Prinzip steht, das er Synchronizität nannte. Dieses sollte man nicht mit der normalen Koinzidenz verwechseln. Beide sind akausal, es ist also kein Zusammenhang festzustellen. Aber bei einer Koinzidenz begegnen sich zwei ähnlich gelagerte

Ereignisse in der Außenwelt, bei einer Synchronizität besteht die Übereinstimmung zwischen dem Innenleben des Menschen, also zum Beispiel einem Traum, und einem Ereignis in seiner Umgebung. Jungs bekanntestes Beispiel für das Synchronizitätsprinzip ist die Geschichte mit dem Goldkäfer. Die Behandlung einer Patientin war in eine Sackgasse geraten, weil sie sich innerlich abschottete. In dem Moment, als sie Jung einen Traum über einen goldfarbenen Käfer erzählte, tauchte ein solcher auf. Daraufhin brach die innere Barriere der Patientin nieder, und die Behandlung konnte weitergehen.
Der mittelalterliche Gelehrte und Astrologe Michael Scotus (ca. 1175-1232) liefert gleichfalls ein sehr gutes Beispiel für die praktische Anwendung des Synchronizitätsprinzips, natürlich, ohne es als solches zu bezeichnen. Er empfahl dem Ratsuchenden, das Haus zu verlassen und das erste Objekt, das ihm auf seinem Weg auffalle, an sich zu nehmen und zurückzubringen. Dahinter stand die Theorie, dass seine Wahl vom Einfluss der Sterne in diesem Moment geleitet würde. Auch Scotus ging also von einem Zusammenhang zwischen einem Vorgang im Inneren des Menschen und einem entsprechenden Ereignis in der Außenwelt aus. Nur machte er konkret die Sterne für diesen Zusammenhang verantwortlich. Aber abgesehen davon entspricht sein Gedankengang genau dem Jungs.
Die Okkultisten und Jung sind sich gleichermaßen einig, dass eine einmal beantwortete Frage nicht wiederholt werden dürfe. Jung ging darauf in seinem psychologischen Vorwort zum I Ging ein. Er befragte dieses nämlich ganz konkret, ob es für ihn in Ordnung sei, eine solche Einleitung zu verfassen. Das I Ging antwortete mit einem Sinnspruch, den Jung nur als ein Ja interpretieren konnte, der aber auf geradezu verblüffende Weise auf seine Skrupel einging. Eine Wiederholung wäre seiner Ansicht nach Frevel gewesen.
Geradezu entzückt hätte Jung die Aussage der Okkultisten, dass die Magie nichts anderes als ein Weg zur fortschreitenden persönlichen Entwicklung sei. Denn das entsprach genau seiner Theorie vom Prozess der Individuation, dem Streben nach dem optimalen seelischen Entwicklungszustand jedes Einzelnen. Jung war der Ansicht, dass sich dieses Streben schon lange vor der modernen Psychologie manifestiert hatte. Er ging davon aus, dass konkret die Alchemisten die Vorgänge in ihrem Inneren auf das Geschehen in ihren Schmelzöfen projizierten und in Wirklichkeit gleichermaßen einen Prozess der Selbstverwirkung beschrieben. Vor ihnen hätten die frühchristlichen Gnostiker ihre seelischen Erlebnisse in Gestalt von religiösen Offenbarungen festgehalten.
Sogar der ganz spezifische Beitrag Jungs für die Psychologie wird von den Okkultisten des 19. Jahrhunderts bereits angedeutet, nämlich die Lehre von den Archetypen. Für Jung handelt es sich dabei um Gestalten oder auch Situationen, die sich im Laufe der Menschheitsgeschichte bereits so oft wiederholt haben, dass sie Allgemeingut geworden sind. Zu diesen gehören der junge Held oder Retter, die Mutter, der Vater, der alte Weise, der Schatten. Sie erscheinen, wenn sie durch eine entsprechende Situation geweckt werden. In diesem Fall werden sie nach außen projiziert, meist auf einen konkreten Menschen. Das kann beim Archetypen des Retters ein Jesus Christus sein, aber auch ein Adolf Hitler. Oder ein Harry Potter.

Die Okkultisten drückten es ähnlich aus. Gedanken könnten sich ab dem Moment, in dem sie ausgedrückt werden, zu mit einem Eigenleben begabten Wesenheiten entwickeln. Sie würden, wie alles andere auch, den Gesetzen der Sympathie gehorchen. Wenn alle das Gleiche empfinden, dann liege eine neue Idee in der Luft, die sich wiederum auf der physischen Ebene manifestiere.

Der Bardo-Zustand des Tibetanischen Totenbuches

Wenn das Astrallicht dem kollektiven Unbewussten entspricht und das kollektive Unbewusste dem Bardo-Zustand, dann entspricht auch das Astrallicht diesem Bardo-Zustand.

Neben seinen Einleitungen zu einem Buch über das I Ging und einer Übersetzung eines chinesischen Traktates über die Alchemie verfasste Jung auch das Vorwort zu einer Übersetzung des sogenannten Tibetanischen Totenbuches. Dieses Tibetanische Totenbuch ist, wie der Name besagt, ein Text, welcher im tibetanischen Buddhismus Sterbenden vorgelesen wird. Es hat den Zweck, ihnen nach dem Tod den richtigen Weg zu weisen: die Wiedergeburt entweder zu verhindern oder aber zumindest unter optimalen Bedingungen vor sich gehen zu lassen.

Diese Instruktionen beschreiben dem Sterbenden die Umgebung, in die er nach seinem Ableben eintauchen wird. Sie ist bevölkert von teils hehren, teils seltsamen, teils schrecklichen Wesenheiten. Der Sterbende empfindet bisweilen Furcht, bisweilen Glück. Er darf sich aber weder dem einen noch dem anderen Gefühl hingeben, sondern muss vielmehr Sorge tragen, dass er sich so bald wie möglich zurückzieht. Sonst sinkt er in immer tiefere Bardo-Regionen ab, und der Weg zur Wiedergeburt, in ein neues Erdendasein, lässt sich nicht vermeiden.[104]

Jung fühlte sich bei den Beschreibungen dieses Bardo-Zustands an Beschreibungen seiner Kranken erinnert. Der sogenannte Chönyid-Bardo sei nichts anderes als eine bewusst herbeigeführte Psychose.

Lévi hätte dem zugestimmt: Um Visionen und Phänomene des Zweiten Gesichts zu provozieren, müsse man sich in einen Zustand versetzen, der dem Schlaf, dem Tod und dem Wahnsinn ähnle. Papus sagt konkret, wie man dies zuwege bringen könne: mittels Schlafentzug. Ermüdung könne den Widerstand des Körpers brechen und erleichtere spiritistische Phänomene. Jedoch sind sich die Okkultisten einig, dass dies nicht ungefährlich ist. Die Übermüdung könne zu Krankheiten führen, zuerst körperlichen, dann geistigen.

Allerdings liefert bereits Agrippa von Nettesheim eine solche Beschreibung von den Empfindungen der Seele nach dem Tod, welche verblüffend an die der Bardo-Welt erinnert.[105] Agrippa weist gleichermaßen darauf hin, dass solche Visionen genauso in Träumen beziehungsweise als Halluzinationen bei Wahnsinn oder Melancholie auftreten können. Auch er nimmt damit Erkenntnisse aus Jungs Vorwort zum Tibetanischen Totenbuch vorweg. Der einzige Unterschied ist, dass Agrippa eine andere Terminologie benützt. Wobei man anmerken sollte, dass Agrippa die Lehre

---

104 Siehe hierzu Monika Hauf »Das Tibetanische Totenbuch«, Piper, München, 2003.

105 »De occulta philosophia«, 3. Buch, 41. Kapitel

von der Seelenwanderung kannte und auch beschrieb. Was er davon hielt, wissen wir nicht. Sie offen zu vertreten wäre, angesichts des Schicksals von Giordano Bruno, der zu einer synkretistischen Vermischung des Christentums mit der ägyptischen Religion neigte und als Ketzer verbrannt wurde, Selbstmord gleichgekommen.
Auf Agrippa kommt Jung in seinem umfangreichen Werk sogar mehrmals zu sprechen: eben weil er der Meinung ist, dass Agrippa mit den Begriffen Quintessenz, Weltseele und Licht der Natur genau das meint, was Jung selbst als Unbewusstes bezeichnet. Jung persönlich interessierte sich zwar mehr für Paracelsus, anerkennt aber Agrippas Einfluss auf diesen.
Aber wenn der Bardo-Zustand des Tibetanischen Totenbuches mit dem kollektiven Unbewussten identisch ist und dieses wiederum mit Agrippas Quintessenz und dem Astrallicht der Okkultisten des 19. Jahrhunderts, dann muss logischerweise der Bardo-Zustand gleichermaßen dem Astrallicht entsprechen.
Genau das scheint auch der Fall zu sein. Für die Okkultisten ist das Astrallicht das Agens der Magie. Dem stimmt das Tibetanische Totenbuch auf gewisse Weise zu. Es beschreibt sogar ausführlich die magischen Fähigkeiten, deren sich der Tote im Bardo-Zustand erfreut. Es warnt nur ausdrücklich davor, sich diesen allzu intensiv hinzugeben: weil sie, wie alle heftigen Gefühle, ein Hindernis auf dem Weg zum Nirwana sind, dem endgültigen Ausstieg aus dem Kreislauf der Wiedergeburt.
Nur in einem Punkt unterscheidet sich die Theorie vom Astrallicht von der des Totenbuches. Das Totenbuch geht davon aus, dass es die Seele ist, welche diese Erlebnisse hat. Die Okkultisten hingegen differenzierten zwischen der Seele an sich und dem Astralleib. Nur handelt es sich hierbei um eine Definitionssache. Verschiedene frühchristliche Theologen hatten von der Seele eine recht materielle Vorstellung, so dass sie bereits dem Astralleib entspräche.
Die Existenz dieses Bardo-Zustandes wird sogar durch die modernen Nahtoderlebnisse bestätigt. Denn deren Beschreibungen ähneln auf verblüffende Weise den ersten Phasen des Bardo-Zustandes. Aber wenn das Tibetanische Totenbuch Recht hat, dann verhalten sich alle, die ein solches Erlebnis an der Schwelle des Todes haben, falsch. Sie geben sich nämlich samt und sonders diesem Gefühl des Glücks und des Friedens hin. Und das ist ein Fehler. Laut dem Totenbuch sollten sie sich vielmehr bemühen, umgehend den Absprung zu schaffen, sich innerlich von allen Gefühlen loszusagen. Aber das ändert nichts an der Tatsache, dass diese Nahtoderlebnisse generell die Existenz des Astrallichts bestätigen.
Es liegen uns somit mehrere Theorien vor, welche unabhängig voneinander die Existenz eines halb geistigen, halb materiellen Mediums bestätigen, in dem seltsame Phänomene möglich sind (um den Ausdruck Magie zu vermeiden). Wir haben das Zeugnis einer Religion, das eines mittelalterlichen Magiers, das des Okkultismus, das der Nahtodforschung und das eines modernen Psychologen und Wissenschaftlers.
Gehen wir also getrost davon aus, dass dieses Medium existiert, egal, wie man es nennen will. Belassen wir es, der Einfachheit halber, bei dem Ausdruck Astrallicht. Untersuchen wir nunmehr, wie wir dieses nützen können.

Tischerücken (im 19. Jahrhundert)

Ratschläge für die magische Praxis

Erläuterung

Warum ich überhaupt Ratschläge für die magische Praxis gebe.

Ich gehöre weder einer satanistischen Gruppe noch einem Wicca-Coven an. Mein Interesse an der Magie ist in erster Linie akademischer Art. Dieses Buch versteht sich also nicht als praktische Anleitung für die Magie. Es soll vielmehr erklären, dass die Magie eine äußerst logische Angelegenheit ist und eigentlich funktionieren muss, wenn man die entsprechenden Voraussetzungen mitbringt: Erstens die Willenskraft und einen unerschütterlichen Glauben an das Gelingen des Werkes. Zweitens das Wissen um die Eigenschaften des Astrallichtes. Drittens die Kenntnisse über Analogien zwischen den verschiedenen Ebenen.

Die Theorien der Magie erklären Phänomene, die ansonsten unerklärlich bleiben müssten. Es sei denn, man verlässt sich auf das Eingreifen Gottes oder des Teufels. Mich persönlich befriedigt weder das eine noch das andere.

Wenn ich dennoch abschließend einige praktische Ratschläge gebe, dann unter großen Bedenken. Ich lege weder Wert darauf, als Oberhexe gepriesen noch als solche gelyncht zu werden.

Auf der anderen Seite möchte ich verhindern, dass der Leser bestimmte Aussagen in diesem Buch falsch interpretiert und dadurch Schaden erleidet. So könnte ein junger und unbedarfter Leser auf die Idee kommen, das vom Opa hinterlassene Fieberthermometer zu zertrümmern, um an Quecksilber für ein Merkurritual zu gelangen: weil er in der Schule nicht aufgepasst hat und nicht weiß, dass Quecksilber giftig ist.

Auch weise ich darauf hin, dass ich spiritistischen Sitzungen misstrauisch gegenüberstehe, vor allem dann, wenn sich einer der Teilnehmer als Medium zur Verfügung stellt. Mit dem kollektiven Unbewussten ist nicht zu spaßen.

Wenn Sie mit einem Ouija-Brett experimentieren, dann verabschieden sie abschließend nachdrücklich alle Wesenheiten, die gerufenen und die ungerufenen. Fordern Sie alle Anwesenden auf, sich intensiv vorzustellen, wie diese Wesenheiten wieder dort verschwinden, wo sie hergekommen sind.

Lassen Sie mich wiederholen: Ich glaube nicht, dass Sie bei einer Séance Dämonen aus der Hölle holen oder die Geister Verstorbener beschwören. Aber ich bin von der Existenz des Astrallichts an sich überzeugt und kann mir durchaus vorstellen, dass dort irgendwelche Larven, verselbständigte intensive Gedanken und Gefühle oder Überreste von Astralkörpern oder Astralleichen herumschweben, die ihre Existenz gerne verlängern wollen, indem sie sich an der Kraft des Mediums laben.

Ich schildere die Gefahren einer Séance beziehungsweise des Astrallichtes aus der ähnlichen Motivation heraus, wie ich vor den Gefahren einer schlecht isolierten elektrischen Leitung warnen würde. Eine im Prinzip neutrale Kraft kann sich bei unsachgemäßem oder gar fahrlässigem Gebrauch negativ auswirken.

Aus den bereits erläuterten Gründen warne ich auch davor, Blutopfer darzubringen oder an Zeremonien teilzunehmen, bei denen dies geschieht. Wer so etwas tut, der hat

meiner Ansicht nach ein Problem. Weder die Anwesenheit eines solchen Menschen an sich noch das frische Blut sind dazu geartet, positive Einflüsse anzulocken.
Genauso abzulehnen sind Rituale mit Wachspuppen, über die einem anderen Menschen Schaden zugefügt werden soll. Ob sie nun funktionieren oder nicht: Der erste Effekt besteht in negativen Gefühlen, die in einem selbst aufsteigen. Und damit verpestet man sich das eigene Seelenleben. Genauso wenig möchte ich die Theorie von einem astralen Rückschlag ausschließen: dass der Effekt des Rituals auf Sie selbst zurückfallen könnte.
Beschränken Sie sich auf positive Rituale. Versuchen Sie nicht, einen Feind auf magische Weise zu vernichten. Stärken Sie ihren eigenen Astralkörper, um ihm besser widerstehen zu können. Oder erhöhen Sie Ihr Kommunikationsvermögen, um sich mit ihm auseinandersetzen zu können.

Die magischen Utensilien

Wie wichtig sind die magischen Utensilien?

Verschiedene Grimoires und moderne Anweisungen für die Magie liefern eine ganze Liste von Kleidungsstücken und Utensilien, welche für die praktische Magie unentbehrlich seien. In der Regel handelt es sich dabei um einen Zauberstab zum Anziehen von Kräften, um ein Schwert zur Abwehr negativer Wesenheiten, um einen Altar, ein Gefäß zum Verbrennen von Weihrauch oder Räucherstäbchen und verschiedene Kerzenleuchter. Hinzu kommen Gerätschaften zum Herstellen von Amuletten, eventuell auch Kessel und Schmelzpfännchen, je nachdem, wie praktisch die Hexe tätig ist. In einem alten Bauernhaus mit offenem Kamin sind die Möglichkeiten größer als in einer Stadtwohnung.
Manche Grimoires und auch Magier geben genaue und detaillierte Anweisungen für die Herstellung des Zauberstabs. Es beginnt mit der Wahl des richtigen Holzes. Alle sind sich einig, dass sich das Holz des Haselstrauches sehr gut eignet. Man könne jedoch auch anderes Holz verwenden. Genannt werden unter anderem Oleander, Alant und Weide.[106]
Auf der anderen Seite findet man sogar in Bezug auf den Stab aus Haselholz Einschränkungen. Zumindest ein Grimoire behauptet, es müsse sich um einen wilden Haselstrauch handeln, er dürfe also nicht von Menschenhand gepflanzt worden sein. Genauso gibt es Vorschriften über den richtigen Zeitpunkt, den Zweig abzuschneiden, die Art, wie er abgeschnitten werden müsse, zum Beispiel mit einem einzigen Hieb, sogar das Instrument, mit dem dies zu geschehen habe. Es existieren sogar Anweisungen, um das hierzu empfohlene Messer herzustellen.
Modernere Magier sind nur bedingt großzügiger. Auch sie geben genaue Hinweise zu Länge und Beschaffenheit des Stabes, eventuell verbunden mit dem Ansinnen, den Stab innen auszuhöhlen und eine Magnetstange einzuführen. Allerdings müsse es sich

[106] Dem Holunder, der im letzten »Harry-Potter«-Buch eine so große Bedeutung hat, wird in der Tat magische Bedeutung nachgesagt. Jedoch handelt es sich im Englischen gleichzeitig um ein Wortspiel: »Elder wand« kann sowohl »Zauberstab aus Holunderholz« als auch »der ältere (im Sinne von ehrwürdige) Zauberstab« heißen.

um einen natürlichen Magneten handeln, nicht um einen industriell hergestellten. J. K. Rowling scheint diese Anweisungen zu kennen; ihre Zauberstäbe haben einen ganz ähnlichen Aufbau, nur ist der Magnet dort durch Phönixfedern, Einhornhaar oder Drachensehnen ersetzt.

Papus hingegen vereinfacht die Sache. Seiner Ansicht nach hat der Zauberstab lediglich den Zweck, das Fluidum, das vom Magier selbst oder den von ihm vorbereiteten Substanzen ausgeht, zu konzentrieren und auf einen bestimmten Punkt zu lenken. Aus sich heraus habe der Zauberstab keinerlei Kraft, es sei somit egal, aus welchem Material er bestehe.

Papus vergleicht den Zauberstab mit einer Flöte, die sogar eine ähnliche Form hat: Der Besitz der Flöte allein nütze nichts, es komme darauf an, sie spielen zu können.

Kein Wunder, dass manche Interpretationen meinen, das treffe sinngemäß auf die meisten Requisiten der Magie zu. Wenn sie lediglich die Aufgabe haben, dem Magier selbst bei der Konzentration zu helfen, dann sind sie entweder entbehrlich oder können auf das Notwendigste beschränkt werden. Israel Regardie schlägt unter Berufung auf Lévi vor, allmählich auf immer mehr Beiwerk zu verzichten.

Vermutlich ist die Grenze individuell. Sonst müsste es theoretisch sogar möglich sein, ganz ohne Zauberstab auszukommen. Warum sollte es nicht genügen, wenn man den Finger ausstreckt? Vielleicht könnte man gar allein mit dem Blick operieren?

Verschiedene Magier geben jedoch an, sie fühlten sich geradezu nackt ohne ihren Zauberstab. Vielleicht spielt hier das Wissen mit, dass Tausende vor ihnen auf genau die gleiche Art und Weise gearbeitet haben, dass sie also nur Glieder in einer Kette sind, die sich zurückerstreckt bis in die Steinzeit. Insofern haben Zauberstab und Gewand nicht zuletzt den Zweck, die Phantasie anzuregen.

Die Zauberformeln

Wie kann man das Problem mit den voneinander abweichenden Ritualen in den Griff bekommen?

Diese These lässt sich auf die zu verwendenden Formeln und Rituale übertragen. Wir haben gesehen, dass die alten Grimoires darauf bestehen, dass die Worte und Zeichen genau eingehalten werden müssten. Allerdings haben wir gleichermaßen festgestellt, dass sich nicht nur die verschiedenen Grimoires widersprechen, sondern sogar von ein und demselben Grimoire unterschiedliche Versionen existieren und selbst die einzelnen Versionen in sich uneinheitlich sind.

Die deutsche und die lateinische Ausgabe von Agrippas »Verborgener Weisheit« weichen in Bezug gerade auf Planetenzeichen voneinander ab. Agrippa erläutert weiterhin eine komplizierte Methode, um die Namen von Geistern zu berechnen – um prompt zuzugeben, dass der gleiche Name bald einem guten und bald einem bösen Dämon gehören könne. Er vergleicht diesen Tatbestand mit der Symbolik: dass die Schlange im Neuen Testament genauso mit Jesus wie mit dem Teufel verglichen wird (Offb 12:9 beziehungsweise Joh 3:14).[107] Genauso gesteht er, dass es bei

[107] Das trifft im Übrigen auf alle Tiere zu, welche die mittelalterliche Symbolik mit Jesus assoziierte. Mit anderen Vorzeichen versehen stellen sie immer den Teufel dar.

Beschwörungen nicht auf die Sprache ankomme, dass der Glaube die Wurzel aller Wunder sei, dass wir durch ihn göttliche Kraft erlangen.[108]

Wenn das Ansinnen der Grimoires, genau diese und keine anderen Formulierungen zu verwenden, a priori unerfüllbar ist, haben sich dann die Anrufungen bei Ritualen ganz und gar erübrigt, speziell dann, wenn man generell nicht an die Existenz von Geistern und Dämonen glaubt, aber von der Wirkung des Astrallichtes an sich überzeugt ist?

Nur bedingt. Auf der einen Seite bestehen die Rituale nun einmal aus bestimmten Anrufungen, die offensichtlich Namen von Wesenheiten sind. Natürlich könnten auch diese in erster Linie ein Mittel sein, die Konzentration der inneren Kraft des Magiers zu verstärken. Nur wäre es auf der anderen Seite nur allzu natürlich, wenn bestimmte Formulierungen im Laufe der Zeit ein gewisses Eigenleben entwickelt hätten, sich irgendwie aufgeladen hätten, weil sie nun einmal schon sehr alt sind.

Das war vermutlich der Grund, dass Jamblichus davor warnte, fremdartige Beschwörungen zu übersetzen, also allgemein verständlich zu machen. Sie würden dadurch ihre Kraft verlieren.

Zu seiner Zeit waren die sogenannten »Ephesia grammata«, die »ephesischen Worte«, sehr beliebt, sowohl als Schutz- als auch als Abwehrzauber: sechs Worte (askion, kataskion, lix, tetrax, damnameneus, aision), über deren Bedeutung man sich völlig uneinig war. Man wusste nicht einmal, ob der Name sich von der Stadt Ephesus ableitete – wo diese Worte auf der Statue der Göttin Diana gestanden hätten – oder ob er auf das babylonische Wort »epesu«, »verzaubern«, zurückzuführen war.

Diese These, dass ein magischer Text umso wirksamer ist, je älter und unverständlicher er ist, lässt sich zurückführen bis ins 7. Jahrhundert v. Chr. Damals ließ nämlich der König von Ninive alte akkadische Zauberformeln kopieren, um sie der Nachwelt zu erhalten. Schon damals wurden diese Formeln kaum mehr verstanden – und dennoch vertraute man nach wie vor auf sie.

Die Ironie ist nur, dass eine Übersetzung zum Beispiel ins Griechische, welche Jamblichus nicht akzeptiert hätte, weil Griechisch damals die allgemeine Umgangssprache im Mittelmeerraum war, schon zur Zeit der Entstehung der Grimoires aufgrund seiner Unverständlichkeit als höchst ehrwürdig galt und deshalb als Sprache für magische Formeln ästimiert wurde.

Das Gleiche gilt für die lateinische Sprache, obwohl sie als Umgangssprache noch jünger als die griechische ist. Sie löste unter dem Einfluss der Kirche die griechische ab. Dennoch hat sie heute eine magische Patina. Nicht umsonst sind die Zauberformeln J. K. Rowlings Ableitungen aus dem Lateinischen.

Eine Sprache ist also nicht aus sich heraus magisch, sondern gewinnt ihre magische Kraft daraus, dass alle an die ihr innewohnende Kraft glauben. Seit beinahe zweitausend Jahren trifft das in Westeuropa auf die lateinische Sprache zu.

Welcher Grund, wenn nicht der Glaube an die Wirksamkeit archaischer Formeln, hat die katholische Kirche unlängst dazu veranlasst, die nach dem Zweiten Vatikanischen Konzil aufgegebene lateinische Messe wieder einzuführen?

---

[108] »De occulta philosophia«, 3. Buch, 5. Kapitel

Vielleicht sollte man sich also in Bezug auf die magischen Formeln auf die persönliche Intuition verlassen, also zum Beispiel verschiedene Grimoires konsultieren und diejenigen auswählen, die einem für die eigene magische Praxis sinnvoll erscheinen.

Die Grundlage

Welche Voraussetzungen müssen unbedingt erfüllt werden?

Trotz verschiedener Differenzen gibt es natürlich einige Punkte, welche bei magischen Operationen unabdingbar sind. Versuchen wir nunmehr, sie zusammenzufassen.

Der Ausgangspunkt ist, dass die Grundlage der Magie die Astrologie ist. Der Magier muss den Charakter der verschiedenen Planeten kennen. Schließlich hat sich dieser seit der Entstehung der Magie in Mesopotamien nicht geändert. Diese Charakteristiken haben wir im Kapitel über Astrologie besprochen.

Die Zuordnung der Planeten zu den Wochentagen ist eine sehr logische Angelegenheit und dürfte keine besonderen Schwierigkeiten bereiten. Warum also nicht ein Liebesritual auf den Freitag legen, ein Anliegen, das mit Geld zu tun hat, auf den Sonntag und einen Vorstellungstermin auf den Donnerstag? Dabei muss man nicht einmal unbedingt die sogenannten »bösen« Planetentage vermeiden. Wenn es auf entschlossenes, wenn nicht sogar rücksichtsloses Handeln ankommt, empfiehlt sich sehr wohl der Dienstag, der Tag des Mars. Hängt die Entscheidung vom Durchhaltevermögen ab, ist Saturn am Samstag der ideale Partner.

Absolut unumgänglich ist die Beobachtung des Mondes. Wir haben gelernt, dass ein Ritual, das etwas vergrößern, erhöhen oder vermehren soll, bei zunehmendem Mond abzuhalten ist und im Gegenzug für eine Verringerung der Mond im Abnehmen begriffen sein muss. Der Magier erlebt also mit, wie sich am Himmel in der Tat genau das abspielt, was er auf Erden erreichen will.

Daneben sollte der Magier wissen, welchen Zodiakzeichen die verschiedenen Planeten entsprechen. Schließlich lassen sich auch diese zumindest zum Teil zurückführen bis ins Zweistromland. Das Wissen, dass speziell der Mond in einem günstigen Zeichen steht, könnte die eigene Phantasie anregen. Wir haben besprochen, dass sein Haus der Krebs ist. Auf Erhöhung, Exil und Fall der Planeten sind wir nicht eingegangen, weil es zu weit führen würde. Für den Mond möchte ich sie aufgrund seiner Bedeutung doch erwähnen: Seine Erhöhung findet er im Stier, Fall und Exil im Skorpion beziehungsweise Steinbock.

Gerade aufgrund der Planeten und der Anzahl der Sternzeichen empfiehlt sich auch die Beachtung bestimmter Zahlen und Zahlenverhältnisse. Die Sieben gilt seit alters her als heilige Zahl, warum sollte man sie beziehungsweise ihr Vielfaches also nicht einsetzen, wenn sich die Möglichkeit bietet?

Alle magischen Anweisungen sind sich darin einig, dass jeder Planet in allen drei Reichen Entsprechungen hat, also dem mineralischen, pflanzlichen und tierischen Bereich. Das bedeutet, dass den verschiedenen Metallen, Pflanzen, Bäumen, Blumen,

Kräutern sowie Tieren bestimmte Kräfte innewohnen, die mit den zugehörigen Planeten in Wechselwirkung stehen.
Sogar die einzelnen Teile der Pflanzen haben eine Affinität mit den Planeten. Die Blüten und somit das Schönste gehören der Venus, der Stamm dem kräftigen Mars, die Samen dem Jupiter – ein sehr sinniger Gedanke angesichts seiner Liebesabenteuer -, die Blätter dem Mond, vielleicht deshalb, weil sie saftig sind und somit Wasser enthalten. Schon immer sah man eine generische Verbindung zwischen dem Mond und dem Wasser. Die Wurzel ist saturnisch. Sie ist in der Regel unsichtbar, so wie dieser weit entfernte Planet. Auch ist der Saturn dem Steinbock und somit dem Element Erde zugeordnet. Genau dort suchen die Wurzeln ihren Halt.
Angesichts der verwirrenden Zuordnungen von Sternzeichen, Planeten und Organen verlässt man sich am besten auf die einfachsten Korrespondenzen, wie sie der sogenannte Tierkreismann vorgibt: die Darstellung eines Menschen, auf dem die Zodiakzeichen von oben nach unten angeordnet sind, also beginnend vom Kopf mit dem Widder und endend in den Füßen, mit den Fischen.
Lévi ist der Meinung, dass sogar Talismane, welche nicht nach astrologischen Gesichtspunkten hergestellt worden sind, sich durch den allgemeinen Glauben an ihre Wirksamkeit auf gewisse Weise »aufladen«. Ein Beispiel ist für ihn die bereits erwähnte wundertätige Medaille, welche sich nach einer Marienerscheinung in Paris im Jahre 1830 überall verbreitete.
Das Gesetz der Analogie geht davon aus, dass ein Talisman oder Amulett, hergestellt unter astrologisch günstigen Umständen und aus einem bestimmten Metall gefertigt, mit einem ganz spezifischen Edelstein besetzt, geräuchert mit den vorgeschriebenen Duftstoffen, eine gewisse Kraft hat, welche einem x-beliebigen Schmuckstück fehlt.
Warum also die Analogien nicht ausnützen?
Allerdings haben wir untersucht, dass die Zuordnungstabellen teilweise stark voneinander abweichen. Der Schwan zum Beispiel wird einmal als Sonnentier bezeichnet, einmal als Mondtier.
Auch in diesen Fällen empfiehlt es sich, die eigene Intuition zu Rate zu ziehen. So würde ich den Schwan als Mondtier interpretieren. Er ist weiß und hat somit die Farbe des Mondes, und er ist ein Wassertier, was ihn aufgrund der oben beschriebenen Assoziation gleichfalls dem Mond verbindet.
Abgesehen davon gibt es für jeden Planeten genügend unzweideutige Entsprechungen.

Anregungen zur Analogie

Wie man mit einfachsten Mitteln die Anforderungen der Grimoires erfüllt.

Vielleicht erhoffte mancher Leser an dieser Stelle praktische Anregungen, im Sinne einer Liste zur gefälligen Auswahl. Das würde jedoch der Absicht dieses Buches widersprechen. Ich möchte Ihnen vielmehr ein Instrument in die Hand geben, mit dem Sie selbst die für Sie besten Analogien herausfinden können. Sie haben gelernt, dass der Mond mit Wasser zu tun hat. Sie wissen, dass Perlen aus dem Wasser kommen und zudem aufgrund ihrer Form an den Vollmond erinnern. Wenn Sie sich also auf der Suche nach Utensilien für ein Mondritual in ihrer Wohnung umsehen, sollten Sie – zumindest wenn Sie eine Frau sind und eine Perlenkette besitzen – selbst auf die Idee kommen, diese dabei auf dem Tisch zu drapieren. Dass Sie dabei den Montag und, je nach Anliegen, den ab- oder zunehmenden Mond wählen, sollte sich inzwischen von selbst verstehen.

Dass der Sonntag mit Sonne, Gold und somit Geld zu tun hat, dürfte Ihnen nunmehr gleichfalls bekannt sein. Ebenso wie die Tatsache, dass der Löwe das Haus der Sonne ist. Was läge näher, als eine Chrysantheme oder Sonnenblume aufzustellen? Auch eine Grapefruit, Orange oder Zitrone böten sich an. Ein Apfel eignet sich weniger, selbst wenn er gelb ist. Spätestens seit Dan Browns Bestseller »Sakrileg« weiß auch der mit der klassischen Mythologie weniger vertraute Leser, dass der Apfel mit der Venus zu tun hat.

Es erübrigt sich wohl zu sagen, dass dieses Ritual bei zunehmendem Mond stattfinden sollte. Wobei ich den Ausdruck Ritual recht großzügig auffasse. Für den einen genügt es, wenn er sich vor diesen improvisierten Altar setzt und meditiert. Der andere hat den Wunsch, dabei das Vaterunser oder ein selbst improvisiertes Gebet zu sprechen. Wenn Sie entsprechende Formulierungen benötigen, gibt es hierfür genügend Anleitungen. Sie wissen nunmehr, auf was es ankommt und können gute von primitiven Anleitungen unterscheiden. Ich würde lediglich empfehlen, das Ritual mehrmals zu wiederholen: wenn nicht am Tag der Sonne, so doch zu einem sinnigen Zeitpunkt. Die Stunde der Sonne ist aus den bereits erläuterten Gründen schwer zu bestimmen. Aber warum nicht den Zeitpunkt des Sonnenaufgangs[109] wählen?

Aber lassen Sie mich eines klarstellen: Wenn Sie glauben, dass Ihnen am Ende der zweiten Woche eines Sonnenrituals die Sterntaler in den Schoß fallen oder Sie beim Spaziergang über einen vergrabenen Schatz stolpern,[110] dann haben Sie etwas falsch verstanden. Ein Ritual hilft Ihnen bei der Konzentration. Vielleicht werden Sie auf eine innerbetriebliche Stellenausschreibung aufmerksam, die Sie ansonsten überlesen hätten. Vielleicht sehen Sie plötzlich eine Möglichkeit, aus Ihrem Hobby Kapital zu schlagen. Vielleicht gewinnen Sie in irgendeiner Lotterie. Es muss ja nicht gleich der Hauptgewinn sein. Wichtig ist, überhaupt aktiv zu werden, anstatt über das Schicksal zu jammern.

Meines Erachtens nach können Sie sich sogar die Freiheit nehmen, das Haus für ein bestimmtes Ritual zu verlassen. Warum sich für ein Venusritual am Freitag mit drei Rosen in einem Zimmer einschließen, wenn daneben in einem Park die schönsten Rosenrabatten stehen? Suchen Sie dort einen ruhigen Platz beziehungsweise eine ruhige Stunde und konzentrieren Sie sich auf Ihr Anliegen. Allerdings bin ich der Meinung, dass das Schicksal dieses auch auf unbeabsichtigte Weise lösen könnte: indem es Ihnen nämlich anstatt des Partners, der Sie verlassen hat, einen neuen zuführt. Und diesen lernen Sie eher im Park als im stillen Kämmerlein kennen.

---

[109] Warum es bei einem auf Vermehrung des Geldes abzielenden Ritual der Sonnenaufgang sein muss und der Untergang zu vermeiden ist, brauche ich hoffentlich nicht zu erläutern.

[110] Für das Auffinden verborgener Schätze sollten Sie sich sowieso an Saturn wenden.

Wagen Sie es, den klassischen Empfehlungen zuwiderzuhandeln, wenn sich Ihr eigenes Empfinden gegen etwas wehrt.

So könnte es zum Beispiel einem Magier nicht einleuchten, dass er für ein Liebesritual die Farbe Grün nehmen soll, weil sie als die traditionelle Farbe der Venus gilt. Sein Gefühl rät ihm vielmehr, Rot zu benützen, weil dies in seinen Augen die einzig richtige Farbe für die Liebe ist. Diesem Gefühl darf er nachgeben. In der Tat will es der Zufall – oder das Schicksal? –, dass sich, zumindest in der Heraldik, Grün und Rot entsprechen. Das Wort »sinople«, das in der französischen Heraldik die grüne Farbe bezeichnet, leitete sich ab vom lateinischen Wort »sinopis«. Allerdings wurde damit die rote Farbe der Erde von Sinope am Schwarzen Meer bezeichnet.[111]

Papus sieht generell den wichtigsten Unterschied zwischen Magie und Hexerei darin, dass die Hexe sich blind an die Anweisungen ihres Grimoires halte, während der Magier ein Ritual seinen eigenen Anforderungen anpasse. Jede Epoche habe schließlich ihre eigenen Gesetze.

Nur hätte er gerechterweise auch erwähnen können, dass die Hexe eventuell nur ein Buch besaß und dieses für sie Fetischcharakter angenommen hatte. Der Magier mit einer wohlsortierten Bibliothek hat das Glück, durch den Vergleich verschiedener Rituale genau das herausdestillieren zu können, auf das es wirklich ankommt.

Konklusion

Meine persönliche Rechtfertigung für dieses Buch.

Um eventuelle Fragen von Lesern vorwegzunehmen, möchte ich hiermit konstatieren, dass ich noch nie paranormale Erlebnisse im eigentlichen Sinne hatte.

Dafür stelle ich in meinem Leben ein Netz von Koinzidenzen und Synchronizitäten fest. Ich kann ein Phänomen bestätigen, das bereits Eliphas Lévi auffiel: dass mir im richtigen Moment immer die richtigen Bücher in die Hände fallen. Kurios ist auch, dass dieses Buch über Magie ausgerechnet mein dreizehntes Buch überhaupt ist. Dreizehn, die Zahl der Venus und des Mondes. Und, zumindest laut Margaret Murray, auch der Hexen.

Das war keinesfalls geplant.

Das Thema Magie an sich interessiert mich seit beinahe drei Jahrzehnten. Ich war kaum zwanzig Jahre alt, als ich mir »De occulta philosophia« von Agrippa zulegte. Zehn Jahre später, bei meinen Recherchen zu den Templern, stolperte ich über die Gemeinsamkeiten zwischen den Anklagepunkten im Templerprozess und den Anschuldigungen gegen die Hexen. Schon damals träumte ich davon, ein Buch über Magie zu verfassen. Nur kam ich über die Templer im Allgemeinen zum Heiligen Gral, über die Templer in Spanien zum Jakobusweg, über die Templer in Schottland zu den Freimaurern, von den Freimaurern zu den Rosenkreuzern und zur Prieuré de Sion beziehungsweise dem Rätsel von Rennes-le-Château.

Allerdings wäre mir bei der Abfassung meines Buches über das Tibetanische Totenbuch nie in den Sinn gekommen, dass es sich nahtlos in das Thema Magie

---

[111] Rot und Grün sind gleichzeitig Komplementärfarben. Als Spektralfarben im optimalen Verhältnis gemischt, ergeben sie Weiß.

einfügen würde. Und doch ist genau das der Fall, wie der Leser selbst feststellen konnte. Die Untersuchung der Marienerscheinungen hingegen zwang mich, tiefer in das heikle Thema »Wunder« einzusteigen, meinen Standpunkt hierzu zu klären.
Im Anschluss an mein Buch über die Archetypen in »Harry Potter« wollte ich aus gegebenem Anlass endgültig auf das Thema Magie zurückkommen. Nur wurde gerade zu diesem Zeitpunkt das sogenannte Judasevangelium veröffentlicht. Da mich die Rehabilitierung des Judas schon seit meinem Buch über die Prieuré de Sion interessiert – weil ich der Meinung bin, dass diese Rehabilitierung zu den Hauptanliegen der Prieuré gehört –, stellte ich das Projekt »Magie« nochmals zurück und verfasste ein Buch zum Judasevangelium. Dass Judas zu den zwölf Aposteln gehörte und dieses Buch mein zwölftes war, ist lediglich eine weitere Koinzidenz.
Auf gewisse Weise waren alle meine bisherigen Bücher eine Vorbereitung für dieses Buch über die Magie. Das gilt sogar für das über Nessie, so seltsam dies klingen mag. Ich hatte bei meinen Recherchen in Schottland zum Thema Templer und Freimaurer auch den Loch Ness besucht, weil ich nun einmal in der Gegend war. Aus dem gleichen Grund versorgte ich mich mit entsprechender Literatur, welche zu bezeugen schien, dass sich ununterbrochene Sichtungen des Monsters zurückziehen bis ins finstere Mittelalter.
Nur kam mir – zufällig? – ein Buch in die Hände, das sich mit dem eventuellen Überleben urzeitlicher Monster bis in die Neuzeit beschäftigt. Der Autor dieses Buches, selbst Brite, hatte gegen Ende des 19. Jahrhunderts eine Unzahl von Hinweisen aus der ganzen Welt gesammelt. Er wusste von Seeschlangen in Schottland und zitierte hierzu wörtlich einen Zeitungsausschnitt des »Inverness Courier«, der Zeitung, welche Nessie Jahrzehnte später berühmt machen sollte – aber er hatte offensichtlich nie von Nessie gehört. Genauso wenig wie der »Inverness Courier«. Nessie bewies mir endgültig, wie wichtig es ist, Autoritäten in Frage zu stellen.
Aus diesem Grund wage ich es auch, als katholische Theologin ein Buch über Magie zu veröffentlichen und mich dabei für die Magie auszusprechen. Das katholische Weltbild ist von der Magie geprägt, die Grenze zwischen Magie und Religion ist illusorisch. Ich glaube an die Kraft der Sakramente und Sakramentalien, aber ich glaube genauso an die Möglichkeit, durch Willenskraft und ohne Einwirkung des Teufels das Astrallicht zu beeinflussen.
Dafür glaube ich nicht an Wunder im katholischen Sinne: dass Gott sie bewirkt, um die Richtigkeit seiner Offenbarung zu beweisen.
Ich habe demonstriert, wie die Kirche mit der einen Hand die Magie verdammt und mit der anderen das magische Weltbild hochhält.
Ein in kirchlichen Kreisen beliebtes Sprichwort lautet, dass der Aberglaube zum Fenster hereinkomme, wenn der Glaube zur Tür hinausgehe. Das stimmt nur insofern, als die Kirche eben Praktiken außerhalb ihres Schoßes als Aberglauben verurteilt, die sie ansonsten duldet oder sogar gutheißt. Und die Bräuche, welche sogar die Kirche als abergläubisch ablehnt, sind in den katholischen Ländern am weitesten verbreitet. Die Praktiken, die ich in Spanien kennengelernt habe, sind uralt und nicht das Ergebnis des zunehmenden Glaubensverlustes.

Das, was die Kirche toleriert, läuft meist auf Sympathiezauber hinaus. Wer als Katholik an die Magie glaubt, der macht nur den letzten Schritt auf einem Weg, den ihm die Kirche vorgezeichnet hat.

Bibliographie

Abraxas y Akzinor 555: La magia medieval. EDAF, Madrid, 2002.
Alberto Magno: El libro de los secretos. mra, Barcelona, 2000.
Agrippa von Nettesheim, Heinrich Cornelius: Magische Werke. Ansata-Verlag, Schwarzenburg, 1979. (Der 2. Band enthält verschiedene weitere magische Schriften, auch von anderen Autoren, darunter das Heptameron, das Buch Arbatel und eine Abhandlung über die Ars Notoria.)
Agrippa von Nettesheim, Heinrich Cornelius: De occulta philosophia. Akademische Druck- und Verlagsanstalt, Graz, 1967.
Anonym: Clavículas de Salomó (1641). Editorial Humanitas, Barcelona, 2004.
Anonym: Clavículas de Salomón, traducido del hebreo por Iroe el mago (1721). Ediciones Roca, México D. F., 1977.
Anonym: Die Goetia oder Der kleinere Schlüssel Salomonis (bearbeitet von Friedrich Meyer). Verlag Richard Schikowski, Berlin, 1980
Anonym: El Gran Grimorio del Papa Honorio. Ediciones Roca, México D. F., 1984.
Anonym: El grimorio de Armadel. Indigo / Ediciones y distribuciones Vedrá, Barcelona, 2003.
Anonym: El Libro de Henoch. Editorial Humanitas, Barcelona, 1999.
Anonym: El Libro de la Magia Roja. Editorial Humanitas, Barcelona, 1997.
Anonym: El libro de San Cipriano y otros manuales de potencia. Editorial EDAF, Madrid, 2000.
Anonym: El Libro Negro. Editorial Humanitas, Barcelona, 1993.
Anonym: El libro supremo de todas las magias – Alberto el Grande. M. E. Editores, 1995.
Anonym: El verdadero Dragón Rojo y La Gallina Negra. Editorial Humanitas, Barcelona, 2004.
Anonym: Enchiridion Leonis Papae. Editorial Humanitas, Barcelona, 2001.
Anonym: Le Grand et le Petit Albert. Editions Pierre Belfond, Paris, 1970.
Antebi, Elisabeth: Ave Lucifer. Editions J'ai Lu, Paris, 1973.
Arola, Raimon: La Cábala y la Alquimia. José J. de Olañeta, Palma de Mallorca, 2002.
Baddeley, Gavin: Lucifer Rising. Plexus, London, 1999.
Baigent, Michael und Leigh, Richard: The Elixir and the Stone. Viking, London, 1997.
Bakhouche, Béatrice, Fauqier, Frédéric, Pérez-Jean, Brigitte (Hsg.): Picatrix. Turnhout, 2003.
Barrett, Francis: The Magus. Vance Harvey Publishing, Leicester, 1970.
Bayard, Jean-Pierre: La práctica del Tarot. Tikal Ediciones, Madrid, 1999.
Becker, Udo (Hsg.): Lexikon der Astrologie. Wilhelm Goldmann Verlag, München, 1984.
Bélin, Dom Jean Albert: Tratado de los talismanes. Ediciones Obelisco, Barcelona, 1995.
Bergson, Henri: Memoria y vida. Altaya, Barcelona, 1994.
Blécourt, Willem de, Hutton, Ronald, La Fontaine, Jean: Witchcraft and Magic in Europa – The Twentieth Century. The Athlone Press, London, 1999.
Burton Russel, Jeffrey: Witchcraft in the Middle Ages. Cornell University Pres, Ithaca (USA), 1972.
Cacciaguerra, Angèle-Marie: Cómo ... adivinar por la geomancia. Tikal Ediciones, Madrid.
Caro Baroja, Julio: Les sorcières et leur monde. Editions Gallimard, 1972.
Centini, Massimo: El libro de las supersticiones. Editorial de Vecchi, Barcelona, 2003.
Centini, Massimo: Las brujas en el mundo. Editorial de Vecchi, Barcelona, 2002.
Charpak, Georges und Broch, Henri: Was macht der Fakir auf dem Nagelbrett? Piper Verlag GmbH, München, 2005.
Cooper, J. C. (Hsg.): Brewer's Myth and Legend. Cassell Publishers Ltd., London, 1992.
Corsetti, Jean-Paul: Histoire del'ésoterisme et des sciences occultes. Références Larousse, Paris, 1992.
Dee, John: La Mónada jeroglífica. Ediciones Obelisco, Barcelona, 1992.
Demaix, Georges J.: Les esclaves du Diable. J'Ai Lu / Albin Michel, Paris, 1970.
Denton, William: The Soul of Things. The Aquarian Press, Wellingborough, 1988.
Doyle, Sir Arthur Conan: El misterio de las hadas. José J. de Olañeta Editor, Palma de Mallorca, 1998.
Duffy, Eamon: The Stripping of the Altars. Yale University Press, New Haven and London, 1992.
Dumas, François Ribadeau: Les magiciens de Dieu. Robert Laffont, Paris, 1970.
Dunlop, Storm: Voir le ciel. Arthaud, 1999.
Eliade, Mircea: Historia de las creencias y de las ideas religiosas. RBA Coleccionables, Barcelona, 2004.
Evans-Wentz, W. Y.: The Tibetan Book of the Dead. Oxford University Press, London, 1960.

Fanger, Claire (Hsg.): Conjuring Spirits. Texts and Traditions of Medieval Ritual Magic. Sutton Publishing, Phoenix Mill, 1998.
Fara, Patricia: Pandora's Breeches. Pimlico, London, 2004.
Feijoo, Fray Jerónimo: Uso de la mágica. Indigo / Vedrá, Barcelona, 2003.
Flint, Valerie, Gordon, Richard, Luck, Georg, Ogden, Daniel: Witchcraft and Magic in Europe – Ancient Greece and Rome. The Athlone Press, London, 1999.
Fortea, José A.: Daemoniacum. Belacqva, Barcelona, 2002.
Franck, Adolphe: La Kabbala. Editorial Humanitas, Barcelona, 2001.
Fray Luis de la Concepción: Practica de conjurar. Editorial Humanitas, Barcelona, 2004.
Frazer, J. G.: The Golden Bough. Papermac, London, 1991.
Geßmann, G. W.: Die Geheimsymbole. Verlag von Karl Siegismund, Berlin, 1922.
Golowin, Serguis: Die Weisen Frauen. Goldmann Verlag, München 1989.
Grabinski, Bruno: Spuk und Gekistererscheinungen – oder was sonst? Verlag Siegfried Hacker, Gröbenzell, 1970.
Graves, Robert: Los mitos griegos. RBA Coleccionables, Barcelona, 2005.
Guaita, Stanislas de: En el umbral del misterio. Edicomunicación, Barcelona, 1992.
Guazzo, Fra Francesco Maria: Compendium Maleficarum. Editorial Club Universitario, Alicante.
Hammes, Manfred: Hexenwahn und Hexenprozesse. Fischer, Frankfurt, 1979.
Hauf, Monika: Das Tibetanische Totenbuch, Piper Verlag GmbH, München, 2003.
Hauf, Monika: Der Mythos der Rosenkreuzer. Kreuz Verlag, Stuttgart, 2001.
Hauf, Monika: Die Marke »Harry Potter«, eine Auslegung im Sinne von C. G. Jung, Joh. Bohmeier Verlag, Leipzig, 2006.
Hauf, Monika: Marienerscheinungen. Patmos, Düsseldorf, 2006.
Hauf, Monika: Rennes-le-Château. Joh. Bohmeier Verlag, Leipzig, 1999.
Hernández Castro, Carlos: El gran libro de la magia, de la brujería y de la demonología. Editorial de Vecchi, Barcelona, 1994.
Hermes Trismegisto: Obras Completas – Corpus Hermeticum. Indigo, Barcelona, 1998.
Hole, Christina: Witchcraft in England. B. T. Batsford Ltd., London, 1945.
Hornilla, Txema: El Carnaval vasco interpretado. Ediciones Mensajero, Bilbao, 1990.
Hughes, Pennethorne: Witchcraft. Longman, London, 1972.
Jamblichus: Über die Geheimlehren. Ansata-Verlag, Schwarzenburg, 1978.
Javane, Faith und Bunker, Dusty: La clave secreta de los números. Ediciones Martínez Roca, Barcelona, 1984.
Jollivet-Castelot, Ferniot, Paul und Redonnel, Paul: Las Ciencias Malditas. Editorial Humanitas, Barcelona, 2006.
Jung, C. G.: Gesammelte Werke. Walter-Verlag, Solothurn und Düsseldorf, 1995.
Kalisch, Isidor: Sefer Yetzirah. Editorial EDAF, Madrid, 1993.
Kardec, Allan: El Genesis. Edicomunicación, Barcelona, 1993.
Kenton, Warren (Z'ev ben Shimon Halevi): Kábala y psicología. Editorial Kairós, Barcelona, 1988.
Kißel, Walter (Hsg.): Die römische Literatur in Text und Darstellung / Kaiserzeit I / von Seneca maior bis Apuleius. Philipp Reclam jun., Stuttgart, 1985.
Koning, Frederik: Historial del Ocultismo. Ediciones Avesta, Reus, 1976.
Lancre, Pierre: Tratado de brujería vasca. Editorial Txalaparta, Tafalla, 2004.
Lara Peinado, Federico: La civilización sumeria. Historia 16, Madrid, 1999.
LaVey, Anton Szandor: The Satanic Bible. Avon Books, New York, 1969.
Lecouteux, Claude: Hadas, brujas y hombres lobo en la edad media. José J. De Olañeta, Palma de Mallorca, 1999.
Lenormant, François: Chaldean Magic. Samuel Bagster and Sons, London, 1877.
Leek, Sybil: Arte completo de la brujería. Edicomunicacíon, Barcelona, 1990.
Lévi, Eliphas: Alta Magia. Editorial Humanitas, Barcelona, 2004.
Lévi, Eliphas: Historia de la Magia. Editorial Humanitas, Barcelona, 2000.
Lévi, Eliphas: La Clave de los Misterios. Editorial Humanitas, Barcelona, 2000.
Lindsay, Jack: Origins of Astrology. Frederick Muller, London, 1972.
Lisón Tolosana, Carmelo: Brujería, estructura social y simbolismo en Galicia. Akal, Madrid, 2004.
Lisón Tolosana, Carmelo: La España mental: el problema del mal. Akal, Madrid, 2004.

Llaugé Dausà, Félix: Manual de magia práctica. Ediciones Martínez Roca, 2002.
Macculloch, J. A.: The Childhood of Fiction: A Study of Folk Tales and Primitive Thought. John Murray, London, 1905.
MacGregor Mathers, S. L.: El Grimorio de Armadel. Editorial Humanitas, Barcelona, 2003.
MacGregor Mathers, S. L.: La Qabalah Desvelada. Editorial Humanitas, Barcelona, 2000.
MacGregor Mathers, S. L.: Los documentos secretos de la Golden Dawn. Editorial Humanitas, Barcelona, 2004.
Marhic, Renaud (Hsg.): Guide critique de l'extraordinaire. Les Arts Libéraux, 2002.
Maxwell-Stuart, P. G.: Witch Hunters. Tempus, Stroud, 2003.
Maxwell-Stuart, P. G.: Wizards – a history. Tempus, Stroud, 2004.
Mérida Jiménez, Rafael M.: El gran libro de las brujas. RBA Libros, Barcelona, 2006.
Mertz, B. A.: Psychologische Astrologie. Ansata Verlag, Schwarzenburg, 1979.
Mesmer, Franz Antón: Los Fundamentos del Magnetismo animal. Ediciones Indigo, Barcelona, 2006.
Michelet, Jules: La bruja. Ediciones Akal, Madrid, 2004.
Miers, Horst E.: Lexikon des Geheimwissens. Wilhelm Goldmann Verlag, München, 1980.
Moia, Antares Giovanna: Escuela de brujas. EDAF, Madrid, 2001.
Moser, Dr. Fanny: Spuk – ein Rätsel der Menschheit. Walter-Verlag, Olten, 1977.
Mozzani, Eloise: Le livre des superstitions. Robert Laffont, Paris, 1995.
Müller, Ernst (Hsg.): Der Sohar. Eugen Diederichs Verlag, Köln, 1982.
Ouspensky, P. D.: El simbolismo del Tarot. Ediciones Abraxas, Barcelona, 2000.
Ovid (P. Ovidius Naso): Metamorphosen. Philipp Reclam jun., Stuttgart, 1994.
Papus: El Tarot adivinatorio. Ediciones Abraxas, Barcelona, 2006.
Papus: Embrujamiento. Editorial Humanitas, Barcelona, 2001.
Papus: Initiation à l'astrologie. La Sirène, Paris.
Papus: La Cábala. Editorial Humanitas, Barcelona, 2004.
Papus: La reencarnación. Edicomunicación, Barcelona, 2002.
Papus: Magia Práctica. Editorial Humanitas, Barcelona, 2005.
Papus: Tratado elemental de ciencia oculta. Edicomunicación, Barcelona, 1990.
Paracelso: Obras completas / Cause y origen de las enfermedades. Edicomunicación, Barcelona, 2002.
Paracelso: Textos esenciales. Ediciones Siruela, Madrid, 2001.
Peradejordi, Julio: La Cábala. Ediciones Obelisco, Barcelona, 2005.
Pérez Pellón, Javier: Wojtyla, el último cruzado. Ediciones Temas de Hoy, Madrid, 1994.
Pérot, René: L'effet PK. Tschou, 1977.
Peuckert, W. E.: L'astrologie. Payot, Paris, 1965.
Piobb, P. V.: Formulario de alta magia. EDAF, Madrid, 2000.
Plancy, Collin de: Dizionario infernale. Fratelli Melita Editori, Genua, 1989.
Platon: Sämtliche Dialoge. Felix Meiner Verlag, Hamburg, 1993.
Poe, Edgar Allan: Unheimliche Geschichten. Artemis Verlag, Zürich, 1963.
Puharich, Andrija: Uri Geller. Editions J'ai Lu, Paris, 1974.
Raman, Dio: Der praktische Tarot. Hermann Bauer Verlag, Freiburg, 1981.
Randi, James: Fraudes paranormales. Susaeta / Tikal Ediciones, Girona, 1994.
Ranke-Heinemann, Uta: Eunuchen für das Himmelreich. Droemersche Verlagsanstalt Th. Knaur Nachf., München, 1990.
Redgrove, H. Stanley: Bygone Beliefs. William Rider & Son, London, 1920.
Regardie, Israel: El Arbol de la Vida. Luis Cárcamo, Madrid, 2006.
Ribon, Pierre: Pierres qui guérissent. Editions Horvath, Lyon.
Rowling, J. K.: Harry Potter and the Deathly Hallows. Bloomsbury, London, 2007.
Sadoul, Jacques: L'énigme du zodiaque. Editions J'ai Lu, Paris, 1973.
Saintyves, P.: L'astrologie populaire, étudiée spécialement dans les doctrines et les traditions relatives à l'influence de la Lune. Librairie Emile Nourry, Paris, 1937.
Schrödter, Willy: Grenzwissenschaftliche Versuche. Hermann Bauer Verlag, Freiburg, 1979.
Schrödter, Willy: Pflanzengeheimnisse. G. E. Schroeder-Verlag, Kleinjörl, 1978.
Seligmann, Kurt: Das Weltreich der Magie. Bechtermünz Verlag, Eltville, 1988.
Semprini, G.: Pico della Mirandola, la vita e il pensiero. Fatelli Melita Editori / I Dioscuri, Genua, 1988.
Seral Coca, Manuel: Rituales de las Fiestas Mágicas. Ediciones Karma.7, Barcelona, 1996.

Seth, Ronald: Witches and their Craft, Odham Books, Feltham, 1968.
Shuel, Brian: Guide to traditional Customs of Britain. Webb & Bower, Exeter, 1986.
Spiesberger, Karl: Magische Praxis. Verlag Richard Schikowski, Berlin, 1976.
Stirling, William: El Canon. Editorial Humanitas, Barcelona, 2000.
Tausiet, María: Ponzoña en los ojos. Turner, Madrid, 2004.
Tenca, Cristiano: El libro de la varita mágica. Ediciones Obelisco, Barcelona, 2005.
Tereshchenko, Nicolas: Le message de Gurdjieff. Guy Trédaniel Editeur / Editions de la Maisnie, 1995.
Thomas, Keith: Religion and the Decline of Magic. Weidenfeld & Nicolson, London, 1997.
Thomson, C. J. S.: La curación por la magia. Casa de Horus, Madrid, 1992.
Thorndike, Lynn: Michael Scot. Thomas Nelson, London, 1965.
Wallis Budge, E. A.: El lenguaje de los faraones. Tikal Ediciones, Girona, ca. 2000.
Vicente, Enrique de: Los poderes ocultos de la mente. DeBOLS!LLO, Barcelona, 2006.
Waite, Arthur Edward: El libro de la Magia Negra. Editorial Humanitas, Barcelona, 2002.
Westcott, William Wynn: El poder oculto de los números y sus valores místicos. Editorial Humanitas, Barcelona, 2001.
Yates, Frances A.: The Occult Philosophy in the Elizabethan Age. Ark Paperbacks, London, 1985.
Yates, Frances A.: The Rosicrucian Enlightenment. Barnes & Noble Books, New York, 1996.